Martin Buber · Zwischen Zeit und Ewigkeit

MARTIN BUBER

Zwischen Zeit und Ewigkeit

Gog und Magog

Eine Chronik

HEIDELBERG
VERLAG LAMBERT SCHNEIDER

3., durchgesehene Auflage 1978
Mit einem editorischen Anhang

Verlag Lambert Schneider GmbH · Heidelberg

Herstellung: Graphische Werkstätten Kösel,
Kempten (Allgäu)

Die Kriege Gogs und Magogs
werden um Gott geführt.

Rabbi Löw ben Bezalel von Prag

Inhaltsverzeichnis

Erster Teil

Zweiter Teil

Nachspiel

—

Erster Teil

Der Seher

Der Schloßhügel im Nordosten der polnischen Stadt Lublin war einst von Morästen umgeben. Niemand dachte daran, in dem unwirtlichen Gelände zu siedeln. Da kam es, vor etwa vier Jahrhunderten, den in Lublin Handel treibenden Juden, denen das Wohnen im Stadtbereich verboten war, in den Sinn, hier draußen Boden zu erwerben. Rund um den Hügel wurde Platz um Platz trocken gelegt, an Bet- und Lehrhaus reihten sich bald erst die Wohnhäuser der großen, dann die der kleineren und kleinsten Juden, sie drängten, schmiegten, klebten sich an den Hügel, und schließlich ragte das uralte Schloß mit Turm und Kirche in seinen festen Zinnenmauern aus einem dichten Gewirr von Judengassen, Judengäßchen und Judengewölben hervor.

Wenn du durch die Hauptstraße dieser Judenstadt, die »Breite« Gasse, gehst, kommst du an ein Haus, das sich von außen durch nichts von seinen Nachbarn unterscheidet. Betrittst du aber, durch den engen halbdunklen Flur, den Hof, um den es wie sie alle errichtet ist, steht ein niedrigerer, aber weiträumiger Bau vor dir, mit einem Holzdach gedeckt, und du merkst sogleich, an der langen Reihe der großen, trüben Fenster, daß Menschen hier nicht wohnen, sondern sich zu versammeln pflegen. Du öffnest die Tür und blickst in einen Saal mit fleckigen Wänden und einer verräucherten Balkendecke. In dem größeren Haus, in dessen erstem Stockwerk, über dem sich nur noch eine Mansarde erhebt, hat zur Zeit der napoleonischen Kriege »der Seher«, Rabbi Jaakob Jizchak, gewohnt und der Hofbau war seine »Klaus«, in der er mit den Seinen betete und lernte. An Gottesdienst und Studium der Hauptsynagoge nahmen sie nicht teil: sie waren »Chassidim«, »Fromme«, und wie die vielen andern chassidischen Gemeinden fest um ihren Kern, den Rabbi, geschart, von der offiziellen Ordnung ferngehalten und sich von ihr fernhaltend, aus dieser Ferne aber warben und kämpften sie um die Seelen der heranwachsenden Geschlechter.

Er wurde »der Seher« genannt, weil er sah. Man erzählte sich, er habe, als er geboren wurde, die Macht gehabt, von einem Ende der Welt bis zum andern zu schauen, wie es dem Menschen bestimmt war, als Gott am ersten Schöpfungstag, ehe noch Gestirn am Himmel war, das ursprüngliche Licht erschuf, das er dann, als der Mensch verdarb, in seiner Schatzkammer barg, auf daß es dereinst den Erlösten leuchte. Das Kind sei aber von der Fülle des Bösen so bestürzt worden, daß es bat, man möge die Gabe von ihm nehmen und es nur eine Strecke weit rings um sich sehen lassen. Von seinem zwölften Jahre ab habe Jaakob Jizchak auch dies nicht mehr ertragen können: sieben Jahre lang habe er seine Augen mit einem Tuch verhüllt und sie nur zum Beten und Lernen freigegeben; in den sieben Jahren seien ihm die Augen schwach und kurzsichtig geworden. Mit diesem verkümmerten Blick, hinter dem aber die schauende Seele ungeschwächt verharrte, sah er auf die Stirn eines jeden von den Unzähligen, die mit Bitten um das Wunder – Arme um Wendung ihrer Not, Kranke um Genesung, Unfruchtbare um Kinder, Sünder um Läuterung – zu ihm gefahren kamen; danach brachte er den überreichten Bittzettel, auf dem der Name des Besuchers mit dem seiner Mutter und sein Anliegen verzeichnet waren, dicht an die Augen, von denen das rechte etwas größer war als das linke, und las die wenigen Worte wieder und wieder, erforschte sie und gab ihn dem »Gabbai«, dem Verweser seines Hauswesens, der den Empfang leitete und vermittelte, zur Verwahrung zurück. Und dann merkte man an den plötzlich ganz veränderten Augen, an der seltsam vergrößerten Pupille, daß er schaute. Worauf? Im weiten Raum gab es in diesem Augenblick nichts mehr, was seinen Blick aufzufangen vermochte. Er schaute, so heißt es, mit den Augen, »die in seiner Macht waren«, in die Tiefe der Zeit und sah den Stammbaum der Seele, deren Gehäuse, der Körper des Bittstellers, vor ihm stand. Er sah bis in ihre Wurzeln im ersten Menschen hinein – etwa ob sie von Kains oder Abels Seite aufgesprossen war, sah, wie oft sie auf ihrer Wanderschaft einen Menschenleib betreten und was sie jedes Mal an dem großen Werk, das sie zu vollbringen hat, beschädigt, was zurechtgemacht hatte.

Man meine aber nicht, weil hier vom Erschrecken vor der Fülle des Bösen und von der Scheidung der Seelen je nach ihrer Abkunft von Abel oder Kain erzählt worden ist, der Seher habe sich von den sündigen Menschen abgewandt und sich mit ihnen nicht abgeben wollen. Im Gegenteil, es war offenkundig, daß ihn kaum etwas auf Erden so heftig anging wie der Sünder. Wenn man sich bei ihm über Missetäter beschwerte, die ihr übles Wesen nicht verhehlten, pflegte er zu sagen, er liebe den Bösewicht, der wisse daß er böse sei, mehr als den Gerechten, der wisse daß er gerecht sei. Der Spruch gibt sich erst ganz zu erkennen, wenn man bedenkt, daß »Gerechter«, Zaddik, der eigentliche Titel eines Rabbi der Chassidim ist. Zuweilen fügte denn auch Rabbi Jaakob Jizchak noch hinzu: »Es gibt auch manchen (er sagte nicht 'manchen Zaddik', aber man hörte es so), der böse ist und weiß nicht, daß er es ist. Das sind die, von denen es heißt: 'Noch an der Pforte der Hölle kennt er die Umkehr nicht', denn so einer bildet sich ein, man führe ihn in die Hölle, um etliche Seelen aus ihr zu retten, – ist er aber erst einmal drin, dann lassen sie ihn nicht mehr raus!« Und er wiederholte mit einem knappen Auflachen: »Dann lassen sie ihn nicht mehr raus!« Aber er ging noch weiter in seiner »Liebe«: er machte kein Hehl daraus, daß ein glühender Gegner des chassidischen Wegs seinem Herzen näher stand als ein gelassener Anhänger, denn jener könne, wenn ihn der Geist erst einmal packe, ein glühender Chassid werden, von diesem aber sei nichts zu erhoffen. Da wurde es also deutlich, wie sehr es dem Rabbi an der »Glut«, an der Leidenschaft, ja geradezu daran lag, was man den bösen Trieb nennt und ohne das es bekanntlich keine Fruchtbarkeit gibt, keine leibliche und keine geistige. Immerhin versäumte er nicht darauf hinzuweisen, daß es mit der Fruchtbarkeit allein nicht getan sei, sondern daß es auch darauf ankomme, was man zur Welt bringt. Nicht einmal bei dem Lob der Leidenschaft blieb der Seher jedoch stehen. Unter den Geschichten, die sich von ihm noch heute die Chassidim mit demselben geheimnisvollen Kopfschütteln wie dazumal erzählen, ist die wunderlichste wohl die von dem großen Sünder, der immer

Zugang zum Zaddik hatte und mit dem dieser sich immer wieder gern und lang unterhielt, und als die Leute kamen und vorzubringen wagten: »Rabbi, wie duldet Ihr solch einen Menschen in Eurer Gegenwart!«, bekamen sie zur Antwort: »Ich weiß, was ihr wißt. Aber was kann ich tun? Ich liebe die Freude und hasse die Trübsal. Und dieser Mann ist ein so großer Sünder: sogar unmittelbar nach der sündigen Handlung, wo doch sonst alle, und sei es auch nur ein Weilchen, zu bereuen pflegen, sei es auch nur um sich alsbald wieder ihrer Torheit zu ergeben, widersteht er der Schwermut und bereut nicht. Und die Freude zieht mich an.« In der Tat, Rabbi Jaakob Jizchak haßte die Schwermut. Man erzählt sich, er habe einst auf einer Reise in einem neuen, frisch für ihn hergerichteten Bett nicht einschlafen können, weil der Schreiner, ein gottesfürchtiger Mann, es in den neun Tagen gezimmert hatte, in denen man um die Zerstörung des Tempels trauert, und seine Trübsal den Liegenden wie mit tausend Stacheln peinigte. So war es denn natürlich, daß ihm die Trübsal bedenklicher als die Sünde wurde. Einmal klagte ihm ein Mann, wie sehr er unter der Heimsuchung der bösen Gelüste zu leiden habe und wie er darüber in eine tiefe Schwermut verfalle. »Halte dir die Schwermut fern«, sagte der Rabbi, nachdem er ihm mit Rat und Weisung das Herz gestärkt hatte, »sie schadet dem Dienste Gottes mehr als die Sünde. Um was der Satan sich so müht, ist nicht die Sünde des Menschen, sondern seine Schwermut darüber, daß er wieder gesündigt hat und von der Sünde nicht loskommt. Da hat er die arme Seele im Netz der Verzweiflung eingefangen.«

Es ist aber hier ein Wort hinzuzufügen, das er einem Schüler im Zwiegespräch anvertraute und das dieser uns überliefert hat. »Es nimmt mich wunder«, sagte er, »wie das zugeht: es kommen zu mir Menschen im Stande der Schwermut, und wenn sie von mir fortziehn sind sie aufgehellt, und ich selber bin doch . . .« Hier wollte er, den ersten Lauten nach zu schließen, das Wort »schwermütig« aussprechen, hielt aber sogleich inne und sagte: »und ich selber bin doch schwarz und leuchte nicht.«

Es war im Herbst des Jahres 1793, wenige Tage nach dem Fest der Freude an der Lehre. Rabbi Jaakob Jizchak hatte es diesmal zum Staunen und zur Bekümmerung der Vertrauten, nicht wie sonst immer in einer großen, fast fessellosen Fröhlichkeit, sondern wie ein Leidender gefeiert, der eine vergnügte Miene aufsetzt, damit man sein Leid nicht merke, und sogar als er mit der Schriftrolle tanzte, merkten sie, daß sein Schritt schwer war.

Wie allnächtlich war der Rabbi auch diesmal vor Mitternacht aufgestanden, da dem wahren Frommen geboten ist, um diese Zeit dem Heiligtum nachzuklagen und in der Lehre zu forschen. Wissen doch die Kenner der heimlichen Weisheit, daß bei Nachtanbruch die Dämonen als Hunde und Esel durch die Welt zu schweifen beginnen. Bald dringt die »Andere Seite« vor und sucht einen Weg zum König der Welt. Die Menschen liegen in ihren Betten und kosten inmitten ihres Schlafs einen Vorgeschmack des Todes. Wenn aber der Nordwind um Mitternacht erwacht, das ist, wenn das Böse gewaltig wird – wie geschrieben steht: »Von Norden her eröffnet sich das Böse« –, ist ein heiliger Aufruhr in der Welt. Wer um diese Zeit um das Exil der Schechina* klagt und

* Schechina, »Einwohnung«, heißt die der erschaffenen Welt (und im besondern dem Volk Israel) zugeteilte, durch deren Schuld und Schicksal vom Urquell geschiedene, im Exil weilende göttliche Gegenwart. Sie mit ihrem »Gatten« zu vereinen ist die höchste Aufgabe des Menschen. Darin ist die Weihe der menschlichen Handlungen begründet.

danach sich mit der Lehre befaßt, durch den werden die üblen Wesen in den Abgrund geworfen und er darf dem Heiligen, gesegnet sei Er, nahen. Davon erzählt das »Buch des Glanzes«* im Bilde eines Königs, der um die Truhe, die seine edelsten Kleinodien barg, eine giftige Schlange legte, um unbefugte Augen fernzuhalten, seinem Freunde aber vertraute er an, wie er die Schlange unschädlich machen und die Schätze nach Herzenslust betrachten könne. Darum ist es gut, noch vor Mitternacht aufzustehn.

Wie allnächtlich setzte sich der Seher auch diesmal bloßfüßig um Mitternacht auf den Boden neben den Türpfosten, an dem die Kapsel mit dem Gottesnamen haftet, und streute Asche vom Herd auf seine Stirn. Nachdem er Hymnen der Klage und des Hilferufs gesprochen hatte, stand er vom Boden auf und rief die Worte des Propheten: »Schüttle den Staub ab, steh auf, Gefangne, Jerusalem!« Daran schloß sich wieder das Flehen der Psalmen.

Es ist vorgeschrieben, die Mitternachtsklage mit Weinen und Wehruf zu sprechen, und so sprach sie auch der Seher Nacht um Nacht, aber wenn er auf Worte kam wie »mit der Stimme des Jubels und Danks, eine festlich schreitende Menge«, oder »jene haben sich gebückt, sind gefallen, wir aber sind erstanden, haben uns aufgerafft«, pflegte er so laut aufzujubeln, daß die Freude über die Trauer triumphierte. Diesmal war es anders. Die stolzen Worte sprach er müde vor sich hin, und als er zu Ende war, seufzte er tief auf. Ehe er mit dem Forschen in der Lehre begann, sagte er wie oft auch diesmal leise: »Herr der Welt, vielleicht

* Sefer ha-Sohar, das aus der 2. Hälfte des 13. Jahrhunderts stammende Hauptwerk der Kabbala.

bin ich von jenen, von denen geschrieben steht: 'Was hast du meine Gesetze vorzutragen?'« Das Weinen überkam ihn und es dauerte lang, bis er das »Buch des Glanzes« aufschlagen konnte, um in jenen Stellen zu forschen, die von der Mitternacht handeln. Nach dem Lernen tat er, was er immer tat, wenn er alles für diese Stunde Gebotene vollendet hatte. Er setzte sich auf einen Schemel, so daß er die Knie weit vorschieben mußte, stützte die Ellenbogen auf sie, legte den Kopf in die Hände und schloß die Augen so fest, daß die unteren Lider den Druck verspürten. Wie immer, erschien ihm zunächst eine blutfarbne Fläche, dann aber zerriß sie mitten durch, das Licht flutete erst milchig, dann in noch reinerem Weiß ein, nun war nichts mehr da als das weiße Licht. »Warum hast du mir das getan?«, sagte Jaakob Jizchak.

Genau vor einem Jahre hatte er in dieser Nachtzeit gebeten, man möge ihm kundtun, wer würdig wäre, nach seinem Tode an seiner Stelle die Gemeinde zu führen. Er lauschte. »Jaakob Jizchak«, sagte die vertraute Stimme. Er glaubte sich angerufen. »Hier bin ich«, antwortete er. Die Stimme schwieg. So brachte er wieder vor: »Tu mir kund, wen ich einsetzen darf.« »Jaakob Jizchak«, sagte die Stimme. Er saß bis in die Morgendämmerung auf dem Schemel, hörte nichts mehr und fragte auch nicht mehr. Am nächsten Morgen nach dem Frühgebet in der Klaus trat der Seher entgegen seiner Gepflogenheit aus der Seitenkammer, in der er, den Blicken der Versammelten entzogen, am Gebet teilnahm, in den großen Raum. Im Nu waren die Schüler um ihn geschart. Er hob langsam die Hand, wollte zu sprechen beginnen – da entstand am Eingang ein Getümmel, durch die hinausströmende Menge drängte sich ein allen fremder Mann, in einen Gebetmantel gehüllt, den er offenbar schon auf der Straße angehabt hatte, und lief auf den Rabbi zu. Man hielt ihn für einen der Bittsteller, die dem Rabbi auflauerten, um »in günstiger Stunde« ihre Nöte vorzutragen, und wollte ihn warten heißen, aber der Rabbi winkte ab. Als der Mann dicht vor ihm stand, betrachtete er prüfend die Erscheinung. Man sah jetzt, daß es ein noch junger Mensch war, ja seine Hände waren noch rot und schlenkrig wie die eines Knaben, aber sein Mund war ein fertiger Mund. Auf den sah nun der Rabbi und alle mit ihm. Der Mann war mit zurückgeworfenem Kopfe gelaufen und hielt ihn noch immer so, die Schläfenlocken flatterten noch leise, die Nase schnaufte in jähen Stößen, aber die dünnen und fast fahlen Lippen waren hart aufeinandergepreßt, und man konnte sich der Empfindung nicht erwehren, als füge jede der Gefährtin einen Schmerz zu. Nun aber riß er, ehe noch der Rabbi ihn angeredet hatte, den Mund auf und rief, mit einem Ton, wie ihn ein eherner Mörser, der einen Sprung bekommen hat, von sich gibt, wenn du ihm mit dem Stößel an die Wand fährst: »Rabbi, nehmt mich zum Schüler an!« Es klang nicht wie Bitte, sondern wie eine Forderung, geradezu wie die Forderung eines Gläubigers an einen Schuldner, nur daß es eben eine geborstene Stimme war. »Wer bist du?«, fragte der Rabbi. »Jaakob Jizchak Sohn der Matel«, antwortete der Ankömmling. Alle erschraken. Matel hatte die Mutter des Rabbi geheißen. Der Rabbi selber war erblaßt. Eine Weile waren seine Augen verändert, wie in den Stunden, in denen er in die Tiefe der Zeit schaute, dann aber verstörte sich sein Blick, die Lider zuckten, er holte, was er sehr selten tat, die Brille aus der Tasche und setzte sie auf. »Du bist angenommen«, sagte er.

Das Jahr, das seit diesem Vorfall verstrichen war, war eine unablässige Pein gewesen. Der neue Schüler benahm sich nicht anders als wie ein Gläubiger, der im Hause des Schuldners die Schuldsumme »abwohnt«. Den Mitschülern begegnete er mit Herablassung; sowie er eines von ihnen ansichtig wurde, spielte ihm ein spöttisches Lächeln um die dünnen Lippen, das er aber alsbald wegwischte. Die Unzähligen, die täglich aus allen Weltrichtungen gefahren kamen und vor dem Haus oder im Vorraum warteten, beobachtete er, an die Tür gelehnt, mit den zusammengekniffenen, grautrüben Augen und trug sie gleichsam in ein abgegriffenes Schreibbuch ein. Dem Rabbi, der all das sah, nahte er nie anders als diensteifrig und beflissen, er versäumte nie, ihn zu fragen, ob er einen Befehl für ihn habe; aber in den Lehrstunden, in denen er sich durch Beschlagenheit und Scharfsinn auszeichnete, stellte er Fragen von der Art jener, durch deren Beantwortung auch der größte Meister in immer aussichtslosere verwickelt wird. Doch führte er dieses Fragespiel immer nur bis zu einem gewissen Punkte durch, wo er dann unversehens abbrach und nach einem Stöhnen der Bewunderung laut flüsterte: »Es ist so wie der Rabbi sagt.« Das Schlimmste war, wenn er, in beinah regelmäßigen Zwischenräumen, sich ein Sondergespräch bei dem Lehrer erbat und ihm dann, mit der Begründung, bei ihm Hilfe für die Anfechtungen seiner Seele zu suchen, aus seinem Leben berichtete. Dem Rabbi erschien das, als erzählte man ihm Begebenheiten seiner eigenen Jugend, aber jede in einer gräßlichen Verzerrung: was er als ein schelmisches Kindergesicht in der Erinnerung hatte, schnitt hier eine tückische Fratze, und in den ebensten Weg hatten sich Löcher um Löcher gebohrt. Sowie jedoch der Erzähler merkte, wie sich die Miene seines Zuhörers veränderte, bekannte er: »Ja, Rabbi, ich bin ein großer Sünder!« In solcher Weise war das Jahr verstrichen. An seinem letzten Tag aber, am Tag vor dieser Nacht, in der Rabbi Jaakob Jizchak sich auf all dies besann, war der Schüler um die Zeit vor dem Nachmittagsgebet, das man bei den Lubliner Chassidim später als anderswo sagte, ohne sich durch den Gabbai anmelden zu lassen, in die Stube des Rabbi getreten, der am Tisch saß und beim Licht zweier Kerzen schrieb, und hatte sich vor ihn hingestellt. Der Rabbi achtete seiner nicht und schrieb weiter. »Rabbi!« sagte der Schüler. Der Rabbi hob die buschigen schwarzen Brauen, und schrieb schweigend weiter. »Rabbi!« sagte der Schüler, »wann werdet Ihr ihnen ankündigen, wie es mit mir sein soll?« Der Rabbi legte die Feder sorgsam hin, daß kein Fleck entstehe, und sah auf. »Geh!« sagte er. »Wie, was!«, stammelte der andre, und jetzt war es eine zittrige Fistelstimme, die zwischen seinen Lippen hervordrang. »Ich, ich, gehen?« »Geh!« sagte der Rabbi und erhob sich. Sein Kopf mit der tiefen senkrechten Stirnfurche stand mächtig gegen den Verstummten, der mit einknikkenden Knien zurückwich. Der Rabbi folgte ihm zur Tür. »Du mußt sogleich dein Bündel schnüren und hinwegwandern«, sagte er. »Ich, ich will mich nur noch von den Genossen verabschieden«, brachte jener vor. »Du hast keinen Genossen«, sagte der Rabbi.

Auf all dies, auf dieses ganze Jahr mitsamt diesem letzten Tag, besann er sich nun, auf dem Schemel sitzend, mit den fest geschlossenen Augen in das weiße Licht starrend, in einem einzigen Augenblick wie auf ein einziges Ereignis. »Warum hast du mir das getan?« fragte er. Keine Antwort kam. Und plötzlich mußte Jaakob Jizchak lachen, weil er »Warum?« gefragt hatte. Er lachte, fiel lachend vom Schemel und lag lange Stunden auf seinem Angesicht, mit ausgestreckten Gliedern, bis in die Morgendämmerung.

Der nächste Tag war ein Freitag. Der Freitag ist bekanntlich kein Tag für sich, sondern Trabant und Herold des nach ihm kommenden. In Lublin waren die Schüler schon nach dem Morgengebet mit dem Herrichten des Lehrhauses für den Sabbat beschäftigt; der Staub der Woche wurde von den Bänken gewischt und vom Boden gescheuert. Da trat der Rabbi ein. Man sah ihm sogleich an, daß er, obgleich er schon um Sonnenaufgang im Tauchbad gewesen war, nun zum zweitenmal getaucht hatte; die Feuchtheit seines Haares war kaum zu erkennen, aber seine Füße hoben sich noch immer, wie wenn einer aus dem Wasser steigt. Er ging auf die Jünglinge zu und tat, was er früher Tag um Tag zu tun pflegte, nun aber schon lange unterlassen hatte: er ließ sich von allen nacheinander ihre eben gesäuberten Pfeifen reichen, rauchte aus jeder einige starke Züge und gab sie dem Besitzer zurück. Die Schüler hatten alle in ihrer Arbeit eingehalten; sie standen und staunten ihn an.

Nachher ging er ins Wohnhaus und befahl dem Gabbai, mit dem Vorlassen der von nah und fern gekommenen Chassidim, von denen viele schon eine Reihe von Tagen warteten – denn er hatte in der letzten Zeit keinen Fremden sehen wollen –, zu beginnen. Er begnügte sich heute nicht damit, nachdem er jedesmal den Spruch »zur Einung des Heiligen, gesegnet sei Er, und Seiner Schechina« gesagt hatte, Gesicht und Bittzettel zu betrachten, er ließ die Leute frei reden, der Bescheid, den er schließlich gab, war jedesmal klar und schlicht, wenn auch mancher den Hörer überraschen mochte. Einem Pächter, der ihm klagte, daß er den Zins nicht aufbringen könne, riet er, das Gütchen auf Abzahlung zu kaufen; die nächste Ernte würde so reich sein und die Preise so steigen, daß er nichts zu fürchten brauche. Als ein andrer berichtete, er werde von Zweifeln geplagt und könne sie nicht zum Verstummen bringen, empfahl er ihm, nachts das Fenster seiner Schlafkammer offen zu lassen, denn eine Luft, die sich nicht erneut, mache die Seele stockig. Man führte ihm einen am Geist gestörten Knaben vor; statt ihn, wie es in solchen Fällen üblich war, mit gewaltsamen Beschwörungen zu ducken, ließ er sich, nachdem er mit ihm allein geblieben war, in ein weitläufiges Gespräch mit ihm ein, man hörte aus dem Nebenzimmer den Knaben zuerst widerwillig brummen, dann wie verwundert aufschreien, endlich anscheinend eine Geschichte erzählen, die nur zuweilen von seinem Lachen und dem des Rabbi unterbrochen wurde; nach einer Stunde rief dieser die Anverwandten wieder herein und wies sie an, das Kind täglich um diese Zeit in sein Haus zu bringen und im übrigen es ungestört treiben zu lassen was es wolle, es werde gewiß nichts Schädliches unternehmen, – worauf der Knabe wieder in ein helles Gelächter ausbrach und laut versicherte: »Ich schade nicht.«

Schon seit einer Weile hatte man von der Straße her einen wachsenden Lärm vernommen, aber der Rabbi war mit seinem Gegenstande allzusehr befaßt, als daß er darauf geachtet hätte. Jetzt drangen die Rufe »David!«, »Rabbi David!«, »Rabbi David Lelower!« an sein Ohr. Er trat hinaus. Vor der Tür hatte sich ein Haufen Chassidim um eine kleine Gruppe versammelt, die offenbar vor kurzem von außerhalb gekommen war. Inmitten war ein mit zwei kräftigen Schimmeln bespannter langer Leiterwagen zu sehen, davor der Fuhrmann, dem ein auffallend stämmiger Bursche die Peitsche abgenommen hatte und ihn am Kragen festhielt, mit einem nachlässigen Griff, der aber reichlich genügte, um es jenem unmöglich zu machen, sich auf den Wagen zu setzen und davonzujagen, wozu er ersichtlich große Lust hatte. Dem Fuhrmann gegenüber stand, von Schülern umdrängt, die immer noch »Rabbi David!« riefen, in die Hände klatschten und hochsprangen, ein Mann, der näher an fünfzig als an vierzig sein mochte, einen reinlichen, aber mehrfach geflickten, mit einem Strohbund gegürteten Langrock und in die dichten, noch in jugendlichem Kastanienbraun leuchtenden Locken gedrückt statt des geläufigen Pelzhuts eine etwas abgeschabte Tuchmütze trug; auch seine Wangen waren noch von einer jugendlichen Frische und ebenso wie das Kinn, die Augenhöhlen und die Stirn ganz runzellos. Bisher hatte er nachdrücklich, aber gar nicht heftig auf den Fuhrmann eingeredet; sowie er jetzt des Zaddiks ansichtig wurde, wandte er sich ihm zu und verneigte sich. Alle, die mit ihm gekommen waren, verneigten sich zugleich, der stämmige Bursche ohne den Kragen des Fuhrmanns loszulassen; die Nahstehenden, die sich an der ungewöhnlichen Gestalt nicht sattsehen konnten, nahmen mit Verwunderung wahr, wie ihm, obgleich er auch kein Jüngling mehr war, – er mochte zwanzig Jahre weniger zählen als Rabbi David – beim Anblick des Lubliners ein Erröten über Gesicht und Nacken zog. Nach dem Gruß sprach David sogleich den Zaddik an. »Rabbi«, rief er, »was ist mit diesem Mann anzufangen? Er schlägt seine Pferde! Wie kann man ein Pferd schlagen? Während wir zu Euch fahren, sind immer mehr und mehr Chassidim mit Ranzen und Säcken auf den Wagen gekommen. Schließlich habe ich dem nicht mehr zusehen können, wie die Tiere das schwere Fuhrwerk geduldig zogen, und ich gebe den Leuten einen Wink: 'Brüder, steigen wir ein Weilchen aus!' Sogleich sind alle ausgestiegen, haben nur die Ranzen liegen lassen, und wir sind hinter dem Wagen hergezogen. Nun sollte man meinen, die Pferde hätten den Schritt beschleunigt. Weit gefehlt! Sie paßten ihn unserem langsamen an. Pferde sind kluge Tiere, wache Tiere, sie verstehen. Was glaubt Ihr aber, daß da geschehen ist? Dieser Fuhrmann da ist zornig geworden. Statt sich zu freuen, daß man seinen kostbaren Besitz schont, wird er zornig und schlägt auf die Pferde ein. 'Was tust du da!', rufe ich. 'Weißt du nicht, daß die Thora verbietet, lebendige Wesen zu quälen?' 'Es gehört sich', sagt er, 'daß die Reisenden im Wagen sitzen!' 'Wir werden dir', sage ich, 'von dem Fahrgeld nichts abziehen.' 'Es gehört sich!', schreit er. 'Warum aber', frage ich, 'schlägst du die Pferde?' 'Es sind meine Pferde', gibt er zur Antwort. 'Das ist kein Grund sie zu schlagen', sage ich. 'Es sind unvernünftige Tiere', sagt er. Nun mußte man sie sehen, wie sie die Ohren rührten und hinhorchten, – sie wußten wohl, daß es um sie ging. 'Meinst du etwa', sagte ich, 'sie ziehen den Wagen, weil sie Angst vor deinen Hieben haben? Sie ziehen ihn, weil sie ihn ziehen wollen.' Und was sagt er darauf? 'Ich kann und will mit Euch nicht disputieren', sagt er und schlägt wieder auf die Pferde ein. Und da –«

Nun aber fiel ihm der Fuhrmann ins Wort. »Heiliger Rabbi«, rief er, »erbarmt Euch meiner und laßt mich ein Wort dazwischen sagen!« »Was meinst du dazu, David?«, fragte der Rabbi. »Laßt ihn nur reden, Rabbi!«, antwortete der Lelower. »Rede, Chajkel!«, sagte der Rabbi, der alle Fuhrleute weit und breit mit Namen kannte. So begann Chajkel zu reden, ohne daß der Griff an seinem Kragen sich lockerte, während David von Lelow die breite Mütze abnahm, so daß er im bloßen Käppchen dastand, mit der anderen Hand Gerste aus einer tiefen Tasche holte, die Mütze damit füllte und den Pferden hinhielt.

»Rabbi«, sagte Chajkel, »weiß ich denn nicht, wer er ist? Ich bin nicht aus Lelow, aber komme ich nicht Woche um Woche nach Lelow? Und höre ich nicht jedesmal, wenn ich hinkomme, von ihm reden? Von wem denn sollen die Lelower reden wenn nicht von ihm? Ich weiß doch, daß er selber ein Zaddik ist, wenn er auch nur als Euer Schüler gelten will, aber verrückt ist er doch! Kommen nicht zu ihm Chassidim gelaufen, schreiben Zettelchen aus und wären selig, wenn er ihnen erlaubte, ihm ein 'Lösegeld' zu überreichen? Aber er erlaubt es keinem! Und wovon lebt er mit seinem Weib und all den großen und kleinen Kinderchen? Da steht er in seinem Lädchen und verkauft immer nur so viel, um für den Tag versorgt zu sein. 'Wollt Ihr nicht lieber dort rechts bei der Witwe kaufen', sagt er zu dem Kunden, 'oder da drüben bei dem frommen Mann, der weit rechtschaffener ist als ich?' Und wenn er den Käufer los ist, setzt er sich hin und lernt. Seht doch, die Peitsche da, die er mir hat wegnehmen lassen, habe ich bei ihm gekauft. Und was sagt er mir, wie ich sie ausgesucht habe? 'Diese Peitsche', sagt er, 'ist nur zum Knallen und nicht zum Schlagen gemacht.' Ist das nicht die Rede eines Verrückten? Nun hört aber weiter, was sich auf dieser Fahrt zugetragen hat! Hätten wir nicht schon gestern mittags hier eintreffen müssen? Sind wir doch schon am Tag nach dem Fest der Thorafreude, am Montag aus Lelow gefahren! Aber sowie wir in irgendein Städtchen kamen, ließ dieser verrückte Zaddik halten. Dann versammelte er alle Kinder um sich und verteilte nicht nur Zuckerwerk unter sie und schenkte jedem ein Pfeifchen – das wäre noch angegangen –, sondern stopfte sie auch rudelweise in meinen Wagen und ließ sie durch den ganzen Ort fahren und pfeifen. Aber nicht genug daran! Wann immer wir durch ein Dorf kamen, wo ein einzelner Jude wohnte, überall sagte er, er habe da einen Bruder, den er besuchen müsse, sei es um nach seinem Befinden zu fragen, weil er das vorige Mal krank gewesen sei, oder um sich zu erkundigen, ob eine Tochter, für die beim vorigen Aufenthalt gerade ein Mann gesucht wurde, indessen wohl vermählt sei, und dergleichen mehr, und überall mußte ich stehen und warten. Nun ja, ganz Israel sind Brüder! Aber schließlich packt einen eben doch die Wut! Und wen sollte ich schlagen, wenn nicht die Pferde?«

»Ist das wahr, David, was der Mann erzählt?«, fragte der Rabbi. »Das mit den Kindern mag ja noch hingehn, aber ist das wahr, daß er in den Dörfern warten mußte, weil du in jedem einen Bruder wohnen hattest?«

»Gewiß ist es wahr«, erwiderte der Lelower, »und ich will Euch berichten, Rabbi, wie das gekommen ist. Als ich zum ersten Mal zu Eurem und meinem Lehrer, dem großen Rabbi Elimelech, nach Lisensk fuhr, wollte er mich, wie Ihr ja wißt, zuerst nicht empfangen, weil ihm die Kasteiungen zuwider waren, die ich in meiner Jugend getrieben hatte. Sogar als ich mich im Lehrhaus hinter dem Ofen versteckt hatte, hieß er mich hinausweisen. Den ganzen Sabbat harrte ich vergebens auf ein Wort von ihm. Erst als ich tags darauf wieder wagte, mich in sein Haus zu begeben, kam er mir entgegen und begrüßte mich freudig. Nun aber will ich Euch berichten, was sich inzwischen mit mir ereignet hatte. In der Morgenfrühe des Sonntags hatte ich nach einer Nacht ohne Schlaf keine andere Hoffnung mehr, als daß ich mich ganz neu eine lange Zeit bereiten mußte, um von Rabbi Elimelech aufgenommen zu werden. So machte ich mich unverzüglich auf den Heimweg. Im ersten Dorf, durch das ich kam, erblickte mich ein Jude, der zum Fenster seines Hauses heraussah, und rief mich an: 'Bleibt doch stehn!' Als ich einhielt, sagte er: 'Bedenkt doch! da habt Ihr einen Bruder unter so vielen Fremden sitzen – wie tritt man da nicht ein und fragt: 'Lebst du noch, mein Bruder?' ! So trat ich bei ihm ein und wir unterredeten uns über allerhand Dinge, und danach nahmen wir in einem guten Einvernehmen Abschied voneinander. Als ich wieder auf der Straße stand, kam es mir übermächtig in den Sinn: 'Nun will ich es auf mich nehmen, auf jeder Fahrt von jedem Ort, wo ein Jude wohnt, nicht weiterzuziehn, eh wir einander als Brüder erkannt haben.' Und wie ichs mir gelobt, füllte es mir urplötzlich das Herz, jenes Gefühl, das man 'Liebe zu Israel' nennt und das mir bis dahin fremd geblieben war. Und in einem damit hatte ich urplötzlich eine solche Zuversicht im Herzen, daß ich sogleich umkehrte, zurück nach Lisensk ging und wieder Rabbi Elimelechs Haus betrat, der mir entgegenkam und mich freudig begrüßte. Seither habe ich stets und so auch auf dieser Reise mein Gelübde erfüllt.«

»Wohl«, sagte der Rabbi und schwieg eine Weile. Dann aber fragte er lächelnd: »Ist es aber auch wahr, daß du dem Mann seine Peitsche abgenommen hast?«

»Auch das ist wahr«, antwortete David, »er mußte doch daran verhindert werden, weiter zu schlagen. Freilich habe ich sie ihm nicht mit eigenen Händen abgenommen, das hätte ich mit meinen geringen Körperkräften nicht fertiggebracht, sondern ich habe sie ihm durch meinen Freund da abnehmen lassen. Er ist es auch, zu dem ich gesagt habe, weil doch die ganze Sache vor Euch ausgetragen werden sollte: 'Wir müssen darauf achten, daß er uns nicht noch im letzten Augenblick entwische. Darum fasse du ihn, sowie der Wagen hält, am Kragen und halte ihn fest, Jaakob Jizchak, . . .'«

»Was – was hast du zu ihm gesagt?« fragte der Rabbi.

»Nun eben«, antwortete David, »daß er den Mann festhalten solle.«

»Ja, aber was noch?«

David stutzte. »Was noch? Nun eben: 'Jaakob Jizchak', habe ich gesagt . . .«

»Wie? Jaakob Jizchak?«

»Nun freilich, so heißt er, der da.« Und damit zog er

ihn hervor, daß er Peitsche und Kragen fahren ließ und, wieder über und über errötend, vor dem Rabbi stand. Alle sahen auf ihn. Er hatte die Schultern breit wie ein Lastträger, aber einen sehr geraden Rücken, und darüber erhob sich ein großer, aber schmaler Kopf, tiefbraunes Haar umgab das schon wieder blasse Gesicht, die Nase schwang sich unmittelbar aus der Stirn hervor, der Mund war sanft. Man mußte ihm auf die großen Hände sehen, auf ihre zarte Haut, auf die schlanken Finger – und auf die unheimliche Kraft, die nicht weniger sichtbar war.

In diesem Augenblick trat aus einer Schar von Bauern, die sich neugierig im Hintergrund versammelt hatten, ein hochgewachsener Mann in weißer Schafsjoppe und weißer Lammsfellmütze, ging gleichmäßigen Schritts durch die ihm Platz machenden Chassidim bis dicht an den jungen Jaakob Jizchak, klopfte ihm auf die Schulter und rief auf Polnisch: »Das ist mir mal ein Jud!« Und schon war er nicht mehr zu sehen. Der junge Jaakob Jizchak ist in Lublin von da an nicht anders als »der Jude« und später in der chassidischen Welt nicht anders als »der heilige Jude« genannt worden. Die Jünglinge aber, die sich ihm alsbald anschlossen, waren gewiß, dies sei der Prophet Elia gewesen, der es bekanntlich liebt, im Gewand eines Eingeborenen über Land zu wandeln und die Sprache der Eingeborenen zu reden.

Jetzt sprach auch der Rabbi wieder. »Gesegnet die Gekommenen!«, sagte er und reichte David von Lelow die linke Hand. »Gesegnet der Gekommene!«, sagte er und reichte dem jungen Jaakob Jizchak die Rechte.

Chajkel hatte sich indessen mit Wagen und Peitsche aus dem Staube gemacht.

David von Lelow erzählt

In der oberen Stube saß David bald danach dem Rabbi gegenüber. Beide rauchten ihre kurzen Pfeifen, sahen einander freundlich an und schwiegen. Endlich fing der Rabbi zu reden an. »Du hast mir niemals erzählt, David«, sagte er, »warum eigentlich du vor sechs Jahren, nach dem Verscheiden unseres Meisters, des großen Rabbi Elimelech, zu mir gefahren kamst und seitdem zu mir fährst.«
»Da ist nicht viel zu erzählen«, sagte David, »und was zu erzählen ist gereicht mir nicht zum Ruhm.«
»Erzähle nur«, sagte der Rabbi.
»Nun«, sagte David, »ein gutes Stück der Geschichte kann niemand besser kennen als Ihr. Als mich die langen Kasteiungen, immer wieder Fasten von Sabbat zu Sabbat, dazu alle Arten der strengen Pein, nicht bloß ausgemergelt, sondern auch hochmütig und trostlos gemacht hatten, hörte ich, daß es Chassidim auf der Welt gibt. Da dachte ich mir: die muß ich mir ansehen, das sind ja sonderbare Wesen, die meinen, es ohne alle Kasteiung schaffen zu können. Einmal treffe ich auf einen Chassid, der eben von der Fahrt zu seinem Rabbi zurückkehrt, und frage ihn: 'Was hast du von deinem Rabbi gehört?' Sagt er: 'Die Erklärung des Schriftworts: Und wüschest du dich mit Lauge . . .' Darauf frage ich ihn: 'Wo ist er zu Hause?' 'In Lisensk', sagt er. So habe ich mich denn auf den Weg zu Rabbi Elimelech gemacht. Unterwegs hatte ich in der Stadt Lanzut zu

übernachten, wo Ihr damals wohntet. Als man mir von Euch berichtete, begab ich mich zu Euch und bat, mich zu herbergen. Was da geschah, brauche ich ja nicht zu erzählen.«

»Erzähle nur«, sagte der Rabbi.

»Nun«, sagte David, »Ihr fragtet mich, warum ich gerade bei Euch Herberge nehmen wolle. Ich antwortete: 'Weil ich nach dem, was ich gehört habe, sicher sein kann, daß alle Speisen bei Euch mit der höchsten Treue und Genauigkeit nach den Vorschriften der Thora zubereitet sind.' Darauf hießt Ihr den Diener mir zwei Ohrfeigen geben und mich hinausführen.«

»Wohl, wohl«, sagte der Rabbi.

»Da bin ich denn«, sagte David, »nach Lisensk gefahren. Nun, daß er mich nicht hat empfangen wollen, habe ich oft berichtet. Aber eins habe ich auch Euch noch nicht erzählt. Wie ich mich da nämlich im Lehrhaus hinter dem Ofen versteckt hatte, kommt er herein, geht geradeswegs auf den Ofen zu und winkt mir herauszukriechen. Da stehe ich nun vor seinem Angesicht. 'Woher bist du?', fragt er mich. 'Aus Lelow', sage ich. 'Wer ist bei euch', fragt er, 'der Mann, der es am treusten und genausten mit allen Vorschriften der Thora hält?' Da habe ich geschwiegen, denn ich dachte: 'Was kann ich da erwidern, da ich es doch wahrhaftig selber bin.' Er wartete mir nicht lange zu, sondern hieß den Diener mir zwei Ohrfeigen geben und mich hinausführen. Das weitere habe ich Euch ja schon längst berichtet.«

»Da hast du es also gut gehabt«, sagte der Rabbi.

»Habe ich es gut gehabt?« fragte David.

»Ja«, sagte der Rabbi. »Ich weiß aber noch immer

nicht, warum du nach dem Verscheiden unseres Lehrers zu mir gekommen bist.«

»Nun«, antwortete David, »doch eben, weil ich auch von Euch zwei Ohrfeigen erhalten hatte.«

»Jetzt verstehe ichs«, sagte der Rabbi. »Ich möchte aber noch etwas von dir erfahren. Du hattest mir doch Botschaft gesandt, daß du schon zum Hüttenfest kommen würdest. Warum bist du nicht gekommen?«

»Das war so«, sagte David. »Ich bin damals hergefahren, aber ich habe mich unterwegs noch mehr als diesmal versäumt, und so war ich erst bis zu einem Dorf nicht weit von hier gelangt, als das Fest anbrach. Da ist es mir denn recht bang geworden, weil es mir nicht gewährt war, an diesem Tag an dem reinen Tisch in Lublin zu sitzen. Dann aber habe ich meiner Seele so zugesprochen: 'Wenn die Welt wüßte, wer der Rabbi von Lublin ist, würden sie doch von den vier Zipfeln der Erde hierher gefahren kommen, und dann würde der Tisch sich bis zu diesem Dorf ausdehnen, und ich David der Allerkleinste würde sicherlich hier am Ende des Tisches sitzen, wo ich jetzt sitze. Also sitze ich am Tisch des Rabbi.' Da habe ich denn die zwei Festtage in großer Freude verbracht und bin dann heimgereist, denn ich sagte mir: 'Jetzt ist es nicht mehr an der Zeit, nach Lublin zu fahren.' Wie ich aber heimkomme, ist mir da inzwischen mein Freund zu Besuch gekommen und wartet auf mich in meiner Stube, der Jaakob Jizchak. Da habe ich denn zu ihm gesagt: 'Nach dem Tag der Thorafreude, Jaakob Jizchak, fahren wir zusammen nach Lublin.'«

»Was hat es mit diesem jungen Menschen auf sich?«, fragte der Rabbi.

»Da ist doch nichts zu erzählen«, sagte David, »das sieht man doch alles.«

»Erzähle nur, David«, sagte der Rabbi.

»Ich weiß nicht«, sagte David, »wie man von einem anderen erwachsenen Menschen erzählt. Ich kann außer von mir selber nur von Kindern erzählen. Aber wenn Ihr wollt, erzähle ich Euch von seiner Kindheit, so viel als ich weiß.«

»Erzähle«, sagte der Rabbi.

»Man sieht ihm wohl nicht an«, erzählte David, »daß er schon als Knabe ein großer Lerner war.«

»Man sieht«, sagte der Rabbi.

»Es gab in seiner Heimatstadt und weit und breit ringsum keinen Knaben, der ihm an Kraft der Forschung in der Lehre gleichkam. Aber niemand wußte davon. Die Leute redeten darüber, wie doch sein Vater, der ein vortrefflicher Gelehrter war, unglücklich sei, einen Sohn zu haben, der nicht versteht was er lernt. Im Lehrhaus hielt er nämlich die Ohren auf, dachte und schwieg. Ein Freund, der zusammen mit ihm lernte und dem allein er sich anvertraute, hat mir viel später alles berichtet. Man hat aber auch von der Inbrunst nichts gewußt, mit der er betete, ja man hielt ihn auch darin für nachlässig, denn oft fehlte er schon beim Morgengebet. Nach diesem pflegte man in seiner Heimatstadt das Bethaus zu schließen, er aber kletterte durch Fenster und Dachluken hinein und betete vor der heiligen Lade. Einmal überraschte ihn dabei sein Vater, der ihm bis dahin keine Aufmerksamkeit zugewandt hatte. Als er die Tür des Bethauses öffnete, sah er seinen Sohn vor der Lade liegen. Er trat nicht ein, sondern schloß lautlos wieder die Tür. Seither beobachtete er mit Zurückhal-

tung das Treiben des Kindes. Er merkte, daß es sich stets von allen Speisen eine reichliche Menge auf den Teller legte, davon aber den größten Teil heimlich in die Taschen oder in einen bereitgehaltenen Beutel verschwinden ließ. Er ließ umfragen und erfuhr, daß der Knabe täglich nach der Hauptmahlzeit ins Armenviertel eilte, wo sich gleichaltrige und ältere Jungen um ihn versammelten; zunächst teilte er Speisen unter sie aus, nachdem sie sich aber gesättigt hatten, lernte er mit ihnen. Auch dies bewahrte der Mann im Herzen, ohne sich mit dem Sohn zu unterreden; er ließ ihn gewähren und befahl nur, ihm von allen Speisen überreichlich aufzulegen.
Ein Bruder des Vaters lebte als armer Bethausdiener in einem entlegenen Städtchen. Er war aber einer der sechsunddreißig verborgenen Zaddikim. – Rabbi, warum heißt es, die Welt stehe auf diesen Sechsunddreißig? Steht nicht die Welt vielmehr auf den Offenbaren, die unsere Führer sind?«
»Die Offenbaren selber«, sagte der Rabbi, »stehen auf den Verborgenen. Und auch an ihnen selber, den Offenbaren, ist das, was andere zu tragen vermag, nicht ihre Offenbarheit, sondern ihre Verborgenheit. Alles tragende Sein ist verborgen. Aber erzähle nur weiter.«
»Dieser verborgene Zaddik«, sagte David, »besuchte zuweilen seinen Bruder. Sie gingen dann aus der Stadt aufs Feld und besprachen sich über die Geheimnisse der Thora. Einmal nahmen sie den Knaben mit, und er ging hinter ihnen her. Sie kamen an eine Wiese, auf der Schafe weideten. Da sahen sie, daß zwischen den Tieren ein großer Streit um die Anteile an der Weide ausgebrochen war. Schon gingen die Leit-

widder mit den Hörnern aufeinander los. Weder Hirt noch Hund war zu erblicken. Im Nu war der Knabe vorgesprungen, in einem Nu nahm er die Wiese in Besitz und richtete seine Herrschaft auf. Er trennte die Kämpfer und schlichtete den Streit. Alsbald war jedem Schaf und jedem Lamm zugeteilt, was es brauchte. Etliche Tiere aber beeilten sich nun nicht mit dem Fressen, sondern drängten sich an den Knaben, der ihnen das Fall kraute und zu ihnen redete. 'Bruder', sagte der Bethausdiener, 'das wird ein Hirt der Herde.'«

»Und hat in all der Zeit«, fragte der Rabbi, »die Welt nichts von ihm erfahren?«

»Nun«, antwortete David, »zur Kindheit gehört das ja nicht mehr. Freilich, wo hört bei so einem die Kindheit auf? Eins ist gewiß: er war fast noch ein Kind, als er verheiratet worden ist. Die Heimatstadt hatte seinem Lerntrieb nicht mehr genügt, er war in die Fremde gegangen und so ans Lehrhaus nach Apta gekommen, dem sein früherer Lehrer vorstand. Da wurde er nun bald bekannt. Unter allen Schülern wußte er am meisten, was er wußte war lebendig da, was da war verwaltete er selbständig wie keiner. Freilich war nicht bekannt, daß er auch der geheimen Weisheit oblag, weil er es nur in nächtlicher Heimlichkeit, einsam oder mit einem einzigen Gefährten tat. Den berühmten Jungen hat sich dann ein wohlhabender Bäcker und Schankwirt als Schwiegersohn gesichert. Das heißt, der Mann selbst trieb eigentlich nur das Bäckergewerbe, der Wirtschaft stand seine Frau vor, Goldele heißt sie. Sie führte in ihrem mächtigen Gedächtnis genaues Buch über die Geschicke jedes Besuchers, jeder Neueintretende war so lange verdächtig, bis er mit all seinem Drum und Dran eingetragen war. Der Jüngling, dem sie die ältere von ihren beiden Töchtern vermählt hatte, war ihr schon am Tag nach der Trauung ärgerlich geworden, weil er sich als unübersichtlich erwies. Was für einen Wert hat ein Mensch, um den du siebenmal herumgehen kannst, ohne dich in ihm auszukennen? Nicht als ob er sich abgeschlossen hätte, er sah sie immer freundlich an und gab auf alle Fragen bereitwillig Auskunft, aber man merkte bald, daß gerade dies das Schlimme war; wenn einer dir mit Absicht etwas von sich vorenthält, kannst du die Belagerungsmaschinen vortreiben, nicht aber, wenn er dir alle Kammern öffnet und in keiner findest du, was du suchst. Nun kam aber noch etwas besonders Schlimmes heraus. Die Frau pflegte dem jungen Paar außerhalb der Hauptmahlzeit, die sie am elterlichen Tisch einnahmen, allerhand gute Sachen zu schicken, nicht bloß das Übliche, sondern auch leckere Backwaren, edle Weine und dergleichen. Da erfuhr sie, daß der größte Teil von alledem zu kranken Armen wanderte. Zu Leuten, die für so feine Dinge gar kein Verständnis haben können! Das war zuviel. Sie war auf den Schwiegersohn stolz gewesen, weil man von seinen Gaben redete, überdies durfte sie hoffen, mit solchem Fürsprech auch für Drüben vorgesorgt zu haben. Jetzt aber sah sie, daß das ein untauglicher Mensch war; bei einem, der alten Wein unter den Pöbel austeilte, konnte auch die Gelehrsamkeit nicht die rechte sein. Dazu kam, daß er oft in der Betergemeinde nicht zu finden war; er hatte sich nämlich in einem Speicher des Schwiegervaters, der voller Stroh und Grünfutter war, ein Eckchen zurechtgemacht, in dem er mit seiner mächtigen Inbrunst betete, sobald ihm die ganze Seele zum Gebet bereit war. So wurde schließlich Jaakob Jizchak, der, auch nachdem man ihn ermahnte, von seinen üblen Sitten nicht ließ, vom Tisch verwiesen; zu essen brachte ihm seither seine Frau.

Eines Tags aber erfuhr man etwas, was alle, besonders aber die Chassidim, in Staunen versetzte. Ihr müßt wissen, daß das Tauchbad in Apta . . . Sagt mir, Rabbi, was ist das Geheimnis des Tauchbads?«

»Wenn du so fragst, hast du dir gewiß schon selber eine Antwort gegeben und willst nur wissen, ob sie mir recht ist. Was meinst du also davon?«

»Da Ihr es wollt, Rabbi, will ich sagen, was ich meine, aber eine Antwort ist es nicht. Ich meine nur: man geht hinab, und weiter hinab, und noch weiter hinab, und wenn man schon unten ist, beugt man sich erst richtig hinab. Das ist alles, was ich weiß.«

»Und so ist es recht.«

»Aber nun bitte ich Euch, Rabbi, gebt mir die Antwort.«

»Du weißt doch, David, was unsere Weisen sagen, indem sie einen Schriftvers deuten: 'Israels Tauchbad ist Gott'.«

»Ich weiß noch nicht, Rabbi, was Ihr im Sinn habt.«

»Untertauchen habe ich im Sinn, David, gänzlich untertauchen. Uns ist es nicht gegeben so unterzutauchen, wie die Engel, nachdem sie ihren Dienst getan haben, im Feuerstrom untertauchen und erstehen nicht wieder aus ihm als um ihren Dienst zu tun. Nur in der Zeit, wo er seinen Dienst tut, muß jeder von ihnen da sein als der der er ist, das heißt: der diesen Dienst tun kann, den kein andrer tun kann. Nur im Dienst sind sie nicht Feuerstrom, sondern Personen. Wir aber tauchen nicht in Feuer, wir tauchen in Wasser. Wir werden nicht verzehrt, wir erstehen nicht wieder. Auch untergetaucht sind wir die wir sind. Aber als eben diese untertauchen, bis kein Haar hervorschaut, untergetaucht bleiben, solang wir unter Wasser atmen können, das ist unsere Möglichkeit. Und nun erzähle weiter, David!«

»Das Tauchbad in Apta«, erzählte David, »ist neunzig Stufen tief. An ein Erwärmen des Wassers ist nicht zu denken. Einen großen Teil des Jahres liegt eine Eisschicht darüber, die man jeweils zerschlagen muß um tauchen zu können. Die Chassidim kommen nie einzeln, sondern in Trüppchen von zehn und mehr. Sie schichten einen Scheiterhaufen und zünden ihn an, um beim Herauskommen aus dem Bad sich dran wärmen zu können. Jaakob Jizchak ist nie mit ihnen gegangen. Er stand stets vor Mitternacht auf und ging allein ins Tauchbad, tauchte ohne Feuer anzumachen, kehrte heim, sprach die Mitternachtsgesänge und forschte stundenlang in der geheimen Lehre. Nun wohnte in der Nähe des Badhauses eine Frau, die nachts Kringel zubereitete, um sie am frühen Morgen feilzubieten. Sie merkte, was da vorging, und stellte von da an allnächtlich ihren Kessel mit siedendem Wasser, in den sie die Kringel zu tun pflegte, ehe sie in den Ofen kamen, vor die Tür des Badhauses, damit der einsame Besucher sich vor dem Heimweg dran wärme. Er verschmähte auch nicht es zu tun, denn er hat sich nie wie ich mit Kasteiungen abgegeben. Lange schwieg die Frau davon, endlich aber berichtete sie einer Nachbarin, und durch

die erfuhr es bald der ganze Ort. Die Chassidim behandelten nun Jaakob Jizchak mit Vertraulichkeit wie einen der Ihren, der Schwiegervater aber, ein schlichter Mann, fiel ihm zu Füßen und bat ihn, er möge ihm vergeben.
Tags darauf hat er die Stadt verlassen und ist dann viele Jahre als Kinderlehrer von Ort zu Ort gezogen. An einem dieser Orte haben mir Kinder von ihm erzählt. Sie sagten zu mir: ‘Da ist ein Mann, den du kennen mußt’. Und so habe ich ihn kennen gelernt.«
»Warum aber«, fragte der Rabbi, »hast du ihn nicht schon früher zu mir gebracht?«
»Das habe ich manches Mal versucht«, antwortete David, »denn ich sah ja, wie sehr es ihn nun, nachdem er gelernt und gelernt hatte, danach verlangte auf den rechten Weg geführt zu werden. Aber er hat mich immer nur angeschwiegen. Das ist ein bockiger Kerl. Es genügt ihm nie, wenn ein andrer was will, es genügt ihm freilich auch nicht, wenn er selber was will, es muß eben beides zusammenkommen. Das Hüttenfest hat der Jaakob Jizchak in meinem Haus gefeiert. Wie ich ihm nun aber, ohne eine Antwort von ihm zu erwarten, sage: ‘Fahren wir zusammen nach Lublin!’, sieht er mir in die Augen. ‘Fahren wir!’, sagt er.«

Der Tisch

In einem Nebenraum der Gastwirtschaft, in dem die Schüler des Sehers oft zu essen pflegten, stand ein langer schmaler ungebeizter Tisch, sehr alt und von tausend Alterszeichen bedeckt, aber stark wie in den Tagen der Jugend. An dem Tisch war nichts Besonderes zu sehen, und doch zog er alle Blicke der Besucher, die an ihm vorbeikamen, auf sich, vielleicht nur weil er so dastand, daß man sich nicht vorstellen konnte, es hätte ihn je noch nicht gegeben oder es würde ihn je nicht mehr geben. Man erzählte sich, jener geheimnisvolle Zaddik, der zu unergründlichen Zwecken dem Lauf der Flüsse nachwanderte, sei, als er entlang dem Ufer der Bystrzyca nach Lublin und in dieses Gasthaus gelangte, stumm vor dem Tisch verweilt, dann habe er die Hände über ihn gehoben und habe gesprochen: »Bleibe stehen, bis Messias kommt!«

Um den Tisch saß jetzt, wie an allen Freitagmittagen – an allen andern Tagen aßen sie im Hause des Rabbi, Sabbats an seinem Tisch, an Wochentagen für sich – eine kleine Schar von Schülern des Sehers. Es waren vorwiegend Jüngere da. David von Lelow fehlte, weil er heute am Tisch des Rabbi aß, und der hagere Jehuda Löb aus Zakilkow, der Älteste unter allen, die in Lublin waren – er war ebenfalls noch Schüler Rabbi Elimelechs gewesen, hatte nach dessen Tod selbst zu »führen« begonnen, es aber bald aufgegeben – war ein geschworener Feind alles Zechens und nahm daher nie an diesen Mahlzeiten teil, wo die Genossen einander in Met und Weichselschnaps zutranken. Von denen, die noch bei Elimelech gelernt hatten, waren anwesend, die über die Festtage zum Besuch des Rabbi gekommen waren und sich von Lublin noch nicht trennen konnten, darunter der tiefsinnige Kalman von Krakau, der es sich angelegen sein ließ, die Jüngeren kennen zu lernen, der Treuste von allen, der fromme Mordechai von Stabnitz, der einst den Rabbi nach Lublin gebracht hatte, und der kluge Naftali, der aber nach Lisensk erst gekommen war, nachdem der Seher seinen Lehrer verlassen und eine eigene Gemeinde gegründet hatte. Auch Mosche Teitelbaum war da, von dem berichtet wird, daß er lange der chassidischen Lehre widerstanden und sich sogar geweigert hatte, sich von Rabbi Elimelech, der ihm Beachtung schenkte, in der geheimen Weisheit unterrichten zu lassen; er war es, von dessen leidenschaftlicher Gegnerschaft einst der Seher erklärt hatte, sie sei ihm lieber als laue Nachfolge, – nun aber war er eine Leuchte der Lehre geworden. Für den jungen Jaakob Jizchak und seinen Jugendfreund Jeschaja, der noch von ihrer beider Heimatstadt her zu ihm hielt und sich ihm nun auf der Fahrt zum Seher angeschlossen hatte, waren Stühle an die Schmalseite gestellt, mit der der Tisch sonst die Wand berührte; jetzt war er, um Platz für die Neuen zu schaffen, etwas abgerückt worden. Jeschaja war noch stiller als sein Freund; er sah aus, als habe er nachts einen Traum nicht zu Ende geträumt und versuche nun vergeblich ihn von jener Stelle aus weiterzuspinnen. Kaum hatten sich die beiden hingesetzt, als ihnen zugerufen wurde: »Nun stellet jeder einen Krug Met auf den Tisch!« Dem wurde, wie es bei Novizen üblich war, sogleich Folge getan. Alsbald aber kam ein zweiter Ruf: »Nun erzählet jeder etwas, was ihm widerfahren ist! Dafür sind bei uns folgende Bedingungen festgesetzt: die Geschichte muß kurz und bündig sein, die Begebenheit muß mit Lublin zu tun haben, und Lublin darf darin nicht vorkommen!« »Ich kann nicht erzählen«, sagte Jeschaja leise. »Das gilt nicht!«, schrien sie, »versuch's nur, und glückt es dir nicht, so wirst du dich in den nächsten Wochen so lange üben müssen, bis du's erlernt hast!« »Ihr werdet von ihm nichts herausholen«, erklärte jetzt Jaakob Jizchak, »aber wenn ich für ihn einspringen darf, will ich gern zwei Geschichten statt einer erzählen.« »Dann würden wir doch«, wandten sie ein, »von seiner Lebensgeschichte nichts erfahren!« »Was ihr«, sagte der 'Jude', »von meiner erfahren werdet, habt ihr auch von seiner erfahren.« Die Erörterung ging hin und her, endlich kam man überein, den Vorschlag unter der Bedingung anzunehmen, daß zur Buße ein dritter Krug Met auf den Tisch gestellt werde.

Jaakob Jizchak besann sich, indem er ein in die Platte gerade vor seinem Sitz geschnittenes Zeichen, anscheinend aus den Anfangsbuchstaben seiner Namen zusammengesetzt, betrachtete; dann erzählte er:

»Die erste Geschichte heißt: 'Wie ich bei einem Schmied in die Lehre ging'. Als ich nämlich in Apta bei meinem Schwiegervater, dem Bäcker, Kostgänger war, sah ich von meiner Stube in eine Schmiede. Wenn ich mich am Morgen mit dem Buch ans Fenster setzte, stand die Esse schon im hellen Feuer, der Blasebalg fauchte und der Schmied schlug, fast ohne zu verschnaufen, auf den Amboß ein. 'Dschach! Dschach!' – bei diesem Zweiklang habe ich täglich mit dem Lernen begonnen. Aber mit der Zeit konnte ich es nicht ertragen, den Mann, wenn ich kam, immer schon an der Arbeit zu finden. Ich stand etwas früher auf – es nützte nichts, drüben war das Hämmern schon im vollen Gang und die Funken stoben bis auf die Gasse. Ich stand noch früher auf – es nützte nichts. 'Ich kann mich doch von dem Mann mit seinem Händewerk nicht beschämen lassen, mir geht's doch ums ewige Leben!', sagte ich zu mir und suchte ihn wieder zu überflügeln, aber umsonst. So ging es eine Weile fort, bis es so früh war, daß ich mir zum Lesen eine Kerze anzünden mußte. Das war mir denn doch zu wunderlich – ich ging hinunter und trat in die Schmiede. Der Mann hielt sogleich inne und fragte nach meinem Begehren. Ich erzählte ihm, wie es mir mit ihm ergangen war, und bat ihn, mir mitzuteilen, wann er zu arbeiten anfange. 'Bis vor einiger Zeit', antwortete er, 'tat ich's zur gewöhnlichen Stunde. Wir Schmiede sind Frühaufsteher. Dann aber sah ich, daß Ihr täglich kurz danach ans Fenster kamt und last. Da sagte ich mir, das könne ich mir doch nicht gefallen lassen, daß jemand, der doch nur seinen Kopf anzustrengen braucht, mit mir wetteifert. So bin ich denn früher an den Amboß gegangen, und immer früher, denn es hat mir nichts genützt, gleich wart Ihr auch schon da!' 'Du kannst ja aber doch nicht verstehen', sprach ich, 'um was es mir geht.' 'Das kann ich gewiß nicht verstehen', erwiderte er, 'aber könnt Ihr denn verstehen, um was es mir geht?' So habe ich gelernt, daß man verstehen lernen muß, um was es dem andern geht.«

»Hoho«, rief ein Schüler, der schon eine Weile vor sich hingebrummt hatte, »du bist wohl einer von denen, die alle und alles verstehen möchten?«
»Das nicht«, antwortete Jaakob Jizchak, »aber seither scheint es mir unziemlich, in Frage zu stellen, ob mich einer versteht, solange ich ihn nicht verstehe.«
»Du hast recht«, sagte jetzt Kalman. »Und du, Simon«, redete er den ersten Sprecher an, »ich habe gehört, du hättest den Kameraden einmal nach reichlichem Zutrinken anvertraut, sogar der Rabbi verstehe dich nicht. Das wundert mich doch.«
»Gut gesprochen, Rabbi Kalman«, bestätigte ein anderer. »Nun aber, Jaakob Jizchak, erzähle deine zweite Geschichte.«
»Meine zweite Geschichte«, sagte Jaakob Jizchak, »ist wohl noch kürzer und noch bündiger als die erste. Sie heißt: 'Wie ich bei einem Bauern in die Lehre ging'. Als ich nämlich, nachdem ich Apta verlassen hatte, auf der Wanderschaft war, traf ich auf einen riesigen Heuwagen, der umgestürzt war und quer über die Straße lag. Der Bauer, der daneben stand, rief mir zu, ich möchte ihm den Wagen aufrichten helfen. Ich besah mir den: wohl, ich habe kräftige Arme, und auch der Bauer schien was zu vermögen, aber wie sollten zwei Männer die ungeheure Last heben! 'Ich kann nicht', sagte ich. Da schnob jener mich an. 'Du kannst', rief er, 'aber du willst nicht.' Das fuhr mir ins Herz. Bretter waren zur Hand, wir stemmten sie unter den Wagen, hebelten mit all unsrer Kraft, das Gefährt schwankte, hob sich, stand, wir luden das Heu wieder drauf, der Bauer strich den noch immer zitternden und keuchenden Ochsen über die Flanken, sie zogen an. 'Laß mich

eine Weile mit dir hinterher gehen', sagte ich. 'Geh nur mit, Bruder', antwortete er. Wir gingen mitsammen. 'Ich möchte dich etwas fragen', sagte ich. 'Frag nur, Bruder', antwortete er. 'Wie kam dir in den Sinn', fragte ich ihn, 'daß ich nicht will?' 'Das kam mir in den Sinn', antwortete er, 'weil du gesagt hattest, du könntest nicht. Niemand weiß, ob er etwas kann, eh er's versucht hat.' 'Aber wie kam dir in den Sinn', fragte ich weiter, 'daß ich kann?' 'Das', antwortete er, 'kam mir nur so in den Sinn.' 'Was heißt denn das, nur so?' fragte ich. 'Ach, Bruder', sagte er, 'was bist du für ein Presser! Nun gut, es kam mir in den Sinn, weil man dich mir in den Weg geschickt hat.' 'Meinst du etwa gar', fragte ich, 'dein Wagen sei gestürzt, damit ich dir helfen könne?' 'Was denn sonst, Bruder?' sagte er.«

»Das sind ja hübsche Geschichten«, wandte Simon ein, »aber du hast nicht alle unsere Bedingungen erfüllt. Was haben denn deine Geschichten mit Lublin zu tun?«

Dem »Juden« entflammten die Augen. »Was habt ihr denn in Lublin gelernt«, rief er, »wenn ihr nicht gelernt habt, daß jeder seinen Weg des Dienstes hat! Hat mir doch Rabbi David erzählt, wie einmal Schüler eines berühmten Zaddiks nach dessen Abscheiden zum Rabbi von Lublin gekommen sind. Als sie am Abend kamen, fanden sie ihn auf der Straße stehend, um die 'Heiligung des Mondes' zu sprechen, der eben aus den Wolken gebrochen war. Sie merkten gleich, daß der Brauch nicht ganz dem glich, dessen sie von ihrem Lehrer her gewohnt waren, und stießen einander an. Als sie danach ins Haus des Rabbi traten, begrüßte er sie und sprach: 'Was wäre das für ein

Gott, der nur einen einzigen Weg des Dienstes hätte!'«
Ein anderer Schüler war aufgesprungen und hob nun die Hand. »Was ist's mit dir, Jissachar Bär?«, rief man. »Es ist wahr«, sagte er langsam und feierlich, »es ist wahr. Ich selber habe den Rabbi gebeten, mir den Weg des Dienstes zu weisen. 'Den gibt es nicht', hat er mir zur Antwort gegeben, 'es geht nicht an, seinem Genossen zu sagen, welchen Weg er gehen soll. Da ist ein Weg, Gott durch Lernen zu dienen, da einer, ihm durch Gebet zu dienen, und da einer, durch Liebeserweisung an die Mitmenschen, da einer, durch Fasten, und da einer, durch Essen. Alle sind die rechten Wege zum Dienste Gottes. Aber jedermann soll wohl achten, zu welchem Weg ihn sein Herz zieht, und dann soll er auf diesem mit all seiner Kraft tätig sein.'«
»So ist es, mein Lieber«, sagte Jaakob Jizchak, »der Schmied dient mit seiner Schmiederei.«
»Es sei«, erklärte Simon, »aber was hat deine zweite Geschichte mit Lublin zu tun?«
Der »Jude« war mit einem Schlage, wie er damals beim Anblick des Rabbi errötet war, leichenblaß geworden. »Da redet ihr immerzu«, sagte er, ohne aufzusehen, leise, aber so, daß es stärker zu hören war als ein lauter Ruf, »vom Exil der Schechina, da klagt ihr, daß sie in der Fremde umherirrt, erschöpft hinsinkt, am Boden liegt. Und das ist kein Gerede, es ist ganz wirklich so, ihr könnt ihr auf der Landstraße der Welt begegnen. Aber was tut ihr, wenn ihr ihr begegnet? Streckt ihr ihr die Hand entgegen? Helft ihr ihr vom Staub der Landstraße auf? Und wer sollte ihr aufhelfen, wenn nicht die Männer von Lublin?«

Simon schwieg verdrossen. Mosche Teitelbaum aber beugte sich vor. »Was meinst du damit, was du sagst?«, fragte er in eiferndem Ton. »Wir wissen doch, daß es nur jenen wenigen, die der höchsten Sammlung der Seele fähig sind, vergönnt ist, die Schechina ihrem Quell wieder zu nähern. Und was heißt das, daß wir ihr begegnen? Wir wissen doch, daß sie je und je nur einzelnen Begnadeten erschienen ist, wie etwa Rabbi Levi Jizchak von Berditschew, der sie in der Gerbergasse fand. Und was ist das für eine Landstraße, von der du sagst, daß man ihr darauf begegne?«

Jaakob Jizchak hatte die Augen auf den Punkt des Tisches geheftet, wo sein Namenszeichen stand. Seine Blässe dauerte noch an. »Die Landstraße der Welt«, sagte er, »ist die Straße, auf der wir alle dem leiblichen Tode entgegenwandern. Und die Orte, an denen wir der Schechina begegnen, sind die, wo das Gute und das Böse vermischt sind, sei es außer uns, sei es in uns. In der Pein dieses Exils, die sie erleidet, sieht uns die Schechina an, und ihr Blick bittet uns, daß wir das Gute entmischen. Wenn's auch nur ein Bröcklein des reinen Guten ist, das ans Licht gebracht wird, damit ist ihr Hilfe geworden. Wir aber weichen ihrem Blicke aus, weil wir 'nicht können'. Das ist bei uns anderen nicht wunderbar – aber Lublin darf doch nicht ausweichen, Lublin darf doch nicht daran zweifeln, daß es kann!«

Am Tisch saß unter den Schülern, ohne mitzutrinken, einer, der zum Neuen Jahr zum erstenmal aus der Ferne nach Lublin gekommen war. Er war einem andern Meister ergeben gewesen, der aber war im vorletzten Sommer während der Straßenkämpfe

zwischen Russen und Polen von einer Kosakenkugel getroffen worden, und sein Schüler führte seither eine eigene Gemeinde; trotzdem war er zum Seher gekommen. Er hieß Uri, aber seine Vertrauten nannten ihn den Seraph. Jetzt wandte er sich dem »Juden« zu. »Über Lublin«, sagte er, »kann man erst dann etwas sagen, wenn man es von innen her kennt; was ein Heiligtum ist, weißt du erst, wenn du drin gestanden hast. Wer Lublin kennt, weiß, daß es das Land Israel ist, der Hof dieses Hauses ist Jerusalem, das Lehrhaus ist der Tempelberg, die Stube des Rabbi ist das Allerheiligste, und die Schechina redet aus seiner Kehle.«
»So ist es«, bestätigte Kalman von Krakau. »Wenn ein Mensch sich wie unser Rabbi ganz und gar läutert und seine zweihundertachtundvierzig Glieder und dreihundertfünfundsechzig Adern heiligt, wird er gewürdigt ein Wagen der Schechina zu werden und die Schechina redet aus seiner Kehle.«
Jaakob Jizchak schwieg. Sein Gesicht war nicht mehr blaß, aber seine Hände lagen zu Fäusten geballt auf dem Tisch. Jeschaja an seiner Seite hielt die Augen geschlossen.
Eine Unruhe zog über die Tafelgemeinde. Mehrere Schüler waren aufgestanden, zwei oder drei von ihnen traten jetzt auf einen zu, der bisher die Lippen nicht aufgetan hatte, obgleich er sonst der Redelustigste von allen war, von Scherz und Spott übersprudelnd. »Nun, Naftali!«, flüsterten sie ihm zu. Er wehrte sie ab und starrte weiter, wie schon die ganze Zeit über, den Neuen an, als wolle er sein Bild so in sich aufnehmen, daß er es sich künftig jeden Augenblick in allen Einzelheiten vergegenwärtigen könnte. Nach einer

Weile aber begann auch er zu reden. Sein Gesicht zerfiel nicht in spielende Falten und Flächen, wie sonst, wenn er seine Geschichtlein vortrug, sondern blieb ruhig und ganz.

»Wir sind froh«, sagte er, »und weil wir froh sind, sind wir gut zueinander. Und warum sind wir froh?. Weil wir hier sind. Und was ist das, hier? Hier, das ist der Ort, wo das Wunder geschieht.«

»Das Wunder«, sagte Jaakob Jizchak, »ist nicht so wichtig.«

»Was wäre wichtig«, erwiderte Naftali, »wenn nicht das Wunder? Ich will dir ein Wunder des Rabbi erzählen.« Er setzte sich, wie es üblich war, wenn man Wunder des Rabbi erzählte, mit eingeschlagenen Beinen auf den Tisch und berichtete: »Als der Rabbi noch in Lanzut lebte, gab es dort einen Mann, der aus Armut zu großem Reichtum aufgestiegen war. Er besaß viele Häuser, aber teurer als aller Besitz war ihm der Platz im Bethaus, den er erworben hatte, dicht am Platz des Rabbi. Danach drehte sich das Rad über ihm und er verlor alles. Nur den Bethausplatz veräußerte er nicht, sondern antwortete auf alle Angebote: 'Das ist mein Anteil für alle Mühsal meines Lebens.' Dann aber kam es so weit, daß er an den Haustüren bettelte und sich betrank, und die angesehenen Bürger schämten sich neben ihm zu sitzen. So kaufte einer von ihnen die vielen kleinen Schuldscheine des Armen auf, lud ihn vors Thoragericht und nötigte ihn, ihm den Platz zu überlassen. Wenn die Leute aber am Sabbatmorgen ins Bethaus kamen, stand der Mann immer schon auf seinem alten Platz und sie verwiesen ihn nicht davon. Am Vorabend des Versöhnungstags jedoch, als man vor dem Gebet, mit dem man die unbedachten Gelübde löst, die Schriftrolle aus der heiligen Lade holte und alle sich herandrängten um sie zu küssen, nützte der Käufer des Platzes den Augenblick, da der Arme ihn verlassen hatte, und setzte sich darauf. Als jener es merkte, erhob er ein Geschrei, die Menge eilte herzu ihm beizustehn, schon war eine Prügelei im Zug und die Kerzen verloschen. Man beschwichtigte den Streit und die Gemeinde wollte das Abendgebet zu sprechen beginnen, aber der Rabbi rief: 'Im Himmel richtet man über euch.' Da brach das Volk in Weinen aus, alle wandten sich allen in vollkommener Liebe zu, und so beteten sie mit bitterer, aber gewandelter Seele. Nach dem Beten sprach der Rabbi zu ihnen: 'Groß ist die Macht der Umkehr. Alle seid ihr zum Leben bestimmt.' Und so war es. Von allen, die damals im Bethaus waren, starb keiner im kommenden Jahr.«

»Das Wunder«, wiederholte Jaakob Jizchak, »ist nicht so wichtig.«

»Was denn wäre wichtig?«, fragte Naftali. »Hat doch der Rabbi selber gesagt, daß das Wunder das Weilen der Schechina in unserer Mitte bezeugt!«

»Wichtig«, sagte der 'Jude', »ist das Weinen, wichtig ist die Umkehr, wichtig ist die Liebe. Wichtig ist, daß der Rabbi das Gute entmischt hat und der Schechina aus dem Staub der Landstraße aufgeholfen hat. Das Wunder bezeugt nur, also ist es nicht so wichtig. Was wißt ihr, ob nicht der Rabbi sich hinter all seinen Wundern versteckt, daß man ihn selber nicht zu sehen bekomme!«

Nun aber brach Meïr, Mordechais von Stabnitz jüngerer Bruder, aus. »Genug und übergenug!«, rief er.

»Wir brauchen uns nicht von einem hergelaufenen Burschen belehren zu lassen, der nicht zu fassen vermag, wer der Rabbi ist und was Lublin ist.«
Die Wogen der Unruhe schlugen hoch. Fast alle waren nun aufgesprungen und redeten mit heftigen Gebärden auf einander ein. Jetzt hatten sich Simon, Meïr und mehrere andere zu beiden Seiten Naftalis auf den Tisch gesetzt, klopften mit den zinnernen Metbechern darauf und schrien.
Jaakob Jizchak öffnete die Fäuste und preßte die Handflächen auf die Platte. Die Adern der Handrükken zeichneten sich mächtig ab. Über seine rechte Schläfe lief ein Zucken. Plötzlich flog das andere Ende des Tisches in die Höhe. Die hier auf dem Tisch Sitzenden klammerten sich fest und wurden emporgeschwungen, andere weiter unten sprangen ab oder rutschten zu Boden. Jetzt schlug Simon mit dem Kopf an die Decke.
»Heil deiner Kraft!« riefen einige der Stehenden Jaakob Jizchak zu. Der Tisch verharrte einen Augenblick in der steilen Lage, dann begann sich das Ende wieder langsam zu senken, langsam und gleichmäßig, bis das uralte Möbel wieder seinen gewohnten Platz einnahm. Alle waren still. Dann hob Jissachar Bär die Hand. »Es lebe der Jude!« sagte er feierlich, und wiewohl ihn Meïr, der ihn in der Geheimlehre zu unterweisen pflegte, bös ansah, wiederholte er den Spruch. Unversehens blühte ein Lächeln auf den sanften Lippen des Starken. »Ein Jude zu sein ist schwer!« sagte er. Dann sah er wieder auf den Tisch und fragte: »Wer hat da meine Namenszeichen eingegraben?« Niemand wußte es. »Warum aber wohl«, fragte er weiter, »stehen hier die beiden Buchstaben 'Jud' einer

über dem andern und nicht neben dem andern?« »Natürlich weil zwei Jud nebeneinander den Gottesnamen bedeuten!« sagte einer. »So will ich euch denn«, kündigte Jaakob Jizchak an, »nun noch eine letzte Geschichte erzählen.« »Erzähle!« rief man ihm zu. Alle saßen wieder friedlich auf ihren Plätzen um den langen schmalen Tisch. Jaakob Jizchak erzählte:

»Wie das ist, wenn Zweie einander freundschaftlich zutrinken und beide fühlen sich einander gleich und keiner meint sich mehr dem andern überlegen, das habe ich erfahren, als ich das Alphabet zu lernen begann. Da sah ich in dem Buch vor mir den Buchstaben Jud, der so sehr einem Punkte ähnelt, und fragte den Lehrer: 'Was ist das für ein Pünktlein?' 'Das ist der Buchstabe Jud', sagte er. 'Steht so ein Pünktlein', fragte ich, 'immer allein oder können auch zwei beisammen stehen?' 'Es können auch zwei beisammen stehen', sagte er. 'Wie ist es dann aber zu lesen?', fragte ich wieder. 'Wenn zwei Juden beisammen stehen', sagte er, 'so bedeutet das den Gottesnamen, gesegnet sei Er!' Bald darauf sah ich, daß in der Heiligen Schrift am Schlusse jedes Verses zwei Punkte übereinander standen. Ich wußte noch nicht, daß das ein Trennungszeichen war, und hielt auch von diesen beiden Punkten jeden für den Buchstaben Jud. 'Hier', sagte ich zum Lehrer, 'steht überall der Gottesname, gesegnet sei Er.' 'Nicht doch', antwortete der Lehrer, 'merke dir: wenn zwei Juden beieinander stehen, ist das der Gottesname, wenn aber einer über dem andern steht, ist es nicht der Gottesname.«

Kalman von Krakau und Mordechai von Stabnitz hießen Met auf den Tisch stellen, und man trank einander zu.

Am Tag darauf, dem Sabbat, drängte sich nach dem Nachmittagsgebet in der Klaus eine Menge um die zum heiligen »dritten Mahl« gedeckten Tische. In Lublin pflegte man auch die Gegner, die trotz ihres Gegnertums mit irgend einem Anliegen, einer Bitte um Rat und Hilfe, zum Zaddik gefahren kamen, zu einem der Sabbatmahle zu laden. Als Gegner setzten sie sich an den Tisch, aber es heißt, daß keiner als Gegner aufstand. Sie versuchten, während der Zaddik sprach, mit beiden Händen ihre Gegnerschaft festzuhalten, doch es gelang ihnen nicht. Die Stimme kam wie ein Gießbach und spülte alles hinweg, was sich ihr in den Weg stellte. Aber es war nicht die Stimme allein; alles, was in diesem Raum zu dieser Stunde geschah und nicht geschah, wirkte mit ihr zusammen.

Die Tische waren so gestellt, daß im Vorderteil der Klaus zwei von ihnen auf die eine Längswand zuliefen, an die beiden schlossen sich zwei schräg gestellte, die eine Art Giebel bildeten, aber nicht völlig zusammentrafen, und zwischen diesen stand, gerade vor der Tür, die zur Kammer des Rabbi führte, ein kleiner Tisch, an dem er allein saß; niemand saß ihm gegenüber.

Wie immer bei dieser Mahlzeit gab es für jeden nur einen Gang: Fische. Der Brauch gilt als Geheimnis. In Lublin erklärte man ihn so: Bekanntlich gehen die Seelen der Gerechten, die ihre Wanderschaft noch nicht vollendet haben, in Fische ein und erlangen dadurch, daß man diese mit der rechten Andacht verzehrt, die Erlösung. Da aber mit Anbeginn des Sabbats in jeden Juden eine »höhere Seele« eingezogen ist und in ihm den ganzen Tag über wohnt, können die Erlösten, ehe sie nach Sabbatausgang den Flug zum Himmel antreten, in heiliger Gemeinde verweilen.

Es hatte zu dämmern begonnen. Um die Sitzenden stand dicht aneinander gedrängt die Menge der Chassidim. Man flüsterte miteinander, hielt inne, flüsterte wieder, bis dann mit dem Eintritt des Rabbi, der den weißseidenen Sabbatrock trug, eine klare Stille über dem Raum lag. Der Rabbi sprach den Segen über das Brot, brach es, kostete, teilte unter die Nächstsitzenden aus. Dann stand er mit geschlossenen Augen und sang den Eingangsspruch: »Bereitet das Mahl des vollkommnen Vertrauens, Wonne dem heiligen König.« Die Bezeichnungen der himmlischen Gäste sprach er erst leiser, dann hob er wieder die Stimme: »und die Flur der heiligen Apfelbäume – sie kommen mitzufeiern das Mahl.« Darauf folgte, von allen Chassidim mitgesprochen, die Sonderhymne der dritten Mahlzeit: »Söhne des Palastes, die ihr euch sehnt . . . !« Mit einem außergewöhnlichen Nachdruck erklangen die Verse: »Nahet mir, schaut meine Macht, dahin sind die strengen Gerichte! Hinausgebannt, nicht dringen ein jene Hunde, die frechen!« Und danach erst, ohne Melodie, einfach wie eine Mitteilung, der Psalm: »Der Herr ist mein Hirt, mir mangelt nichts.« Nach dem Psalm trank er aus dem Weinbecher und sprach: »Da komme ich, das Gebot des dritten Sabbatmahls zu erfüllen, das Jakob, dem

Vater der Schar von siebzig Seelen, entspricht.« Nun aber erhob er die Stimme und sprach den nächsten Satz wieder mit so starker Betonung, daß alle seine Vertrauten verstanden, dies sei das Leitwort des heutigen Tags unter allen Sabbaten: »Durch sein Verdienst werden wir errettet werden aus den Kriegen Gogs und Magogs.«

Man aß und trank. Denen, die er erfreuen oder auszeichnen wollte, sandte der Rabbi ein Stück Fisch von seiner Schüssel. Es war dies gleichsam ein Sondermahl, das der Empfänger mit dem Rabbi teilte. Innerhalb des großen Gemeinschaftsopfers, als das dieses Essen verstanden wurde und an dem der Zaddik der Hohepriester war, gab es solchermaßen besondere persönliche Zusammenschlüsse zwischen ihm und den Getreuen. Der junge Jaakob Jizchak bekam einen Hechtkopf gesandt und errötete zum drittenmal.

Nach dem Mahl hieß der Rabbi die Hymne singen: »Gott, der sich unter dem geheimen Baldachin verbirgt!« Bald danach trug er Kalman von Krakau auf, den Tischsegen zu sprechen. Nach dem Segen trank er, wie stets nach dieser Mahlzeit, sehr langsam ein Glas Wein.

Die Dämmerung war nun voll hereingebrochen. Alles war still. Plötzlich fiel der Rabbi in seinem Sitz nach vorn, daß er mit der Stirn den Tisch berührte. Alle spürten mehr als sie es sahen, daß er am ganzen Leibe zitterte. Sie saßen starr und hielten den Atem an. Niemand wagte sich dem Rabbi zu nähern. Im atemlosen Schweigen verging eine Weile. Die Dämmerung verdichtete sich noch. Und wieder plötzlich hob der Rabbi die Stirn. »Das Lodern des kreisenden

Schwertes!« schrie er auf. Wieder schwieg er und seine Glieder zitterten wieder, aber diesmal konnten es nur die Nächstsitzenden bemerken. Dann begann er leise und wie zögernd zu sprechen. Es war, als müsse er Eimer um Eimer aus dem tiefen Brunnen ziehen.

»Es steht geschrieben«, sagte er, »die Schlange habe zu Eva gesprochen: '... und ihr werdet sein wie Gott, Gut und Böse kennend'. Hatten denn die ersten Menschen nicht schon vordem Gut und Böse gekannt? Sie wußten, daß es Gebotenes und Verbotenes gab, also Dinge, von denen der Heilige, gesegnet sei Er, will, daß sie geschehen, und Dinge, von denen er will, daß sie nicht geschehen; sie kannten somit Gut und Böse, wie der Mensch als Mensch sie kennen kann. Die Schlange aber sagt, erst wenn der Mensch wie Gott würde, würde er Gut und Böse kennen. Das ist offenbar ein anderes Kennen als das menschliche. Denn es steht geschrieben: 'der den Frieden macht und das Böse schafft'. Wenn er es selber schafft, kann es nicht etwas sein, wovon er will, daß es nicht sei. Das muß also ein anderes 'Böse' sein als das Adam und Eva gekannt haben. Dieses Böse kann man nur kennen, indem man es schafft. Die Schlange sagt: Ihr werdet Gut und Böse kennen wie einer, der beide schafft, ihr werdet sie kennen nicht als etwas, das ihr tun sollt, und etwas, das ihr nicht tun sollt, sondern als zwei Wesen, die einander so entgegengesetzt sind wie Licht und Finsternis. Sagt die Schlange die Wahrheit oder lügt sie? Gott selber bestätigt danach, daß sie nicht gelogen hat. Aber wahr sind ihre Worte auch nicht. Sie sagt eine lügnerische Wahrheit. Der Heilige, gesegnet sei Er, kennt die Zwei, die er geschaffen hat und schafft, Gut und Böse, wie er Licht und Finsternis kennt, als zwei, die einander an den Enden der Welt gegenüber und entgegen stehen. Aber die ersten Menschen erkennen, sowie sie vom Baum gegessen haben, Gut und Böse in der Vermischung, denn diese Vermischung ist es, was durch ihre Tat geschaffen worden ist. Darum heißt es, daß sich in der Sphäre des Venussterns Gut und Böse vermischen.

Aber was ist das Böse, das Gott schafft? Es ist die Macht, das zu tun, wovon er will, daß es nicht geschehe. Wenn er sie nicht schüfe, könnte niemand ihm zuwiderhandeln. Er aber will, daß sein Geschöpf ihm zuwiderhandeln könne. Er hat es freigesetzt. Er hat ihm die Macht gegeben, so zu handeln, als ob es die Allmacht nicht gäbe. Das Geschöpf meint nicht bloß, es könne so handeln; es kann es wirklich, es hat die Macht. Das ist der wahre Sinn dessen, worauf hingewiesen wird, wenn es heißt, der Ungrund habe sich zur Welt beschränkt. Wir haben gelernt, daß er in sich Raum für die Welt setzte; aber über alles wichtig ist, daß er aus seiner Allmacht echte Macht aussparte, von der jedem Menschen zugeteilt ist; und daß es echte Gottesmacht ist, erweist sich eben in dem Vermögen, sich wider Gott zu erheben. Und ohne die echte Macht, von der jedem Menschen zugeteilt ist, gibt es auch das Gute nicht, denn das Gute ist nur da, wenn es mit dieser ganzen Macht getan wird.

Was aber ist das Gute, das Gott schafft? Das ist die Hinwendung zu ihm: wenn der Mensch sich mit der ganzen Macht vom Bösen abwendet, mit der er vermögend war, sich wider Gott zu erheben, ist er ihm zugewandt. Darum besteht die Welt kraft der

Umkehr. Sie ist das Licht, das aus der Finsternis bricht. Wie geschrieben steht: 'Der das Licht bildet und die Finsternis schafft'. Die Finsternis ist geschaffen, und das Licht wird in ihr gebildet und aus ihr geholt. Wie mein erster Lehrer, der Maggid von Mesritsch, sein Andenken sei zum Segen, gesagt hat: 'Wie das Öl in der Olive, so ist die Umkehr in der Sünde verborgen.' Aber die Finsternis ist, damit Licht werde. Die Urschlange ist ein Stück der Finsternis. Es wird uns erzählt, wie sie Gottes Absicht für das Menschengeschlecht vereitelt. Wie kann sie das, wenn sie nicht von ihm selber ermächtigt ist? Sie verführt die ersten Menschen, aber wenn sie ihr widerstanden hätten, wäre es eine Versuchung gewesen, und der Versucher ist immer von Gott ermächtigt. Wie denn im Buch Samuel erzählt wird, Gott habe David angereizt das Volk zu zählen, aber im Buch der Chronik heißt es, das habe der Satan getan. Und in dem 'Buch des Hellen' lesen wir, es gebe ein Prinzip bei Gott, das 'Böse' genannt wird und die Welt verwirrt und in Sünde geraten läßt, und aller böse Trieb der Menschen stamme daraus; das sei die linke Hand. In dem 'Buch des Glanzes' aber wird zu dem Wort unserer Weisen, daß wir dem Heiligen, gesegnet sei Er, mit beiden Trieben, dem guten und dem bösen, dienen sollen, gefragt, wie denn jemand ihm mit dem bösen Trieb dienen könne. Ist es nicht der böse Trieb, der den Menschen verhindert Gott zu nahen um ihm zu dienen? Darauf wird erwidert, daß es der größte Dienst ist, durch die Macht der Liebe den bösen Trieb Gott zu unterwerfen: da erst wird man wahrhaft ein Liebender Gottes. Alle Versuchung geschieht durch seinen Willen.

Warum aber wird die Schlange verflucht?«

Inmitten der atemlos lauschenden Menge überkam in diesem Augenblick die Schüler eine besondere Erregung. Eine ähnliche Frage hatte der koboldische Gast, der ein Jahr lang, bis vorgestern, hier geweilt hatte, noch vor wenig mehr als einer Woche, an einem der Zwischentage des Hüttenfestes, in der Lehrstunde dem Rabbi vorgelegt. »Wie ist es zu verstehen«, hatte er gefragt, »daß im Midrasch von der Schlange gesagt ist, sie sei zur Strafe bestimmt gewesen?« Der Rabbi hatte die Frage wie eine lästige Fliege abgewehrt. Jetzt aber –

»Warum wird die Schlange verflucht?« sagte der Rabbi, und nun sprach er noch langsamer als zuvor, aber mit leicht erhobener Stimme. »Weil sie die Wahrheit der Versuchung mit Lüge durchsetzt hat und das Wort Gottes entstellt hat. Gott will, daß in der Versuchung sein Wort und das, was den Menschen anstiftet dawider zu handeln, wahr gegeneinander stehen. Die Wahrheit ist sein Siegel! Er täuscht Abraham nicht, wenn er ihn versucht: er fordert von ihm wirklich das, was ihm teurer als sein eignes Leben ist, er fordert von ihm wirklich die Opferung des verheißenen Sohns, an dem die Erfüllung aller Verheißungen hängt, er fordert wirklich alles – um dem ihn Liebenden, wenn er ihm alles hergegeben hat, alles neu zu schenken. Es ist sein treuer Bote, der mit Jakob auf der von Gott befohlenen Wanderschaft bis zum Aufstieg der Morgenröte ringt und ihn verletzt: erst aus der äußersten Gefahr ersteht die Gnade, die nach all seinen Irrfahrten den Erwählten bestätigt. Gott übt Gnade und Wahrheit, wenn er auf Mose, der sich, von ihm erwählt, in seinem Auftrag nach

Ägypten begibt, im Nachtlager stößt und ihn zu töten trachtet: erst als er sich ihm im Blute, als 'Blutbräutigam', angelobt hat, gibt er ihn frei. Die große Gnade Gottes ist eine Begnadigung. Er ist furchtbar, furchtbar, furchtbar! Die Furcht ist das Tor zu ihm, es führt kein Weg zu ihm als durch das dunkle Tor. Nur wer durch es gegangen ist, kann ihn wahrhaft lieben, ihn selber und so wie man nur ihn selber lieben kann.«

Der Rabbi senkte wieder die Stimme. »Es steht geschrieben«, sagte er, »'unheimlich ist seine Arbeit'.« Die Urfinsternis, von der wir reden, ist ein schwarzes Feuer. Daraus schöpft er Flammen, dunkel brennende Stücke der Finsternis, und schickt sie auf die Wege der Welt. Jedes Stück fällt in die Seele eines Menschen und brennt alles aus, was ihm widerstehen will. Solch einer zieht dann aus mit seiner Gewalt, und Gewalt von ringsumher strömt ihm zu, bis ein großer schwarzer Feuerstrom über die Länder zieht und das Leben der Völker versengt. Es ist aber jedem Stück der Finsternis eine Pflicht und ein Maß auferlegt. Denn es ist dazu ausgeschickt, daß, wenn sie sich über die Erde gelagert hat, in der Tiefe an dem Ort, auf dem sie am schwersten lastet, der Same des Lichtes erwache. Da kann das weiße Fünklein in den innersten Kern der Finsternis, wo sich das reine farblose Feuer aus der Schwärze gezogen hat, überspringen und darin kann das Licht gebildet und daraus geholt werden. Und so ist jedem ausgeschöpften Stück die Pflicht und das Maß auferlegt, die Last nicht so zu übersteigern, daß der erwachende Same des Lichtes erstickt würde. Weil aber die Finsternis sich ängstet vor dem Kommen des Lichts, überschwillt immer wieder ein ausgeschöpftes Stück die ihm wie einst der Schlange gesetzte Grenze. Und dann geschieht ihnen wie der Schlange geschehen ist. Das ist es, was geschrieben ist von Sanherib: 'Assyrien, Stecken meines Zorns', und dann ist zu ihm gesagt: 'Ich lege meinen Haken in deine Nase und meinen Zaum an deine Lippen', und was von Nebukadnezar geschrieben ist: 'der König von Babylon, mein Knecht', und dann ist zu ihm gesagt: 'und man jagt dich von den Menschen hinweg und bei den Tieren des Feldes ist deine Wohnstatt.'

Und so wütig auch die Finsternis überschwillt, nie gelingt es ihr den Samen des Lichts zu ersticken. Immer neu wird das Licht geboren. Aber immer wieder verzehrt es sich und erlischt. Es erlischt, aber sein Leben geht in die Kraft ein, aus der je und je der Same des Lichts erwacht. Und die Kraft wächst. Sie ist wund und weh von all dem Verlöschen der Lichter, aber sie wird stärker und stärker. Das ist es, was vom Messias erzählt wird, daß er als aussätziger Bettler an den Toren Roms sitzt und seine Beulen verbindet; er wird aber stärker und stärker, und würde er an den Toren rütteln, er zerbräche sie; denn der Messias ist das Bild und Gleichnis jener Kraft. Und das Wachstum seiner Stärke ist vorbehalten für den großen letzten Kampf. Denn auch die Kraft der Finsternis wächst, und immer dichter und gieriger sind die aus ihr gehauenen Stücke, die auf die Wege der Welt geschickt werden; und immer gewaltiger ruft ihre Macht die Gegenkraft des Lichtes auf. Und es ist geweissagt, daß die Stunde kommt, wo eine ungeheure Flamme des schwarzen Feuers sich über die siebzig Völker wälzt, sie mit sich reißt und Gott selber zum Kampf herausfordert. Das ist der Mann, der der Gog des Landes Magog genannt ist. Und auch zu ihm spricht der Herr, daß er ihn abkehren und hochtreiben und ihn von der Flanke des Nordens zu den Bergen des Landes Israel bringen wird, wo er fallen soll. Fallen aber wird er von der Hand dessen, dessen Hand zum Zeichen der Vollmacht ausgerüstet wird, wie es in den letzten Worten des Königs David heißt, 'mit Eisen und Holz des Speers'.

Wir haben gelernt, daß Gottes Handeln in den Kämpfen Gogs und Magogs seinem Handeln in der Befreiung aus Ägypten entspricht und seine Offenbarung an die Völker nach dem Sieg seiner Offenbarung an Israel am Sinai. Die Wege jenes Handelns gehen durch die Finsternis, aber der Weg der Offenbarung geht durch das Licht.«

Im Raum war es dunkel geworden. Durchs Dunkel leuchtete der weiße Rock des Rabbi und über dem kaum sichtbaren Antlitz die große lichte Stirn. Nun senkte er erneut die Stimme. Allen, die seinem Wort zu lauschen gewohnt waren, erschien, als falle es ihm schwer, das auszusprechen, was nun noch zu sagen war, als könne er sich aber dem Zwang, es zu sagen, nicht entziehen.

»Es steht geschrieben«, begann er, »'Wahrlich, du bist ein Gott, der sich verbirgt, Gott Israels, Heiland!' Gott Israels ist er als Heiland. Aber Heiland ist er als der Gott der sich verbirgt. Sein Heil wächst im Verborgenen, und was da geschieht, ist eine 'unheimliche Arbeit'.

Es heißt im 'Buch des Wunderbaren', wenn in dem Gottesnamen 'Schaddai' ein Pünktlein, der winzige Buchstabe Jud fehlte, bliebe das Wort 'schod', das ist Verheerung. Dieses Pünktlein bewirkt, daß die furchtbare Gewalt Gottes, die in jedem Augenblick die Welt gänzlich verheeren und vernichten könnte, sie zur Erlösung führt. Dieses Pünktlein ist der Urpunkt der Schöpfung. Vor allem Erschaffen hat er über dem Gotteslicht gestanden, das nicht wie das Urlicht der Welt gebildet worden ist, sondern da war. Das Licht der Erlösung wird aus der Finsternis hervorbrechen, aber das Licht Gottes ist vor der Finsternis und über ihr. Darum steht geschrieben: 'Er macht die Finsternis zu seinem Versteck', denn wahrlich, er verbirgt und versteckt sich in der Finsternis, und es steht geschrieben: 'Er schlingt das Licht um sich wie ein Tuch', denn wahrlich, in Licht hat er sich gekleidet. Das Pünktlein aber ist über dem Licht. Von der Finsternis erfahren wir, wenn wir in das Tor der Furcht treten, und von dem Licht erfahren wir, wenn wir aus dem Tor kommen, aber von dem Pünktlein erfahren wir erst, wenn wir zur Liebe gelangen.«

Der Rabbi schwieg. Lange saßen alle schweigend im Dunkel. Dann stimmte David von Lelow die Weise des Erzvaters Jakob an, die uns, wie man sich erzählt, durch den heiligen Baal-schem-tow* überliefert worden ist: dieser habe sie sich gemerkt, als er einst auf einer der Wanderschaften seiner Seele als Schaf in Jakobs Herde weilte und auf dessen Flötenspiel horchte. Alle Versammelten sangen mit. Schon waren durch die Fenster die ersten Sterne zu sehen. Wieder schwiegen alle eine Weile, bis der Zaddik sich erhob. Mit ihm standen sie und sprachen das Abend-

* Israel Ben Elieser, genannt »Baal-schem-tow«, d. i. Meister des guten Namens, der Stifter des Chassidismus (1700—1760).

gebet. Danach verrichtete er vor der angesteckten Kerze die Bräuche der Scheidung zwischen dem Sabbat und den Werkeltagen. Das Licht, das in dem sonst noch von Schatten bedeckten Raum die eine Gestalt erhellte, ließ die Höhe ihres Wuchses und die Mächtigkeit des rötlich gefärbten Gesichts mehr als je hervortreten. Als der Rabbi im Segensspruch der Scheidung an die Worte kam: »der scheidet zwischen Heiligem und Profanem, zwischen Licht und Finsternis«, sahen die Umstehenden, daß ihm die hellen Tränen über die Wangen rannen. Nach dem Segen sangen alle, wieder nach einer unter dem Namen des Baal-schem-tow erhaltenen Weise, das Lied: »Der scheidet zwischen Heiligem und Profanem, möge unserer Sünden er sich erbarmen.«

Nachdem die Gemeinde sich zerstreut hatte, zogen die jüngeren Schüler und einige ältere Arm in Arm im Tanzschritt durch die Gassen der Judenstadt und sangen die Lieder vom Propheten Elia, dem Mann, der über alle guten Botschaften gesetzt ist und der, wie in der Schrift verheißen ward, vor dem großen und furchtbaren Tag des Herrn kommen wird, das Herz der Väter wieder zu den Söhnen und das Herz der Söhne wieder zu den Vätern zu kehren. Aber Mordechai von Stabnitz flüsterte seinem Bruder zu: »*Er* ist Elia.« Zuletzt machte man vor dem Judentor Halt und tanzte im Kreis.

Später – es war schon Nacht – versammelten sich alle Schüler im Wohnhaus des Rabbi und saßen mit ihm um einen Tisch zum »Geleitmahl der Königin«, das auch, ähnlich wie die drei ersten Sabbatmahlzeiten, die des Vorabends, die des Morgens und des Nachmittags, nach den Erzvätern benannt sind, das Mahl König Davids heißt – dem Vernehmen nach, weil Gott David angekündigt hatte, er werde an einem Sabbat sterben, und der König nun nach jedem Sabbat, an dem er am Leben geblieben war, ein Dankesmahl richtete. Man saß dicht gedrängt um eine Riesenschüssel frischgekochter Roterübensuppe, »Barschtsch« genannt, mit der immer wieder die Teller gefüllt wurden und zu der man von dem warmen, frischgebackenen Brote aß. Dazwischen sangen alle die fröhlichen heiligen Weisen, die für diese Brükkenstunde zwischen heiliger und profaner Zeit bestimmt sind, um die Königin Sabbat, die Gastin von oben, heimzugeleiten, aber auch um jeder einzelnen königlichen Sabbatseele eine letzte irdische Freude mitzugeben; denn noch weilen zu dieser Stunde die »höheren Seelen« bei ihren Inhabern, ehe sie sich zum Himmelsflug rüsten. Beim Essen richteten alle die Kraft ihres Gedankens darauf, von dem über den Sabbatmahlen strahlenden Licht in die Mahlzeiten der kommenden Woche hinüberzuziehen; aber beim Singen war geboten, nach all der Sammlung des feierlichen Tages sich gleichsam loszulassen und nur eben zu singen. Auch durfte um diese Zeit jede Frage, die einem einfiel, dem Rabbi vorgetragen werden, gleichviel ob sie ernst oder scherzhaft war; aber es war der Brauch, die scherzhaften zu bevorzugen. Des weiteren war es jetzt gestattet, den Rabbi zu bitten, eine Geschichte zu erzählen; es war nie vorgekommen, daß er nicht willfahrt hätte.

»Rabbi«, riefen sie nun, »erzählt uns doch die Geschichte von Rabbi Elimelech und dem König David!«

»Die habe ich euch doch schon oft erzählt«, wandte er ein.

»Aber heute«, sagten sie, »gibt es Neue unter uns, die sie noch nicht gehört haben.«

»Nun wohl«, antwortete er, »so will ich sie noch einmal erzählen.

Rabbi Elimelech pflegte diese Mahlzeit nicht hochzuhalten, sondern nur schlecht und recht das Gebot zu erfüllen, indem er sich an den Tisch setzte und Brotstücke in heißen unversüßten Tee tunkte.

Einst kam zu ihm an einem Freitag nachmittag ein bäurisch gekleideter Mann mit einem Fischranzen und bot ihm in polnischer Sprache und in dem Tonfall, in dem die Bauern der Gegend reden, die Fische zum Kauf an. Der Rabbi schickte ihn zu seiner Frau. Die hieß den Fremden gehen, weil sie schon etliche Stunden zuvor alle Speisen für den Sabbat bereitet habe und keine Fische mehr brauche. Der Mann ließ sich aber nicht abfertigen, sondern erschien wieder beim Rabbi. Es war etwas an ihm, das Rabbi Elimelech veranlaßte, ihn noch einmal zu seiner Frau zu schicken und ihr durch ihn sagen zu lassen, sie solle immerhin etwas kaufen. Sie aber beharrte auf ihrer Weigerung. Der Händler trat zum dritten Mal in die Stube des Rabbi, holte die Fische aus dem Ranzen, warf die zappelnden Tiere auf den Boden und brummte: 'Ihr tätet gut daran, sie für das königliche Geleitmahl zu verwenden!' Da hob Rabbi Elimelech die Brauen (er hatte sehr große Brauen und pflegte sie emporzuziehen, wenn er jemand recht ansehen wollte), sah dem Mann schweigend eine Weile in die Augen und sprach langsam: 'Ich habe nicht mehr die Kraft, Euer Mahl mit allen Ehren zu begehen, aber ich will meinen Kindern anbefehlen, es zu tun.' Daher kommt es, daß die Söhne Rabbi Elimelechs auch zum Geleitmahl Fische essen.«

»Warum aber«, fragte einer, »lag ihm so viel daran, daß sein Mahl begangen werde?«

»Das kam daher«, antwortete der Rabbi, »daß auch wir dieses Mahl als Dankopfer essen, weil wir noch leben, und daß unser Leben die Brücke zwischen David, der der Gesalbte des Herrn genannt wurde, und Messias, dem 'Gesalbten', dem Sohn Davids, ist.«

»Ich möchte etwas erfahren«, sagte jetzt Naftali, »was jenen untersten Knochen der Wirbelsäule, Lebensknöchlein genannt, betrifft, der, als Adam vom Baume aß, keinen Anteil am Genuß hatte, weil das Essen am Freitag geschah, er aber nur von dem Mahl des Sabbatausgangs Genuß hat. Es heißt, eine der Absichten der vierten Mahlzeit sei, ihm seinen Genuß zu verschaffen. Nun ist zwar dieser Barschtsch eine treffliche Speise, aber warum wird für einen so edlen Knochen, der aus der Substanz des Himmels gebildet sein soll, nicht mehr als dies getan?«

»Das wirst du dir gleich selber sagen«, antwortete der Rabbi, »wenn du dir vergegenwärtigst, was von diesem Knochen noch erzählt wird.«

»Das wissen ja alle«, sagte Naftali, »daß er, wenn der Mensch stirbt, nicht versehrt wird, daß kein Hammer ihn zerschlagen, keine Mühle ihn zermahlen, kein Feuer ihn verbrennen kann, und darum soll in der Auferstehung der neue Leib aus ihm allein erbaut werden. Aber damit ist doch meine Frage nicht beantwortet.«

Der Rabbi lächelte. Dem jungen Jaakob Jizchak griff dieses Lächeln stärker ans Herz als alles, was er bisher an ihm wahrgenommen hatte. »Wie könnte«, sagte der Rabbi lächelnd, »ein Knöchlein solch ein Held sein, wenn es viel brauchte, um zu genießen?«

»Ich möchte aber noch etwas erfahren«, fuhr Naftali fort, »was jenen Vogel Phönix betrifft, der, als Eva allen Tieren von den Früchten anbot, als einziges nichts annehmen wollte, weil er jeweils nur zum Sabbatausgang ißt, und nun vom Todesverhängnis für alles Lebende ausgenommen wurde. Ich wüßte gern, was ihn bewogen hat, immerzu eine Woche lang zu fasten.«

»Vielleicht«, sagte der Rabbi und lächelte noch stärker, daß es dem jungen Jaakob Jizchak das Herz fast zerriß, »hat er nie daran gedacht zu fasten, sondern er ißt nur eben so lange nicht.«

»Fasten oder nicht essen«, meinte Naftali, »das ist doch einerlei, aber warum?«

»Du brauchst dich wieder nur zu besinnen«, erwiderte der Rabbi, »was du sonst noch von ihm weißt.«

»Was ich weiß«, sagte Naftali, »weiß jedes Kind: daß er seither stets in einem fort tausend Jahre lebt, dann schrumpft sein Körper und er wirft alle Federn ab, aber die Kielwurzeln bleiben in ihm, seine Glieder wachsen von neuem, sein Gefieder erneut sich und er lebt wieder in einem fort. Aber was ergibt sich daraus?«

»Er hat offenbar«, antwortete der Rabbi, »immer nur einmal in der Woche so weit an sich selber gedacht, daß er essen mußte, und nun vergehen tausend Jahre, bis er ganz gründlich an sich selber denken muß und darüber schwindet und von neuem anfängt.«

Nun meldete sich Meïr mit einer Frage. »Vor der dritten Sabbatmahlzeit, dem Jakobsmahl«, brachte er vor, »sagen wir, daß wir durch unseres Vaters Jakob Verdienst aus den Kriegen Gogs und Magogs errettet werden. Warum gerade durch sein Verdienst?«

»Daß wir«, gab der Rabbi zur Antwort – und nun lächelte er nicht mehr –, »gerade Jakob gegen Gog anrufen, hat seinen Grund in der Geschichte Jakobs. Dadurch, daß er dem Engel Gottes standhielt, wurde er gegen Esaus Waffen gefeit. Wem die himmlische Hand die Hüfte verrenkt hat, der zittert nicht mehr vor der Gewalt der Völkerherren. Und unsere Sabbatfreude an Gott, was meint sie sonst, als daß wir seiner Furchtbarkeit mit unserer Liebe standhalten! Lahm und unantastbar kommen wir aus seinen Händen.«

Der »Jude« konnte jetzt nicht länger an sich halten. »Rabbi«, sagte er mit fast versagender Stimme, »was ist es mit diesem Gog? Es kann ihn doch da draußen nur geben, weil es ihn da drinnen gibt.« Er zeigte auf seine eigene Brust. »Die Finsternis, aus der er geschöpft ist, braucht nirgendwo anders hergenommen zu werden als aus unsern trägen oder tückischen Herzen. Unser Verrat an Gott hat den Gog so groß gepäppelt. Nicht in der Seele, nicht im Volk regiert die Kraft des Lichts.«

»Dreistigkeit!« brüllte Simon, der nach dem ersten Wort des »Juden« zu brummen begonnen hatte. »Er beleidigt den Rabbi!«

Mit einer Handbewegung stellte der Seher die Ruhe wieder her.

»Du leidest zu sehr, Jaakob Jizchak«, sagte er. »Man darf sich nicht erlauben, so zu leiden.«

»Was liegt an mir, Rabbi!« stammelte der »Jude«.

Der Rabbi nahm seine rechte Hand fest in die eigne. »Wir wollen am Tag miteinander von dir reden«, sagte er.

Nach dem Morgengebet am Sonntag spürte der junge Jaakob Jizchak sein Herz mit Macht an die Rippen pochen. »Hast du Angst?« fragte er sich nach seiner Gewohnheit von Kindestagen an, und ein Stimmlein, wahrhaftig wie das eines kleinen Kindes, antwortete: »Ich habe Angst.« »Mir scheint«, vertraute er später seinem Freunde Jeschaja an, »ich hätte mich gern aus dem Staube gemacht wie Chajkel, als ich seinen Kragen losgelassen hatte. Aber der Rabbi sagte: 'Komm mit', und das war stärker, als meine Bärenhand für Chajkel sein mochte.«

Der »Jude« saß nun seinem Lehrer gegenüber. Die Stube war leicht erwärmt, dazu kamen durchs Fenster die kräftigsten Strahlen, die die Herbstsonne herzugeben hatte. Die Bücherwand selber schien Licht zu entsenden.

»Was hattest du im Sinn, Jaakob Jizchak«, fragte der Rabbi, »als du dich entschlossen hast zu mir zu kommen?«

»Rabbi«, antwortete er etwas verlegen, »ich habe mich nicht dazu entschlossen.«

»Wie das?«, sagte der Rabbi.

»Entschluß«, meinte der »Jude«, »das ist doch so wie wenn man einen Anlauf nimmt und springt. Wenn einem aber gesagt wird: 'Spring!' und man springt wo man steht, das ist doch kein Entschluß. Freilich, Rabbi David hat es mir oft gesagt, aber da habe ich eben nicht gekonnt, und auf einmal habe ich gekonnt.«

»Warum hast du denn vorher nicht gekonnt?«
»Weil ich mich fürchtete.«
»Wovor?«
»Vor Euch, Rabbi. Vor Eurer Nähe.«
Der Seher schwieg eine Weile. Dann fragte er wieder: »Und auf einmal hast du dich nicht mehr gefürchtet?«
»Ja.«
»Warum wohl?«
Der »Jude« zögerte. »Vielleicht«, sagte er zögernd, »weil Rabbi David zum ersten Mal nicht wie bis dahin zu mir sagte: 'Fahre nach Lublin!' sondern 'Wir fahren nach Lublin.' Nicht, daß er nicht schon früher oft mit mir herkommen wollte, nur sagte er es diesmal so, daß ich mich gar nicht mehr mit mir zu befassen brauchte.«
»Aber früher, wo du dich noch fürchtetest, hattest du doch auch schon den Wunsch herzukommen?«
»Gewiß.«
»Und um was ging es dir da?«
»Rabbi«, erwiderte der »Jude«, »das ist leicht zu sagen. Als ich aus meiner Heimatstadt nach Apta kam, lebte da ein heiliger Mann, Rabbi Mosche Löb, der jetzt der Rabbi von Sassow ist.«
»Wahrlich, ein heiliger Mann«, bestätigte der Seher.
»Rabbi Mosche Löb«, fuhr der »Jude« fort, »war mir gewogen und nahm sich meiner an. Es war mit mir damals so, daß ich beim Beten zuweilen wie von Sinnen kam. Der Zaddik merkte das einmal, als er mich irgendwo in der Einsamkeit gefunden hatte, und redete mir herzhaft zu, diesen Weg aufzugeben, denn, so sagte er, wir sind hier unten hingestellt und es gehört sich nicht den Posten zu verlassen. Seither nahm

er mich auf seine Wege mit, etwa wenn er über Land zog, um Schuldgefangene auszulösen, oder wenn er den Tag damit begann, die armen Witwen zu besuchen, ihnen einen guten Morgen zu wünschen und sie nach ihrem Bedarf zu fragen und alsbald herbeizuschaffen, was ihnen im Hause fehlte. Dabei hat er sich nie darum bekümmert, ob jemand, dem er half, als fromm und rechtschaffen oder als der Ausbund aller Schlechtigkeit galt. Er vertrug es überhaupt nicht, wenn man einen Menschen böse nannte. 'Ein Mensch tut wohl Böses', pflegte er dann zu sagen, 'wenn ihn der böse Trieb überwältigt, aber dadurch wird er doch nicht selber böse, kein Mensch meint das Böse, entweder gerät er hinein, er weiß gar nicht wie, oder aber er hält das Böse für das Gute. Du mußt ihn eben lieben, diesen Menschen, der Böses tut, du mußt ihm liebend helfen, dem Wirbel zu entkommen, in den ihn der Trieb zieht, du mußt ihm liebend erkennen helfen, was oben und was unten ist, anders als liebend wirst du nichts zustandebringen, sondern er wird dich zur Tür hinausschmeißen und er wird recht haben. Nennst du ihn aber böse und hassest oder verachtest du ihn dafür, dann machst du ihn böse, auch wenn du ihm dann helfen willst, erst recht wenn du es willst, du machst ihn böse, denn du machst ihn verschlossen. Erst wenn der Mensch, der Böses tut, sich in der Welt seiner Handlungen verschließt, erst wenn er sich in ihr verschließen läßt, wird er böse.'«

Der »Jude« hielt inne. Als er merkte, der Rabbi wolle weiter hören, fuhr er fort:

»Ähnlich hat später, wenn ich auf meinen Wanderungen von einer Zeit zur andern nach Lelow kam,

Rabbi David zu mir gesprochen. Und ich habe erkannt, daß dies die Wahrheit ist. Aber es ist nicht die ganze Wahrheit. Es ist die Wahrheit für alles, was zwischen mir und meinen Mitmenschen geschieht, denn das ist der Ort, wo der Satan an seine Grenze kommt, weil es die Liebe wirklich gibt und weil sie keine Grenze hat. Aber es ist mir nicht genug, um die Wahrheit über das Böse in der Welt zu wissen. Das Böse in der Welt ist mächtig, das Böse ist der Welt mächtig. Und was das Böse ist, erfahre ich freilich nicht, wenn ich meinem Mitmenschen begegne, denn entweder kriege ich es dann nur von außen zu fassen, mit Fremdheit, mit Haß oder Verachtung, und dann tritt es mir gar nicht in den Blick, oder aber ich überwinde es mit meiner Liebe, und auch dann tritt es mir nicht in den Blick. Aber ich erfahre es, wenn ich mir selber begegne. Da drin, wo keine Fremdheit trennt und keine Liebe rettet, erfahre ich, daß es etwas gibt, das mich zwingen will, Gott zu verraten, und das sich dazu der besten Kräfte meiner eignen Seele bedient. Da verstehe ich, daß das Böse der Welt mächtig ist und daß ich seiner durch das, was ich an meinen Mitmenschen tue, nicht Herr werde, weil es sich der Liebeskraft selber bedient um zu vergiften was wir heilen. Aber so darf es nicht bleiben!«

Sichtlich schämte sich der »Jude« Dinge zu äußern, die zu äußern er nicht beabsichtigt hatte, aber nun konnte er nicht mehr innehalten.

»Darum habe ich einmal«, fuhr er fort, »zu Rabbi David gesagt: 'Was kann der Mensch dazu tun, daß die Welt erlöst werde?' Und er hat mir geantwortet: 'Sieh, solang die Brüder zu Josef sprechen: 'Rechtschaffen sind wir', weist er sie im Zorn hinweg. Als sie aber bekennen: 'Doch, schuldig sind wir an unserem Bruder', erbarmt er sich ihrer.' Und so wahr dies ist, ich konnte mich damit nicht zufrieden geben, sondern sagte: 'Ja, so ist es. Aber es ist noch nicht das Ganze. Da ist noch irgendwo ein Geheimnis. Ich muß zu dem Geheimnis gelangen, zu dem du mich nicht führen kannst. Ich muß dahin gelangen, wo man lernt das Böse zu hindern, daß es sich des Guten bediene, um das Gute zu zertreten.' Und er hat mir geantwortet: 'Dann mußt du eben zu meinem Lehrer nach Lublin gehen. Der hat Umgang mit Gut und Böse.' Als ich das hörte, habe ich mich fürchten müssen. Bis ich mich eben einmal nicht mehr gefürchtet habe.«

»Siehst du denn aber nicht, Jaakob Jizchak,« sagte der Zaddik, »daß sich Gott des Bösen bedient?«

»Gott wohl, Rabbi, Gott kann sich aller Dinge bedienen, denn alle Dinge können ihm nichts anhaben. Aber das Gute ... ich meine nicht das Gute bei Gott, ich meine das Gute, das es auf der Erde gibt, das sterbliche Gute – wenn das versucht, sich des Bösen zu bedienen, geht es in ihm unter. Unmerklich, ohne daß es selber es merkt, löst es sich in ihm auf und ist nicht mehr da.«

»Aber es kommt doch auf Gott allein an!«

»Gewiß kommt es auf Gott allein an, und ich höre ihn auch sprechen: 'Meine Gedanken sind nicht eure Gedanken'. Aber ich höre auch, daß er etwas von uns fordert, wovon er will, daß es von uns aus geschehe. Und wenn ich das Böse, das er erträgt, nicht ertragen kann, so merke ich: hier, in dieser meiner Ungeduld, zeigt sich an, was er von mir fordert.«

»Erzähle mir nun aber, Jaakob Jizchak, wann du zuerst erfahren hast, daß es etwas gibt, wie du sagst, das dich zwingen will.«

»Das ist lange her, Rabbi.«

»Erzähle nur.«

Leise und stockend erzählte der »Jude«:

»Als ich die Stadt Apta und Frau und Kinder verlassen habe – sie ist mir dann gestorben –, wohnte ich zunächst bei einem Gutspächter, dessen Kinder ich unterrichtete. Im Haus lebte auch, ich weiß nicht warum, eine verheiratete Tochter. Bei Tisch sah sie mich oft an, nicht etwa freundlich, sondern als wenn sie sich über mich wunderte. Wir sprachen nie miteinander. Eines Nachts, als ich beim Kerzenlicht lernte, trat sie bei mir ein, stand und sah mich schweigend an, nicht etwa dreist, sondern als ob sie sich vor mir niederwerfen wollte und es nicht wagte. Sie war im Nachtgewand und hatte bloße Füße. Ich sah, daß sie sehr schön war, bisher hatte ich es nicht gewußt. Von ihrer Demut ging ein Zwang aus. Ich staunte ihre Schönheit an, dazu kam ein brennendes Mitleid mit dem Geschöpf, zugleich aber drang der Zwang auf mich ein. Und nun bemächtigte sich der Zwang des Staunens und des Mitleidens. Plötzlich merkte ich, daß ich auf die bloßen Füße blickte. 'Nicht zwingen!' schrie ich. Die Frau verstand mich anscheinend nicht, sie trat näher. Da bin ich zum offenen Fenster hinausgesprungen und durch die Märznacht weit weg gerannt. Viel später, als ich in einem fernen Orte als Kinderlehrer lebte, kam die Frau zu mir und bat mich weinend ihr zu vergeben, es sei damals etwas über sie geraten, das sie nicht begreife. 'Ich weiß', tröstete ich sie, 'der Zwingherr hat sich mit dir bekleidet, da mußte er zuerst dich zwingen sein Kleid zu werden.'«

»Warum aber«, fragte der Rabbi, »hast du vorhin gesagt, jene Kraft wolle dich zwingen, Gott zu verraten?«

»Gott«, sagte der »Jude«, »ist doch der Gott der Freiheit. Er, der alle Macht hat mich zu zwingen, zwingt mich nicht. Er hat mir von seiner Freiheit zugeteilt. Ich verrate ihn, wenn ich mich zwingen lasse.«

»Ich habe«, sagte der Rabbi, »als sich mit mir in meiner Jugend etwas Ähnliches begab, erfahren, daß man nicht aus dem Fenster springen muß. An einem eisigen Winterabend auf dem Weg nach Lisensk zu Rabbi Elimelech habe ich mich verirrt. Da sah ich ein erleuchtetes Haus im Walde. Ich trat ein, es war hell und warm. Im Haus war niemand außer einer jungen Frau. Ich hatte bis dahin keine Frau angesehen außer einer, die mir angetraut wurde und der ich fernblieb, weil ich auf ihrer Stirn statt des Ebenbildzeichens ein fremdes erblickte; sie ist dann, nachdem ich mich von ihr trennte, zu den Fremden gegangen. Die Frau im Waldhaus gab mir zu essen und Glühwein zu trinken; dann setzte sie sich zu mir und fragte mich aus: woher ich käme, was ich vorhätte, und zuletzt, wovon mir in der Nacht zuvor geträumt habe. Ich erschrak vor dem Zauber, den ihre Augen und ihre Stimme in mich warfen. Das Erschrecken rührte mir bis an den Grund, wo bisher nichts gewesen war als die dunkle Furcht vor Gott und ein noch scheuer Versuch ihn zu lieben. Wie nun das Erschrecken daran rührte, flammte die Liebe groß auf und erfaßte die ganze Gewalt meiner Seele. Nichts blieb draußen, alle Leidenschaftskraft, die in mir ruhte, wurde vom Feuer eingeschlungen. In diesem Augenblick sah ich auf: da war keine Frau, kein Haus, kein Wald – ich stand auf der Straße, die gradaus nach Lisensk führte.«

»Die Gnade hat mit euch gespielt, Rabbi«, sagte der »Jude«.

»Wann aber hattest du erkannt«, fragte der Zaddik, »daß Gott der Gott der Freiheit ist?«

»Als ich achtzehn war«, antwortete der junge Jaakob Jizchak, »hielten mich im Lehrhaus von Apta alle für den ersten und man sprach davon, daß ich, wenn der Rabbi wie er vorhatte in eine andere Stadt ziehen würde, das Oberhaupt werden solle. Ich aber wußte, daß ich nur gelernt hatte und daß ich von mir selber aus den Gott nicht kannte, dessen Lehre die Lehre war, die ich gelernt hatte. Ich hatte seine Worte gelernt, wohl, auch gebetet hatte ich zu ihm, sehr gebetet, aber ich kannte ihn nicht. Nun begriff ich, daß durch das Lernen allein ein Mensch nicht zum Kennen kommen kann. Das Beten brachte mich in eine Nähe, aber es war nicht die Nähe des Kennens. Lange quälte mich der Mangel. Da bedachte ich einmal, was von unserem Vater Abraham, der Friede sei über ihm, erzählt wird: wie er Sonne, Mond und Sterne erforschte, ob sie Gottheit wären, und Sphäre um Sphäre zu leicht befand, bis er endlich erkannte, daß oberhalb von Himmel und Erde Der waltet, der die ganze Welt führt. In diesem Gedanken bin ich drei Monate lang umhergegangen, habe überall geforscht und gesucht, und ich habe gefunden, daß der Zwang nach allem langt und alles nach der Freiheit ausschaut. Und plötzlich, trotz all des Forschens und Suchens nicht allmählich, sondern unversehens und mit einem Mal ging mir auf, daß die Freiheit bei Gott ist. Mit einem Mal ging es mir auf, und zwar als ich im Anfang des Morgengebets die Worte 'Höre Israel' sprach. Der Gedanke dieser vollkommenen göttlichen Freiheit schütterte mir so durch mein leibliches Wesen, daß mir zumute wurde, als sprängen mir die Zähne aus dem Mund und ich könnte den Spruch nicht bis zu seinem Ende, dem furchtbaren Wort 'Einer' sprechen. Erst als ich mir ganz gegenwärtig machte, daß auch mir Lehmklumpen etwas von ebendieser Freiheit zugeteilt ist, habe ich weiterbeten können.«

»Auch darin ist es mir ähnlich ergangen«, sagte der Rabbi. »Als ich das Lernen des Talmuds vollendet hatte, ging ich in fröhlicher Verfassung aus der Stadt und sah mir die Erntefelder an. Da kam mir ein Student entgegen, der war eines Nachbarn Kind, aber etliche Jahre älter als ich. 'Was machst du?', fragte er. 'Ich habe den Talmud zu Ende gelernt', erwiderte ich ihm. 'Was will das sagen!', erklärte er behaglich, 'ich bin zu seiner Zeit auch damit fertig geworden, dann aber habe ich umgesattelt, und jetzt bin ich ein freier Mann und ein freier Denker.' Da verstand ich, daß ich noch nichts ausgerichtet hatte. Ich ging ins Bethaus, öffnete die Lade, warf mich davor nieder und betete, es möchte mir der wahre Weg gezeigt werden. Als ich so betete, erschien mir die Gestalt eines Mannes, die das ganze Haus füllte. Ich aber fürchtete mich nicht und bot ihm den Gruß, denn ich hatte unseren Vater Abraham erkannt. 'Suche dir einen Lehrer', sprach er zu mir, 'der dich gehen lehrt.' So bin ich zu dem Maggid von Mesritsch, dem Mann Gottes, gekommen, der damals noch in

Rowno war, und habe bei ihm den Weg gehen gelernt.«
»'Den Weg', sagt Ihr, Rabbi. Aber kann man ihn hier immer weiter gehen?«
»Was meinst du mit deiner Frage?«
»Ich meine: wie ist's, wenn man eine Stufe vor sich sieht, die man, solang man auf dieser Welt lebt und in diesen Körper gebannt ist, nicht erreichen kann? Muß man da nicht Gott bitten, daß er einen hinweghebe? Und doch ist es gewiß wahr, was Rabbi Mosche Löb mir gesagt hat: wir sind hier unten hingestellt und es gehört sich nicht den Posten zu verlassen. Hier haben wir ja gegen das Böse zu kämpfen, hier!«
»Ach, Jaakob Jizchak«, sagte der Rabbi, »was willst du mit Stufen? Wenn du an Stufen zu denken beginnst, kommst du an kein Ende. Du weißt doch, wie Rabbi Michal nach seinem Tode meinem Schüler, dem Rabbi Hirsch von Žydatschow, erschien und ihm erzählte, daß er drüben von Welt zu Welt aufsteigt und jedesmal nimmt sich die Welt in der er steht als eine Erde aus und jedesmal spannt sich hoch über ihm als Himmel eine Welt die er noch nicht kennt, und wieder wird der Himmel zur Erde. So ist es mit den Stufen. Der Weg aber, Jaakob Jizchak, ist wie wenn man an einer Landstraße baut. Man schleppt Steine, man stampft sie ein, man walzt – und natürlich bleibt man dabei nicht am gleichen Fleck, man kommt weiter: das ist der Weg.«
Er schwieg. Auch der »Jude« schwieg. Nach einer Weile verdunkelte sich das rötliche Gesicht des Sehers und die senkrechte Falte in der Mitte seiner Stirn war vertieft. Er schwieg noch immer. Dann be-

gann er zu reden, und jetzt war er es, der zwischen Wort und Wort zögerte, geradezu als prüfe er, ehe er sie in den Mund nahm, die Worte, ob sie auch brauchbar seien.

»Der Tod aber, Jaakob Jizchak, der Tod ...«

Lisensk, Rabbi Elimelechs Stadt, liegt unweit eines bewaldeten Mittelgebirges. Rabbi Elimelech pflegte zuweilen frühmorgens die Brücke, die den Fluß San quert, zu überschreiten, sich auf einer der Höhen zu ergehen, die von dieser Seite sanft ansteigt, auf der andern aber steil abfällt, und sich dann auf den baumumstandenen Gipfel an einen Block zu setzen, der die Form eines Kubus hat. Man nennt den Ort Rabbi Melechs Wäldchen, den Block zuoberst Rabbi Melechs Tischlein, und wird sie noch lange so nennen. Alljährlich am 33. Tag der Zählung zwischen Oster- und Pfingstfest, am Fest der Schüler, kommen die Schuljungen da hinauf, tummeln sich und schießen mit ihren Armbrusten über Rabbi Melechs Tisch weg. Es versteht sich von selbst, daß in den Zeiten, da der Zaddik sich dort aufhielt, kein Fuß, weder eines Juden noch eines Polen, sich hinwagte. In anderen Stunden aber gab es unter den Schülern zwei, die, jeder für sich, den Ort besuchten, um der einsamen Betrachtung zu pflegen. Der eine war ich, der andere mein älterer Freund Salke, der mit ständiger Fürsorge mir zugewandt war; er war auf einer früheren Wanderung der Seelen mein Vater gewesen. Einmal saß ich da und sann wieder einmal, wie so oft an dieser Stelle, der wahren Demut und Selbstvernichtung nach. Diesmal aber schwoll die Woge des Wunsches mich herzugeben so über alle Ufer, daß ich mir keinen Rat mehr wußte als mein Leben darzubringen. Ich trat an den Felsrand und wollte mich hinabstürzen. Salke aber war mir unbemerkt gefolgt; er lief auf mich zu, faßte mich am Gürtel und ließ nicht ab mir zuzusprechen, bis er mir den Vorsatz aus der Seele gelöst hatte.«

Seit einer Weile stand der Gabbai in der Tür. »Rabbi«, rief er jetzt ins Schweigen hinein, »der sinnesgestörte Knabe ist wild geworden. Er brüllt, er sei zu Euch gekommen und nicht zu denen, die ihn angaffen.«

Der Zaddik erhob sich. Er legte dem jungen Jaakob Jizchak, der sich ebenfalls erhoben hatte – wie sie so nah beieinander standen, war zu sehen, daß der Rabbi den mächtigen Mann noch um ein Stück überragte –, die Hand auf die Schulter, ließ sie einige Augenblicke darauf ruhen und ging, den Kopf, wie es sein Brauch war, hochhaltend, der Schüler mit gesenktem Kopf ihm nach. Das Gespräch war abgebrochen.

In den Tagen darauf reisten die älteren Schüler, soweit sie nicht in Lublin lebten, in verschiedenen Richtungen heim. Unter ihnen war David von Lelow, wiewohl es ihm schwer wurde, den Freund ohne seinen Beistand in einem Kreis zu lassen, von dem ein Teil, wie er wohl bemerkt hatte, jenem nicht günstig gesinnt war. Ehe er zärtlichen Abschied von ihm nahm, fragte er ihn: »Ist es nun gut, Jaakob Jizchak?« Der »Jude« schwieg. David wiederholte die Frage. »Der Rabbi ist furchtbar«, sagte der »Jude«. Der Lelower fuhr zusammen. »Das ist der wahre Mensch«, sagte er nach einer Weile. Beide schwiegen. Jeschaja kam dazu; er war, seit er hier war, noch bleicher geworden. Schweren Herzens fuhr David heim.

Nach einiger Zeit verreiste auch der Rabbi, man wußte nicht wohin. Die Schüler flüsterten einander zu, das würde wohl eine jener Fahrten sein, auf denen er dem Fuhrmann kein Ziel angab, sondern ihm, nach dem Vorbilde des heiligen Baal-schem-tow, befahl, die Zügel zu lockern und die Pferde gehen zu lassen, wohin sie wollten; auf diesen Fahrten ergaben sich dann allerhand Abenteuer, von denen der Fuhrmann hernach nur in dunklen Andeutungen über die Wundertaten des Zaddiks sprach.

Vor seiner Abreise tat er zwei Dinge, die niemand verstand. Er ordnete an, daß in seiner Abwesenheit der junge Jaakob Jizchak die Jünglinge empfangen sollte, die mit der Bitte, in die Lehrgemeinschaft aufgenommen zu werden, oder mit irgendeinem die Lehre betreffenden Anliegen kommen würden; das war sehr seltsam, zumal der vielgelehrte Jehuda Löb aus Zakilkow, der älteste der Schüler, in Lublin lebte. Zugleich schickte der Rabbi eins seiner Hemden dem »Juden« mit der Weisung es alsbald anzuziehen. Der Schüler war über beides sehr bestürzt; er ging zum Rabbi, der schon im Begriff war in den Wagen zu steigen, dankte ihm für die Gabe und bat, einen andern mit dem Amt zu betrauen, er sei dafür noch zu unerfahren. »Du bist der Rechte«, sagte der Seher. »Aber wollt Ihr nicht zumindest noch eine Zeit damit warten?« fragte er. »Man muß das Nötige verfügen, ehe die Pferde einen von hinnen tragen«, antwortete der Rabbi.

Am nächsten Morgen schon, nach dem Gebet, ging der »Jude«, pflichtgemäß mit dem Hemd des Rabbi angetan, in dessen Haus und stellte sich im Vorraum auf, um, sobald es erforderlich wäre, seine Obliegenheit zu erfüllen. Eben traten einige Fremde ein. Er sah sie an, ob nicht ein Anwärter auf die Schülerschaft darunter sei. Da geschah etwas, was ihn, wie nichts zuvor in seinem Leben, erschreckte. Er blickte einem der Eingetretenen, einem in jedem Belange unauffälligen Mann, unwillkürlich auf die Stirn – im nächsten Augenblick war es ihm, als werde ein Vorhang auseinandergezogen, er stand vor einem Meer schwarzer Wogen, die bis an den Himmel schlugen, und jetzt rückten sie in der Mitte auseinander wie der Vorhang und gaben einer Gestalt Raum, dem Besucher unähnlich, doch mit ebendem Siegel auf der Stirn, das auf jener zu sehen gewesen war, schon aber war die Gestalt von den Wogen verschlungen, hinter ihr stand eine andre, wieder verschiedene, wieder gleich gezeichnete, auch sie verschwand, und weiter, weiter eröffnete sich in Gestalten um Gestalten die Tiefe. Der »Jude« schloß die Augen. Als er sie wieder auftat, war nichts zu sehen als jener Mann, die Leute um ihn, die Stube mit den gewohnten Geräten. Er wagte lange nicht einen zweiten anzusehen. Sowie er es tat, begab sich das Gleiche, wieder riß ein Vorhang, wogte der Abgrund, und wieder kam Erscheinung nach Erscheinung. Da bezwang der »Jude« seine Verstörung und beschloß, dem offenkundigen Geheiß, das ihm entgegentrat, zu gehorchen. Er betrachtete, erfaßte jede Gestalt, ließ sie sich auf den Grund seines Gedächtnisses eintragen, behielt die Augen mit Macht offen, solang sie es ertrugen. Und plötzlich, beim vierten, fünften der Besucher, merkte er, daß sich etwas an ihm geändert hatte: sein Blick drang nun selber in die Tiefe ein, er durchdrang ihre Räume mit unmenschlicher Schnelle, gelangte hinter die Gestaltenreihe und begegnete dort urweltlichem Dasein.

Die Unruhe, die er überwunden hatte, kehrte zurück, als die Zeit der Morgenbesuche vorüber war. Er ging nicht heim, sondern trat ins Lehrhaus, zog den Gebetsmantel an, legte die Gebetskapseln an Stirn und Arm, setzte sich der Lade gegenüber und versank in ein sprachloses Gebet. Da ereignete sich etwas Wunderliches, das zugleich zum Lachen und doch auch wieder ein neuer Stachel war.

Westlich von Lublin, jetzt als Vorstadt ihm einverleibt, liegt an einem großen Teich der Flecken Wieniawa, der eigentlich Tschechow heißt, ein Haufen niedriger, windschiefer, durcheinandergewürfelter

Holzhäuser zu beiden Seiten des Bethauses. Als der Seher aus Lanzut – wohin er zuerst gegangen war, nachdem er seinen Lehrer Rabbi Elimelech verlassen hatte – in die Gegend von Lublin zog, nahm er, wie es heißt auf Engelsbefehl, hier Wohnung; sich in der Stadt selbst niederzulassen hinderte ihn damals noch der Widerstand der den chassidischen Weg ingrimmig bekämpfenden Gegner. Am Rande des Fleckens wohnte ein Schankpächter, dessen Lebensnot darin bestand, daß er nie den Pachtschilling bereitliegen hatte. Von der Zeit an aber, wo der Rabbi nach Wieniawa kam, vollzog sich eine Wendung in seinem Geschick. Er suchte jeweils vor dem Zahlungstag den Rabbi auf, und dessen Gebet bewirkte jedesmal, daß er das Geld doch auf irgendeine unvorhergesehene Weise zusammenbrachte. Als der Zaddik in die Stadt zog, blieb es dabei. Nun lebte aber in einem nahen Dorf ein anderer Schankpächter. Dem widerfuhr es in den Tagen, von denen hier erzählt wird, ebenfalls, daß er den Pachtschilling nicht bereit hatte. Sein Weib bewog ihn, dem Beispiel des andern zu folgen und nach Lublin zu gehen. Hier angelangt fragte er nach dem Rabbi, hörte, daß der verreist sei, wollte es aber nicht glauben, denn, sagte er sich, »ein Rabbi fährt gewiß niemals hinweg«. So ging er ins Haus des Zaddiks und bekam hier den gleichen Bescheid, wollte es aber wieder nicht glauben und ging ins Lehrhaus. Dort sah er einen Mann im Gebetsmantel und mit Gebetskapseln angetan sitzen. »Wer um die Mittagsstunde so bekleidet ist«, sagte er sich, »kann nur der Rabbi sein.« Er trat auf den Sitzenden zu, überreichte ihm Bittzettel und »Lösegeld« und begann ihm sein Anliegen vorzutragen. »Ich bin kein

Rabbi«, sagte der »Jude«. Wie der Schankpächter das vernahm, war es zu viel für die vergrämte Seele und er fiel in Ohnmacht. Den »Juden« lächerte und bekümmerte zugleich der sonderbare Vorgang. Er ermunterte den zu Boden Gesunkenen, hob ihn auf und sagte: »Nun denn, wenn du sagst, ich sei ein Rabbi, so bin ich eben ein Rabbi.« »Rabbi«, fragte jener mit einem Aufschluchzen, »was soll ich tun?« »Hast du in deiner Not schon«, sprach der »Jude«, »Psalmen gesagt?« »Wie sollte ich nicht, Rabbi?« gab der Pächter zur Antwort. – »Hast du aber schon nachts, wenn alles still ist und dich niemand stört, Psalmen gesagt?« – »Das nicht, Rabbi, ich bin zu müde von der Arbeit des Tags und habe einen schweren Schlaf.« – »So kaufe dir«, sagte Jaakob Jizchak, »einen großen Hahn. Wenn der Hahn ruft, steh auf und sage Psalmen. Sag jedes Wort von deinem eignen Herzen aus, und dein Gebet wird nicht umsonst gesprochen sein.« Der Mann dankte und ging. Der »Jude« saß noch eine Stunde im Bethaus. Von Zeit zu Zeit mußte er auflachen. Es war ein bekümmertes Lachen.

Am darauffolgenden Morgen kam in der ersten Frühe ein Mann durch die Judengassen von Lublin gelaufen. Man erkannte den Schankpächter von gestern. »Wo ist der Rabbi?« schrie er. »Der Rabbi ist verreist«, sagten die Leute. »Wo ist der Rabbi«, fragte er, »mit dem ich gestern hier gesprochen habe?« »Was für ein Rabbi?« sagten die Leute erstaunt. Der Mann aber konnte, was er mitzuteilen hatte, nicht länger bei sich behalten. »Ich habe einen Schatz gefunden!« schrie er. Erst nach einer Weile konnte er geordnet erzählen. Als der Hahn gekräht hatte, war er sehr schlaftrunken gewesen. Im Dunkel tastete er um sich und schlug dabei an eine Stelle in der Wand so heftig, daß sich ein Stein löste, der Mann mit seiner Hand in eine Höhlung fuhr und an eine kleine Metallkiste stieß. Er machte Licht, hob die Kiste heraus, erbrach sie und fand eine Rolle Silbergulden, anscheinend noch von seinem Großvater in einer Kriegszeit versteckt, in der der Alte den Tod fand, ehe er das Geheimnis seinem Sohn mitzuteilen vermochte.

Die Geschichte vom Schatz rauschte durch die Gassen. Man fragte nach dem »Rabbi«, Vermutungen und Gegenvermutungen wurden laut. Endlich gelangte die Erzählung auch zum »Juden«. Nun konnte er auch nicht einmal mehr lachen. Ihm war, als verbrennte das Hemd ihm den Leib.

Als er kurz danach ins Badhaus ging, folgte ihm ein absonderlich aussehender Mann. Er war bis auf den Kropfhals spindeldürr und trug einen gelben zerrissenen Kaftan und auf dem bis auf die Schläfenlocken fast kahlen Kopf ein winziges Käppchen. Der »Jude« beachtete ihn kaum, ging ins Badhaus und machte sich bereit ins Wasser zu steigen. Da trat der Mann ein und wandte sich sogleich an ihn. »Rabbi«, sagte er mit einem rostigen Stimmchen, »gebt mir etwas.« »Wende meine Taschen um«, entgegnete Jaakob Jizchak, »du wirst keinen Groschen drin finden.« »Rabbi«, sagte der Mann und öffnete den Kaftan über seiner Brust, »ich habe kein Hemd.« Den »Juden« schauderte es im Anblick des gelblichen Menschenleibes. »Nimm meines«, sagte er. Der Mann nahm das Hemd und entschwand.

Unter den Schülern des Sehers war Jehuda Löb von Zakilkow der älteste. Er war etwa gleichzeitig mit ihm zu Rabbi Elimelech gekommen. Als der Seher diesen verließ, war er in Lisensk geblieben. In den letzten Jahren, in denen Rabbi Elimelech mitten unter den Seinen wie abgeschieden lebte, lag die eigentliche Führung der Schülerschaft in seinen Händen. Die Eifrigsten unter ihnen, mit denen er fast unablässig lernte, nannte er die Leibgarde; man wußte nicht, wen sie zu schützen hatte und vor wem. Nach dem Tod seines Lehrers zogen sie mit ihm nach Zakilkow. Aber kurze Zeit danach ereignete sich etwas Unbegreifliches. Der Seher fragte einen Gast nach Jehuda. »Er hat die Leibgarde um sich«, war die Antwort. »Sie werden zum Sabbat bei mir sein«, sagte der Seher. In der Nacht darauf stahl sich einer der Treuesten aus dem Kreis und kam nach Lanzut. Am übernächsten Tag folgten drei seinem Beispiel. Am Ende der Woche war nicht ein einziger von der Leibgarde geblieben. »Ist noch einer von euch bei ihm?«, fragte der Seher den Letztgekommenen. »Keiner«, antwortete er. »Auch er selber wird kommen«, sagte Rabbi Jaakob Jizchak. Es dauerte etwa zehn Tage, bis Jehuda in Lanzut erschien. Es war Abend. »Lasse niemand vor«, sagte der Seher zum Gabbai, »ich will früher als sonst schlafen gehen.« Als Jehuda ins Haus kam, wurde er nicht vorgelassen. Er erhob nicht die Stimme, das war nicht sein Brauch, aber er wiederholte langsam und eindringlich sein Ansuchen. Die Tür öffnete sich, der vertraute Gefährte so vieler Jahre stand im Schlafrock, die Pfeife im Mund, und doch mit einer ungekannten Hoheit vor ihm. »Was ist's?«, fragte der Seher. Der Gabbai zog sich zurück. »Du nimmst mir meine Schüler«, sagte Jehuda. »Ich nehme keinem etwas«, erwiderte der Seher, »ich nehme nur an, was mir gebracht wird.« Jener stand noch immer in der Tür. »Denke an Rabbi Elimelech!« mahnte er. »Wenn er heute des Wegs käme, müßte er auch in der Tür stehen«, sagte der Seher. »Wie es im Midrasch heißt: hätte Samuel in dem Geschlecht gelebt, dessen Führer Jephta war, er hätte sich unter Jephta gebeugt. Man muß wissen, wer der Führer des Geschlechts ist, sonst bleibt man ein Narr.« Er zog das letzte Wort in die Länge. Der Besucher beugte den Kopf und blieb in Lanzut. Doch galt er nicht als einer der Schüler, sondern als Schüler-Gefährte des Rabbi, er trug gleich ihm am Sabbat den weißen Rock und saß neben ihm zuhäupten des Tisches.

Jehuda war ein hagerer, vorzeitig ergrauter Mann. Er rührte nie beim Reden die Hände und verzog nie den Mund. Wenn er ging, setzte er die Füße immer ganz gleichmäßig; wenn er stand, stützte er sich nie auf einen mehr als auf den andern. Sein Lerneifer war von Jugend auf der gleiche geblieben, er kannte offenbar keine Befriedigung außer im Lernen. Es gab niemand, der ihm auch nur das leichteste, unabsichtlichste Vergehen nachzusagen vermochte. Wenn man ihn ansprach, besann er sich stets eine Weile, ehe er antwortete. Er liebte es nicht Menschen anzusehen, aber auch nicht sonst irgend etwas.

Am Tag nach jener Begebenheit im Badhaus versammelte er einige der Schüler in seinem Haus. Kalman, den er von der Abreise zurückzuhalten versuchte, hatte, schon im Wagen sitzend, ein halbstündiges Gespräch mit ihm geführt; zuletzt war er kopfschüttelnd von dannen gefahren. Von den Älteren war außer Simon, der heftiger als je vor sich hinbrummte, auch Naftali da; er schien den Gegenstand der Unterredung für einen scherzhaften zu halten, denn er unterhielt sich vor Beginn lachend mit seinem Nachbarn offenbar über eben diesen Gegenstand. Jissachar Bär, dem Meïr am Abend zuvor unter beredten Hinweisen auf die Winke der Geheimlehre die Gefährlichkeit des »Juden« darzulegen versucht hatte, hatte zuerst abgelehnt, war aber doch gekommen. Meïr, dessen Bruder abgereist war, saß regungslos da, aber seine Augen funkelten. Unter den Jüngsten waren zwei, die Jehuda mit besonderer Treue anhingen. Der eine, Jekutiel, sah aus wie die leibhafte Dummheit, der es gelungen wäre, eine Tugend zu werden; der zweite, Eisik genannt, trug seine Schlauheit offen zur Schau, ja es lag ihm anscheinend daran seinem Beschützer immer neu ins Bewußtsein zu rufen, wie schlau er sei.

Jehuda wies kurz auf den Anlaß der Besprechung hin: das unerträgliche Gebaren des Neuangekommenen, der so tue, als ob er der Rabbi selber sei. »Solang der Rabbi da war, hat er ihn in einem fort angestarrt, um ihm alles abzugucken. Und sowie nur der Rabbi verreist ist, hat er unverzüglich damit angefangen, den Besuchern, genau wie der Rabbi, auf die Stirn zu schauen – geradezu als ob *er* da etwas zu sehen bekäme! Dann hat er sich unversehens auf die Vorführung von Wundern verlegt . . .«

Nun aber sprang, wie damals an dem langen Tisch, Jissachar Bär auf und hob die Hand. Er war so erregt, daß er erst nur stammelte und eine Weile warten mußte, bis er geordnet reden konnte. »Nein !« rief er, »nein ! Das ist falsch ! Das sagt der 'Herr der Einflüsterung'* durch deinen Mund ! Den 'Juden' hat das Wunder wider seinen Willen erwählt ! Laßt ab von ihm !« Er ging mit erhobener Hand rücklings zur Tür, rief noch einmal »Laßt ab !« und schwang, ehe er hinausging, die Hand wie drohend gegen die Versammelten.

»Was der Hitzkopf in das Wunder verliebt ist !« sagte Naftali zu seinem Nachbarn mit einem kurzen Auflachen. »Der ist noch schlimmer als ich. Dem kommt es nur noch auf das Wunder an und nicht auf den, der es tut.«

Jehuda hatte die Zeit über nicht mit der Wimper gezuckt. Es war, als ob Bärs Äußerung nicht zu ihm gedrungen wäre. Auch Naftalis Bemerkung schien er nicht gehört zu haben, obgleich das, was er jetzt vorbrachte, so klang, als ob es an sie anknüpfte. »Auch die ägyptischen Zauberer«, sagte er, »haben Zeichen getan. Was hatten sie mit denen Mose mehr als den Augenschein gemein? Das falsche Wunder ist die größte Gefahr. Wir müssen wachsam sein.«

Er hielt inne. In die Stille fiel ein Ruf Naftalis, der alle überraschte, wie immer in den seltenen Fällen, wo sich in seine Stimme kein Klang von Lachen mischte. »Der Rabbi ist wach genug für uns alle«, sagte er, »er weiß, was er tut.«

Jehuda zögerte mit der Antwort. »Wo ein großes Licht ist«, sagte er dann, »sammeln sich die Kräfte der

* Beiname des Satans.

Finsternis ringsumher, um es zu verschlingen. Aber wie könnten sie ihm nahekommen, so wie sie sind? Sie müssen selber ein Lichtkleid anziehen. Und das Licht erfreut die Augen des Lichtes.«

Seit einer Weile hatte Meïr wie sprungbereit dagesessen; jetzt war sein Augenblick gekommen. »Haben wir nicht ein Jahr lang angesehen«, sagte er zornig, »was die bösen Mächte zustandebringen, um den Zaddik zu täuschen? Ist nicht ihr Abgesandter unter uns einhergegangen, und der Rabbi hat ihn geduldet, weil er, wie er mir selber gesagt hat, genötigt war zu meinen, das Scheusal sei von oben gesandt? Da ihnen der Anschlag mißglückt ist, haben sie nun einen Faden aus feinerem Garn gesponnen.«

»Ich habe etwas zu berichten«, begann nun Simon. »Gestern abend habe ich meine Verwandten in Wieniawa besucht. Wie ich mich dann auf den Heimweg mache, tritt mir ein frecher Bettler entgegen und heischt ein Almosen von mir. 'Leuten wie dir gebe ich nichts', sagte ich und ging weiter. Aber er blieb mir auf den Fersen. »Der junge Rabbi«, lispelte er, »hat mir ein Hemd gegeben.« – »Welcher junge Rabbi?« – »Der mit den breiten Schultern.« Ein schrecklicher Verdacht stieg in mir auf. »Zeig mir das Hemd«, sagte ich. Er machte den Rock auf. Das Hemd hatte am Kragen einen blauen Streifen eingestickt. Ich habe mich nachher bei Eisiks Schwester Rochele erkundigt, weil alle Wäsche des Rabbi durch ihre Hand geht. Es war wirklich sein Geschenk. Erinnert euch, wie der Mann beim Geleitmahl den Rabbi beleidigt hat und wie der in seiner Güte es nicht bemerken wollte! Nun hat er durch die Verschleuderung der kostbaren Gabe an den gemeinen

Kerl gezeigt, wie er in Wahrheit alles geringschätzt, was vom Rabbi kommt!«

»Wir wollen beraten, was zu tun ist«, sagte Jehuda.

»Ist mir ein Wort erlaubt?« fragte Jekutiel.

»Rede!« antwortete Jehuda zögernd, da man nie wissen konnte, wessen man sich von dem unweisen Menschen zu versehen hatte.

»Ich meine«, sagte Jekutiel, »es ist zu bedenken, daß über hundertundzwanzig Jahre* der Eindringling versuchen könnte, sich auf den Thron zu setzen.«

Das ausgesprochene Wort goß auf alle eine ätzende Scham. Aber es war gesprochen und man konnte nicht mehr hinter es zurück.

Jetzt merkte der Mann, der unter Jehudas Anhang ihm am nächsten stand, Eisik, daß es an ihm war zu reden.

Mit diesem Eisik hatte es eine eigene Bewandtnis. Sein Vater besaß, als Eisik ein Kind war, in einer kleinen Stadt ein Haus, in dem ein Bruder des Rabbi zur Miete wohnte. Als er eine Weile die Mietszahlung nicht aufgebracht hatte, wurde er kurze Zeit vor dem Neuen Jahr auf die Straße gesetzt. Es heißt, der Rabbi, der damals in Lanzut wohnte, habe, als er es zwei Tage vor dem Neuen Jahr erfuhr, die Worte gemurmelt: »Man geht verloren.« Am Vorabend des Neuen Jahres ging Eisiks Vater vors Haus, um die Fensterläden zu schließen, und ist seither nicht mehr gesehen worden. Sein Sohn fuhr noch in seiner Kindheit zu manchem Zaddik, um ihn zur Wiederfindung des Vaters anzurufen, jedoch umsonst. Es war aber, als der Seher den Hof Rabbi Elimelechs verließ, ein Oheim Eisiks sein erster Chassid gewesen; später war

* So wird die Sterbenszeit umschrieben.

dieser tätig, ihm die Ansiedlung in Lublin zu ermöglichen. Auf seine Veranlassung nahm der Rabbi nun Eisik und dessen Schwester Rochele in sein Haus auf. Das Mädchen hatte bald das Hauswesen unter sich; der Knabe lernte im Lehrhaus. Er gab die Hoffnung nicht auf, der Rabbi würde ihm einmal eröffnen, wo sein Vater sei, wagte aber nie, ihn danach zu fragen. Wenn er von dem Rabbi angeredet wurde, antwortete er mit niedergeschlagenen Augen. Dagegen schloß er sich eng an Jehuda Löb an und war immer um ihn.

»Erlaubt mir der Rabbi«, mit diesen Worten wandte er sich jetzt an ihn, indem er, wie immer beim Beginn einer Ansprache, die ohnehin etwas höher geratene linke Schulter noch höher hob, »einen Vorschlag zu machen?«

»Sprich nur, Eisik,« sagte Jehuda, und zum erstenmal war etwas, das fast wie Wärme anmutete, in seiner Stimme.

»Ich meine«, brachte Eisik vor, »man sollte sich an die Rabbanith wenden.«

Niemand ließ sich zunächst vernehmen, aber es war sogleich offenbar, daß der Vorschlag alle überzeugt hatte – bis auf Naftali, der bald danach, als schon von der Ausführung gesprochen wurde, mit einem etwas heiseren Lachen und wie beiläufig bemerkte: »Mich werdet ihr auf diesem Weg nicht mithaben.«

Eisik wurde beauftragt, mit der Rabbanith zu reden.

Tila, die Rabbanith, hatte dem Rabbi vier Söhne und eine Tochter geboren. Der Älteste, Israel, war damals etwa achtzehnjährig und seit kurzem vermählt; er liebte die Einsamkeit; gegen den Vater war er von so großer Ehrerbietung, daß er stets, auch wenn es etwas zu bereden gab, wartete, bis er von ihm angesprochen wurde; mit den Schülern hatte er fast keinen Umgang; er führte sein eigenes Hauswesen und kam nur an Sabbaten und Festtagen mit seiner Frau in das Haus des Sehers. Man hätte von ihm schon in seiner Jugend sagen können, was viel später ein Schüler des »Juden« geäußert hat: er sei »ein Traktat für sich«. Der zweite, Josef, war etwa vierzehn; er hatte ein schüchternes Gebaren und war, ehe er etwas unternahm, stets darauf bedacht, die Meinung des Rabbi zu erfahren. Von der Mädchenzeit der damals zehnjährigen Tochter ist nichts bekannt geworden, als daß sie sich an Rochele mehr als an die Mutter anschloß. Der dritte Sohn war ein kränkliches Kind von sechs Jahren. Der Jüngste lag noch in der Wiege.

Tila war eine kleingewachsene Frau mit zarten Gliedern und einem sehr schmalen Gesicht. Eine unbekannte Krankheit schien an ihr zu zehren. Es ist zu vermuten, daß sie, als sie dem Rabbi vermählt wurde, sich dem Tode nicht fern glaubte, denn sie bat ihn sogleich nach der Trauung, ihr zu versprechen, daß er, wenn sie einmal in der oberen Welt seine Hilfe brauche, sie nicht warten lassen werde. Sie sprach zu niemand von der Krankheit, auf Fragen antwortete sie ausweichend, an ihrer gelassenen Haltung und der Ruhe ihres Gesichts hatte sich, seit sie die Frau des Rabbi war, nichts geändert, nur noch schmäler war es geworden und aus den Lippen war allmählich schier alle Röte gewichen. Ein Arzt durfte ihr nicht ins Haus. Der Rabbi war stets darauf bedacht, ihre Wünsche zu erfahren, um jeden genau erfüllen zu können, und wenn sie etwas vorbrachte, hörte er ihr wie keinem andern Menschen mit einer ohne allen Rückhalt hergegebenen Aufmerksamkeit zu und ging auf jedes Wort ein, solang sie selber das Gespräch fortsetzen mochte.

Als Rochele ihr mitteilte, daß Eisik mit ihr sprechen wolle, und den Gegenstand andeutete, lehnte sie zunächst lebhaft ab. Wenn etwas zu bereden sei, sagte sie, müsse man auf die Heimkehr des Rabbi warten. Erst als Rochele vorsichtig betonte, es gebe doch Dinge, die man nicht anstehen lassen könne und über die man daher, zumal man nicht wisse, wann der Rabbi zurückkehre, der Frau berichten müsse, gab sie nach und bestimmte eine Stunde, wies aber gleichzeitig an, Israel und Josef sollten zugegen sein.

Israel war eben auf einem seiner geliebten Spaziergänge (er liebte die Flußlandschaft bei Lublin, man sah ihn oft vor der Stadt umherwandern und dem Flußlauf nachschauen), kam aber rechtzeitig heim. Als Eisik eintrat, blieb er in der Fensternische stehen, statt sich mit den andern hinzusetzen. Er war ebenso groß wie der Vater – dem mit Ausnahme des dritten, der Mutter ähnlichen Sohns alle Kinder im Aussehen nachgerieten –, aber nicht stattlich wie der Vater, sondern schlank; auch er trug den Kopf aufrecht,

aber der Blick war nur selten anders als traurig und suchte fast immer die Ferne auf.
Josefs Züge waren etwas gröber als die seinen; die Augen blinzelten zuweilen, als müßten sie sich vor dem Sonnenlicht schützen.
Eisik setzte die Worte behutsam. Zuerst berichtete er die Begebenheiten der letzten Tage und ließ dabei einiges über die Person des bedenklichen Schülers und auch über sein bisheriges Leben einfließen. So wußte er zu erzählen, daß er sich durch sein ungebührliches Betragen das Wohlwollen der Schwiegereltern verscherzt habe; hernach sei er haltlos von Ort zu Ort gezogen und die im Stich gelassene Frau sei vor Gram gestorben. Er bemerkte, daß seine Zuhörerin, die zuerst gleichmütig geblieben war, bei der Geschichte vom Hemd die feinen Brauen runzelte und als der Tod der Frau vorgetragen wurde leicht zusammenzuckte. Nun glaubte er mit vorsichtigen Andeutungen zur Hauptfrage übergehen zu können. Er wandte sich jetzt an Mutter und Söhne zugleich, bald richtete er das Wort unmittelbar an Israel.
Israel hatte die Zeit über, mitunter sich umwendend und einen Blick auf die Straße werfend, im Fensterrahmen gestanden. Jetzt trat er, als Eisik mit verhaltener Stimme die Redensart »über hundertundzwanzig Jahre« gebrauchte, schnell auf ihn zu und sagte: »Wende dich nicht an mich!« Dann ging er, den Kopf gegen seine Gewohnheit senkend, als schäme er sich der schnellen Schritte, zum Fenster zurück.
Eisik hob die linke Schulter noch höher und machte eine halbe Wendung auf Josef zu. Josef sah ihn nicht an und sprach kein Wort, auch nicht, als Eisik spä-

ter, nunmehr voll ihm zugewandt, eine Pause einlegte. Eisik lächelte unmerklich.
»Was verlangen die Chassidim von mir?« fragte Tila, als er fertig war.
»Ihr müßt den Rabbi warnen.«
»Warum ich?«
»Er hört auf Euch.«
Tilas Lippen schienen noch blässer geworden zu sein.
»Ich kann nichts anderes sagen«, brachte sie mühselig hervor, »als die Wahrheit.«
»Die Wahrheit genügt«, entgegnete Eisik.
Israel verließ den Fensterrahmen, sah die Mutter liebevoll an, nickte dem Bruder zu und ging.
Die in der Stube Verbliebenen schwiegen.

Der Rabbi weilte indessen bei seinem Freund Rabbi Israel dem »Maggid« (ein Titel, der etwa »Prediger« besagt) in Kosnitz.

Als Rabbi Elimelech sich dem Tode nah wußte, berief er seine liebsten Schüler – alle waren nach Lisensk gekommen, mit dem Seher hatte er sich ein Jahr vorher versöhnt – an sein Bett. Da waren sie, drei zuvorderst: Jaakob Jizchak, Menachem Mendel von Rymanow, ein unansehnlicher Mann mit einem Gesicht wie der Friede selber, und, seines Siechtums wegen sitzend, fast weißer als der Sterbende, Israel von Kosnitz. Elimelech hob die Hände an seine fast schon brechenden Augen, dann streckte er sie dem Seher entgegen, der sich sogleich über ihn beugte, und hielt sie ihm an die Augen. Er faßte sich mit beiden Händen an den schweißbedeckten Kopf und umfaßte dann den Mendels mit ihnen. Zuletzt legte er seine Rechte auf das Herz, das schon zum letzten Schlag ausholte, und rührte mit ihr an Israels Brust.

Seither kamen die drei von Zeit zu Zeit zusammen, und dann war immer der tote Meister unter ihnen. Die Begegnungen fanden jeweils in Kosnitz statt, da der Maggid die Stadt nur sehr selten verließ. Er war ein Alterskind - seinen Eltern hatte ihn, wie es heißt, der heilige Baal-schem-tow in ihrem hohen Alter verheißen – und siechte von seiner Geburt an. Er hatte als Kind zu wachsen aufgehört und glich fast einem schmalwangigen und schmalbrüstigen Knaben. Zumeist lag er, in ein Wams aus Hasenfellen gekleidet, auf dem Ruhebett; wenn er aufstehn wollte, zog man ihm bärenpelzgefütterte Pantoffeln an, damit er stehen konnte. Ins Bethaus trug man ihn in einem Liegestuhl. Dort angelangt aber verwandelte er sich. Er erhob sich und ging zwischen den Reihen der Wartenden in einem leichten Schritt auf die Lade zu. Dann saß er auf einem tischartigen Sitz und betete in einer tiefen Verzückung. Nach dem Gebet der achtzehn Segenssprüche sprang er zu Boden, wo ein Fell ausgebreitet lag, streckte sich darauf aus und betete weiter. Zuweilen stand er auf und hüpfte vor sich hin. Wenn ihn die Diener im Liegestuhl heimtrugen, war er blaß wie ein Sterbender, aber seine Blässe leuchtete.

Er war ein großer Beter. Das Gebet wird der Dienst des Herzens genannt, und Rabbi Elimelech hatte diesem Schüler die Kraft seines Herzens hinterlassen. Es verhielt sich mit ihm so, daß er nicht bloß zu bestimmten Zeiten betete; vielmehr betete er, wie er atmete. Er betete in Worten und ohne alle Worte. Wenn er in Worten betete, mischte er in die überlieferten Sätze Anreden in der Volkssprache, wie sie ihm eben das Herz zu den Lippen trug, dazwischen rief er auch zuweilen ein polnisches Liebeswort, denen ähnlich, die man die Bauernmädchen rufen hört, wenn sie mit ihren Liebsten zur Kirmes gehen und von den Burschen ein buntgesticktes Band geschenkt bekommen wollen; aber er wollte nichts geschenkt bekommen. Wenn er mit Menschen sprach, behielt seine Rede immer etwas von Tonfall und Weise des Gebets. Und einer seiner Diener berichtete: »Wenn man den heiligen Maggid schlafen sieht, weiß man, daß er auch in seinem Traume betet.«

Überallher kamen die Leute, jüdische Krämer und polnische Fürsten, daß der Maggid für sie bete und, durch das Gebet erleuchtet, ihnen rate und helfe. Er betete für alle. »Willst du Israel noch nicht erlösen, so erlöse doch die Gojim !« ist eines der von ihm überlieferten Gebete.

Auch diesmal saßen die beiden Freunde Tag um Tag am Bette Rabbi Israels und unterredeten sich mit ihm. Sie sprachen von hohen und höchsten Dingen, aber auch von den Ereignissen der Tage. Von den hohen Dingen sprachen sie wie von etwas, was sich in ihrer Nähe begab, und von den irdischen Ereignissen, als wären sie aus himmlischem Stoff gewoben. Dazwischen schwiegen sie, aber miteinander.

»Ein Wind weht von Westen«, sagte einmal der Seher.

»Es steht geschrieben: Da ist der Sturm des Herrn«, ergänzte Israel leise, im Tonfall des Gebets.

»Der Sturm soll doch von Norden kommen«, wandte Mendel ein.

»Es steht geschrieben: Der Sturmwind tut nach Seinem Geheiß«, sagte Israel, fast singend.

Sie schwiegen.

»Es regt sich in der Tiefe«, sagte nach einer Weile der Seher.

»In der Tiefe ist das Leiden daheim. Wie geschrieben steht: Aus der Tiefe rief ich dich, Herr«, erwiderte Israel.

»Ein großer Haß gärt in der Tiefe«, gab Mendel zu bedenken.

»Das Leiden ist noch größer als der Haß. Wie geschrieben steht: Wenn dein Hasser hungert, speise ihn mit Brot«, sagte Israel.

Wieder schwiegen sie.
»Leid und Haß, die Gewalthaber nützen sie aus«, sagte dann der Seher.
»Es steht geschrieben: Und der erhobene Arm wird zerbrechen«, sagte Israel.
»Die Gewalthaber gehn an der Spitze der Völker«, sagte Mendel.
»Es steht geschrieben: Ich habe dich zum Licht den Völkern gegeben«, sagte Israel.
Und wieder schwiegen sie.
»Die Fische des Meeres verschlingen einander«, begann nun Mendel.
»Der Leviathan verschlingt sie alle«, sagte Israel.
»Ist es Gog?« fragte Jaakob Jizchak.
»Der Name ist noch nicht zu lesen, er muß erst geschrieben werden.«
»Wann wird er geschrieben?«
»Wenn die Welt in den Wehen liegt.«
»Sind es nicht die Wehen, was eben beginnt?«
»Wehen oder Scheinwehen, nicht die Gebärerin entscheidet's. Geschrieben steht: Wir waren schwanger, wir wanden uns, und wie wir gebaren, war's Wind.«
»Wovon hängt es ab?«
»Ob dem Kind die Stätte bereitet ist.«
»Wer bereitet die Stätte?«
»Wer's vermag.«
»Wie ist die Stätte zu bereiten?«
»Scheidet das Reine«, sang Israel, »und das Gemeine! Schmelzet die Masse! Sondert die Schlacken aus! Läutert das Erz!«
»Welches ist der Ort?«
»Die Gasse. Das Haus. Das Herz.«

Weit länger als sonst blieb der Seher diesmal in Kosnitz. Menachem Mendel war schon längst heimgereist, aber er verweilte noch.
Als er Abschied nehmen wollte, ließ der Maggid sich eine Truhe ans Lager bringen und entnahm ihr ein beschriebenes Blatt.
»Unser Lehrer«, sagte er zu Jaakob Jizchak, »hat, ehe er sich mit dir versöhnte, dieses Gebet niedergeschrieben, das vor dem Beten zu sprechen ist. Kurz vor seinem Tode hat er es mir anvertraut und mir befohlen, es in der rechten Stunde dir zu übergeben. Dies ist die rechte Stunde.«
Der Seher nahm das Blatt und fuhr heim.
In Lublin eröffnete ihm seine Frau bald nach der Ankunft, was sich ereignet hatte. Die Geschichte von dem Anschauen der Besucher und die vom Wundertun hörte er mit einem Lächeln an, bei der Nachricht vom Weggeben des Hemdes aber fuhr er zusammen. Dann sprach er der Frau freundlich zu: sie dürfe unbesorgt sein, er würde nach dem Rechten sehen.
Er ging in seine Stube und verblieb lange allein. Schon wollte er den »Juden« rufen lassen, da geriet ihm das Blatt, das er mitgebracht hatte, in die Hand. Er rollte es auf und las: ». . . Behüte uns vor den Abwendungen und der Hoffart, vor dem Zorn und dem Aufbrausen, vor der Trübsal und der Verleumdung und allen andern üblen Sitten, und vor jedem Dinge,

das deinem heiligen und reinen Dienst, der uns teuer ist, Abbruch tut. Gieße deinen heiligen Geist über uns, daß wir stets an dir hangen und nach dir begehren ... Rette uns vor der Eifersucht am Genossen, in unserem Herzen steige keine Eifersucht auf ... Gib in unser Herz, daß wir den Vorzug unserer Gefährten sehen und nicht ihren Mangel, und daß wir, jeder von uns mit seinem Gefährten, nach der Weise der Redlichkeit sprechen, die dir gefällig ist ... Amen. So sei der Wille.«

Er stand und betete Rabbi Elimelechs Gebet.

Dann ließ er den »Juden« rufen.

Man sah dem jungen Jaakob Jizchak die Kümmernis an.

Vom Rabbi aufgefordert berichtete er, was damals in den ersten Tagen und seither im Bereich seines Amtes vorgefallen war. Er nannte und kennzeichnete die neuen Schüler, die sich bei ihm gemeldet hatten. Sie hatten sich mit etlichen älteren zu einer Lernschar unter seiner Leitung zusammengeschlossen; es war ein großer Eifer in der Schar, keiner wollte zurückstehen. Im Kennzeichnen ging er unversehens mehr und mehr darüber hinaus, was jeder Scharfsichtige erkennen kann; sowie er das merkte, wurde ihm deutlich, daß er ohne Erzählung des Unbegreiflichen nicht weiter konnte, und er erzählte auch es, so gut es anging. Er vermochte aus Stimme und Mienen die Aussprache des Leidens, das ihm die Wandlung seines Wesens zugefügt hatte, nicht zu tilgen. Danach bat er den Rabbi inständig, ihn nunmehr, da er ja nicht mehr gebraucht werde, des Amtes zu entbinden.

»Ich will, daß du weiter die neuen Schüler empfängst«,

sagte der Rabbi, »und sie in die Lehre einführst wie bisher. Du wirst es von jetzt an leichter haben. Nun berichte, was sich noch begeben hat.«

Die Geschichte von dem großväterlichen Schatz und einiges andre Derartige, das seither vorgefallen war, verschwieg der »Jude«. Aber der Rabbi unterbrach ihn und fragte danach, weil er davon gehört habe.

»Es haben sich in der Tat ein paar absonderliche Dinge begeben«, sagte der »Jude« bedrückt, »wie es offenbar nicht anders sein kann, wenn Ihr nicht hier seid und das Verlangen der Menschen nach dem Wunder ins Leere stößt. Sie müssen sich ja an Stelle des Erwarteten etwas zurechtmachen, was ihm ähnlich sieht. Und alles, was sich gerade ereignet, läßt sich als Stoff verwenden. Die Begebenheiten selber jedoch sind so armselig und lächerlich, daß es ungebührlich wäre, Eure Ohren damit zu behelligen.«

Aber der Rabbi ließ nicht ab, bis alles berichtet war. Er hörte interessiert und etwas belustigt zu.

Zuletzt mußte der »Jude« von dem verschenkten Hemd erzählen. Jetzt redete er nicht mehr bloß bedrückt, sondern aus einer schweren Beklemmung.

Er sah, wie sich die Stirn des Sehers umwölkte.

»Ihr zürnt mir mit Recht, Rabbi«, sagte er.

»Dir, Jaakob Jizchak?« erwiderte der Rabbi fast erstaunt. Es war, als sei von einem andern die Rede gewesen. »Ich zürne dir nicht. Aber erkläre mir: warum hast du es weggegeben?«

»Das ist es eben, Rabbi«, sagte der »Jude«, »daß es nicht zu erklären ist. Ich kann es mir nicht erklären. Ich bin gezwungen worden. Diesmal habe ich nicht aus dem Fenster springen können.«

»War es das Mitleid?« fragte der Rabbi.

Der »Jude« besann sich. »Nein«, gab er dann Bescheid, »nicht eigentlich das Mitleid. Das heißt, es war wohl dabei, aber das Zwingende war es nicht. Das Mitleid kommt aus den Eingeweiden, das Elend der Kreatur sticht einem ins Leibesinnere, man ist innen ganz wund, dies aber ... Das, was so gezwungen hat, kam gar nicht aus mir. Es war geradezu, als wollte etwas nicht, daß . . .« Er konnte nicht weitersprechen.

Der Rabbi drängte nicht mehr. Sein Gesicht hatte sich noch mehr verdüstert. »Wohl, Jaakob Jizchak«, sagte er, »es war eben wie es war. Mach dir keinen Kummer daraus. Es gelingt eben nicht immer sie hinaus zu bannen, 'jene Hunde, die frechen'. Geh nun an deinen Posten.«

Der »Jude« ging in den Vorraum, wo eben eine gelähmte alte Frau, die aus Warschau hergebracht worden war, über ihre Gebreste klagte. Unwillkürlich sah er ihr auf die Stirn. Eine jähe Freude überrieselte ihn: er sah nichts als eine Altfrauenstirn. Es war von ihm genommen. Er wandte sich ab. »Gesegnet sei Er«, sprach er, »der Lasten auf unsere Herzen wälzt und sie wieder von ihnen hebt.«

Der Seher war in schwerer Verdüsterung sitzen geblieben. Er wollte noch einmal Rabbi Elimelechs Gebet beten, aber er vermochte es nicht.

Eines Morgens kam Jekutiel mit einem Grinsen zum »Juden« gelaufen: in der Herberge sei eine sehr dicke Frau angekommen und habe den Wirtsleuten gesagt, sie sei hier, um mit ihrem Schwiegersohn, Jaakob Jizchak aus Apta zu sprechen.
Der »Jude« erbat sich Urlaub beim Rabbi und ging in die Herberge.
Goldele empfing ihn mit bösen Augen und einem freundlichen Mund. »Da bist du also, Jaakob Jizchak«, sagte sie.
»Ja, ich bin hier«, erwiderte der »Jude«.
Goldele nahm diese Bestätigung als eine Herausforderung auf. »Ich habe herkommen müssen, um dich an deine Pflicht zu erinnern, Jaakob Jizchak«, sagte sie.
»Es dauert lang, bis ein Mensch versteht, was seine Pflicht ist«, erwiderte der »Jude«. »Die Pflichten hindern ihn daran.«
Nun riß der Frau die Geduld. »Was soll das nun wieder heißen!«, schrie sie. »Weißt du, daß du Kinder hast, oder nicht?«
»Ich weiß es«, sagte der »Jude«.
»Erinnerst du dich noch«, fuhr Goldele fort, »was ich dir geschrieben habe, nachdem du dich auf deine närrische Wanderung begeben hattest?«
»Ich erinnere mich«, sagte der »Jude«. »Ihr schriebt mir, ich sei ein Narr.«
»Und was noch?«

»Ihr schriebt mir, ich sei nicht wert, eine so gute Frau und so schöne Kinder zu haben.«

»Und bist du es wert, daß du eine Frau gehabt hast wie meine arme gute Vögele, Gott habe sie selig?«

»Nein, ich war es nicht wert und bin es nicht wert. Man ist überhaupt nicht wert was man hat.«

»Nun also«, sagte Goldele. Sie war entwaffnet durch seine Zustimmung, zugleich aber gestachelt durch die unverständliche Begründung. »Entsinnst du dich aber auch, was ich dir noch geschrieben habe?«

»Ihr schriebt mir«, antwortete der »Jude«, »ich solle alle Narrheiten fahren lassen und ohne Verzug nach Apta zurückkehren.«

»Und waren es keine Narrheiten?« fragte sie.

»Nein«, sagte der »Jude«.

»Was? siehst du noch immer nicht ein, daß es eine Narrheit war, sich plötzlich auf und davon zu machen? noch dazu, wo sich mein guter frommer Mann, sein Ruhsitz ist im Paradies, eben mit dir versöhnt hatte!«

»Es ging nicht mehr an, unter den Leuten zu bleiben.«

»Was soll denn nun das wieder heißen?! Hast du es etwa bei uns nicht gut gehabt . . . ich meine, hättest du es etwa bei uns nicht gut haben können?«

»Ich habe es gut gehabt.«

»Nun also«, sagte Goldele etwas kleinlaut. »Aber war es nicht eine Narrheit von dir, deiner Frau in jedem Jahr so und so viel Gulden zu schicken?«

»Mehr habe ich nicht aufgebracht.«

»Darum geht es doch gar nicht! Vögele war doch bei uns versorgt, sie und ihre Kinder, wie man es sich nur wünschen kann! . . . Übrigens . . . da hat man mir mal erzählt, du hättest damals, wie du einige Jahre weggewesen warst, für einen Dukaten Gebetskapseln gekauft . . . für einen Dukaten! Ist das wahr?«

»Ja. Das war am Schluß. Rabbi Mosche von Pscheworsk, der das Buch 'Licht des Angesichts Mose' verfaßt hat, hat sie mit eigner Hand geschrieben. Ich habe viele Jahre lang dafür zurückgelegt.«

»Das verstehe ich nicht. Aber erinnerst du dich auch, was ich dir damals noch geschrieben habe?«

»Ich erinnere mich. Ihr schriebt mir, eine Frau brauche einen Mann und Kinder brauchten einen Vater.«

»Und willst du etwa bestreiten, daß es sich so verhält?«

»Gewiß verhält es sich so«, sagte der »Jude« und fügte sehr leise, wie um sich selbst etwas von neuem zu erklären, hinzu: »Wer in die Hände des lebendigen Gottes fällt, ist ungeeignet Mann und Vater zu sein, bis ihn Gott entläßt.«

Goldele hatte nur einige Worte vernommen. »Was redest du da!« fuhr sie Jaakob Jizchak an, »sind wir nicht alle in Gottes Händen?! Aber, kurz und gut, gekommen bist du nicht, sondern hast dich Jahr um Jahr in der Welt herumgetrieben!«

»Ja, von Dorf zu Dorf.«

»Kinder von fremden Leuten hast du unterrichtet, statt dich um deine eignen zu bekümmern! Und dazwischen warst du immer wieder verschwunden, man wußte immer wieder eine ganze Weile nicht, wo du bist! Als mein Mann auf dem Sterbebette lag, hat man vergeblich nach dir ausgeschickt, du warst nicht zu finden! Und urplötzlich, ohne Brief, ohne Nachricht, warst du wieder da und hast nur von uns verlangt, wir sollten keinen Besuch zu dir vorlassen. War das nicht närrisch? Aber gut, wir haben uns zum Spott bei den Leuten gemacht und haben alle abgewiesen, die kamen, und ich habe gesagt, du seist krank. Und dann, wieder urplötzlich, warst du von neuem verschwunden.«

»Ja, ich bin gewandert.«

»Gewandert! gewandert! Was ist denn das wieder für ein Unsinn?!«

»Schwiegermutter«, sagte der »Jude«, und mit einem Mal wurden ihm die Augen heller und die Stimme wärmer, »habt Ihr nie davon gehört, daß die Schechina als Verbannte wandert und daß es daher uns zusteht, als Verbannte zu wandern und immer wieder zu wandern, bis wir erfahren, daß es genug ist?«

Goldele wurde, was ihr äußerst selten widerfuhr, verlegen. »Wir brauchen von alledem nicht mehr zu reden«, sagte sie in einem fast bittenden Ton, »das sind ja vergangene Dinge. Aber an eins muß ich dich doch erinnern«, setzte sie fort und schon hatte ihre Rede den Klang des Vorwurfs zurückerlangt, »weil du es offenbar vergessen hast: was geschehen ist, als in dem Jahr nach deinem letzten Verschwinden meine Vögele, der Friede über ihr, ihr drittes Kind bekam und abgeschieden ist. Du bist ja damals wieder unversehens erschienen und sie hat von dir Abschied nehmen können.«

«Ich habe nichts vergessen«, sagte der »Jude«.

»Du hast ihr etwas zugeschworen«, fügte Goldele hinzu.

»Als sie wußte«, sagte der »Jude«, wieder sehr leise – es wurde ihm offenbar recht schwer zu sprechen, aber jetzt richtete er seine Worte an die Frau, die vor ihm saß –, »daß es kein langer Weg mehr bis zum Ende sei, fragte sie, ob ich sie ein wenig lieb gehabt hätte. Da sagte ich ihr, wie es wahr ist, daß ich sie nicht bloß weit mehr als mich selbst liebe, was nicht viel zu besagen hätte, sondern auch mehr als meinen Vater und meine Mutter und den Freund meiner Jugend, und nur eben Gott könnte ich nicht umhin noch mehr zu lieben. Sie aber sagte, wenn dem wirklich so sei, so möge ich ihr zuschwören, keine andere Frau als ihre Schwester zu heiraten. 'Ich will dir gern zuschwören', sagte ich, 'daß ich nicht wieder heiraten werde'. 'Nicht so', sagte sie, 'sondern daß du meine Schwester Schöndel Vögele heiraten wirst, das sollst du mir zuschwören.' So sagte sie, Wort für Wort, und versprach sich und sagte statt 'Schöndel Freude' 'Schöndel Vögele', und merkte es nicht. Da habe ich es ihr zugeschworen.«

»Nun also«, sagte Goldele. »Und sie hat mich durch dich herbeirufen lassen und hat mir erzählt, was du ihr zugeschworen hast. Und weil Schöndel Freude noch ein Kind war, haben wir, auch als Vögele hinweggenommen war, nicht davon geredet. Und dann bist du ja, wenn auch mit allerhand Unterbrechungen, in Apta geblieben bei deinen Kindern. Aber ein halbes Jahr etwa nach Vögeles Abscheiden habe ich einmal mit dir gesprochen und du hast mir gesagt, wenn die Zeit gekommen sein würde, solle es gelten.« Sie hielt inne.

»So ist es«, bestätigte der »Jude«.

»Und nun ist das Mädchen herangewachsen«, sagte Goldele, »du aber scheinst nicht mehr an deinen Schwur zu denken.«

»Wohl denke ich daran«, sagte der »Jude«.
»So ist denn die Zeit gekommen.«
»Sie ist es nicht«, sagte der »Jude«. »Ich bin von dem Rabbi von Lublin in eine Pflicht genommen, und nur ein Befehl des Rabbi wird mich von ihr lösen.«
»Du könntest«, brachte die Frau zögernd vor, »nachdem du dich mit Schöndel vermählt hast, noch eine Weile im Lubliner Lehrhaus verbleiben, wenn du meinst, daß das für dich das Rechte ist.«
»Die Zeit ist noch nicht gekommen«, sagte Jaakob Jizchak.
»Dann müßte eben jemand«, entgegnete sie, »mit dem Rabbi sprechen.«
»Hütet Euch«, rief der »Jude« und seine Augen funkelten die plötzlich eingeschüchterte Frau an, »hütet Euch, dem Rad in die Speichen zu greifen. Es würde Euch reuen.«
Goldele war, mehr als über alles andere, über sich selber erstaunt. So hatte niemand je sie angeredet, und gewiß hätte sie von niemand Derartiges geduldet. Sie duldete es und unternahm keinen Versuch mehr, den Schwiegersohn umzustimmen. Bald danach reiste sie ab.
Wenige Stunden nach ihrer Abreise suchte Eisik erst die Herbergswirtin und dann die Rabbanith auf.

Naftali war unter den Schülern der, mit dem der Rabbi am liebsten Gespräch führte und dessen Meinung über die Ereignisse der Tage ihm am wichtigsten war. Er pflegte zu sagen, was ihm gerade einfiel, und nicht nachträglich zu bedauern, daß er es gesagt hatte. Dabei war er gar nicht eitel, er machte sich vielmehr oft über sich selber lustig, aber er meinte, man dürfe nicht klüger scheinen wollen als man ist und nicht verschweigen, was der Gedanke einem eingibt. Von der Klugheit oder Weisheit hielt er freilich viel; ja, er ging darin so weit, daß er einmal dem Rabbi eine merkwürdige Antwort gab. Als der ihm vorhielt, es stehe geschrieben: »Schlicht sollst du mit dem Herrn deinem Gotte sein« und nicht »Weise sollst du mit dem Herrn deinem Gotte sein«, behauptete er, es bedürfe einer großen Weisheit, um mit Gott schlicht sein zu können. Den Rabbi verdroß es zuweilen, daß Naftali mit seinen Scherzworten nie innehielt und niemand schonte. Einmal verlangte er ihm ab, er solle ein Jahr lang die Spässe unterlassen. Aber Naftali wollte sich dazu nur unter der Bedingung verstehen, daß der Rabbi versprach, nicht, wie er oft tat, länger als eine Stunde im stillen Gebet zu stehen und dadurch den Vorsänger mitsamt den Betern aufzuhalten. Der Seher, der seiner Fröhlichkeit nicht widerstehen konnte, ließ es sich gefallen, hielt aber schon am nächsten Sabbat das Versprechen nicht ein. Da bemerkte er, daß Naftali durch einen Scherz ein verhaltenes Lachen in seiner Umgebung erregt hatte. Später fragte er ihn, was er gesagt habe. »Ich habe gesagt«, antwortete Naftali, »der Rabbi stehe da, als denke er an seinen Hochzeitsabend.« »Es ist wahr«, bestätigte der Seher lächelnd. »Als ich im Gebet stand, ist mir die Seele eines Musikanten erschienen und hat mich um Erlösung angegangen; der Mann hatte auf meiner Hochzeit auf den Zimbeln gespielt und die Seele sang mir die Melodie vor, um mich daran zu erinnern.« Er gab es auf, den Schüler zu ändern. Mitunter schalt er ihn doch, ließ aber bald danach ein versöhnendes Wort einfließen, so sehr war ihm an der ungeminderten Nähe zwischen ihnen gelegen.

Naftali hatte, wie stark er auch an Lublin gebunden war, in diesem Belange eine ebenso freie Haltung wie in allem. Nach Rabbi Elimelechs Tod war er zuerst zu Rabbi Menachem Mendel nach Rymanow gefahren, dann hatte er den Seher besucht und hatte sich ihm angeschlossen, reiste aber immer noch zwischendurch zu Rabbi Mendel und hielt sich eine Weile bei ihm auf, freilich nicht ohne daß es mitunter kleine Mißhelligkeiten zwischen ihnen gab. Er pflegte viel später zu erzählen: »Als ich zu Rabbi Mendel kam, habe ich das ganze heilige Schrifttum in meinem Kopf mitbringen müssen, als ich dann aber nach Lublin kam, bin ich mit den Kameraden ins Wirtshaus gegangen und wir haben Met getrunken. Es gibt eben verschiedene Wege. Vor Rabbi Mendel mußte man immer voller Ehrfurcht stehen, den Rabbi von Lublin durfte man, wiewohl er darüber schalt, mit Scherzen erfreuen. Einmal ist Rabbi Mendel nach Lublin gekommen und sah zu, wie wir unserer Sitte nach Lärm machten und einer um den andern auf dem

Tische tanzte. Da schrie er uns an: 'Na!' und schon fiel seine Furcht auf uns und wir waren mäuschenstill. Wie aber unser Rabbi von Lublin merkte, wie still es im Raum war, rief er: 'Ho!', und sogleich gerieten wir in eine solche Freude, daß wir wieder zu toben begannen. Dann hat Rabbi Mendel es eben dulden müssen.«

In dem Winter, der auf das Kommen des »Juden« folgte, ließ sich der Seher von Naftali jedesmal Bericht erstatten, wenn Nachrichten von draußen anlangten, – Nachrichten von dem polnischen Aufstand, der sich unterirdisch, aber dem Spürsinn Naftalis wohl erkennbar, ausbreitete, und, in längeren Zwischenräumen, dann aber in einer Fülle, die von den Hörern erst gesichtet und geordnet werden mußte, um verstanden zu werden, Nachrichten von dem großen Aufruhr im Westen. Den polnischen Vorgängen schenkte der Rabbi nur geringe Aufmerksamkeit; dagegen nahm er alles, was ihm von drüben, von Paris erzählt wurde, mit einer außergewöhnlichen Erregtheit entgegen, die sich manchmal in kurzen, offenbar gar nicht an Naftali gerichteten Zwischenreden äußerte. Wenn dieser ihm, so gut er es auf Grund des Hörensagens vermochte, einen nach dem andern von den Männern beschrieb, die mitsammen die alten Ordnungen der Welt und untereinander jeder jeden bekämpften, sah er zunächst eine Weile mit jenen forschenden Augen drein, die man an ihm vom Lesen der Bittzettel her kannte, und es war geradezu, als ob er zum Vernehmen auch die Augen brauche; dann aber ging von diesen wie ein Feuer aus, er schüttelte den Kopf und knurrte: »Der nicht!« Naftali, so unbefangen er sonst war und so gewohnt an

die Überraschungen im Umgang mit dem Seher, wurde es mitunter bang vor diesen blitzenden Augen und diesem nachgrollenden Donner.
Natürlicherweise knüpfte sich an manche der Berichterstattungen auch ein Gespräch über die Schülerschaft in Lublin. Niemand kannte wie Naftali die Bewegungen im Innern des Schülerkreises, die heimlichen Kämpfe, Friedensschlüsse und Friedensbrüche, und niemand konnte sie ausmalen wie er. Wenn er davon sprach, hielt er die Hände zuweilen wie Waagschalen, als wäge er Dinge oder Wesen von Gewicht sorgfältig gegeneinander ab. Der Rabbi hörte freundlich zu, warf auch hie und da eine Frage ein, aber nur wenn von dem »Juden« die Rede war, erschien auf seinem Gesicht ein Zug starker Beteiligung, jenem nicht unähnlich, mit dem er vorhin den französischen Nachrichten gelauscht hatte; hingegen ging er nie mit einer Frage auf diesen Abschnitt der Mitteilungen ein. Naftali sprach vom »Juden« stets mit hervorhebenden Ausdrücken der Achtung und des Wohlwollens, zugleich aber mit einer gleichsam kundgegebenen Zurückhaltung.
Um das Ende der dritten Aprilwoche, an einem der letzten Tage des Passahfestes, berichtete Naftali dem Rabbi, was sich Ende März und Anfang April in Paris zugetragen hatte. »Der Adler hat dem Geier das Feld räumen müssen«, sagte der Rabbi. »Auch die Krähen kommen noch an die Reihe.«
»Sind die Krähen gänzlich zu verachten?« fragte Naftali.
»Die Krähen«, antwortete der Rabbi, »sind nicht zu verachten. Sie sind sehr lebendig. Aber sie haben drei bedenkliche Eigenschaften. Die erste ist, daß keine

Nichtkrähe mit ihnen Umgang haben kann, weil sie von ihnen nicht gehört wird: sie überschreien sie. Die zweite ist, daß sie der Meinung sind, es gebe in Wahrheit keine Nichtkrähen in der Vogelwelt, alle Vögel, die sich als einer andern Art zugehörig gebärdeten, seien verkleidete Krähen und müßten durch Überschreien bewogen werden ihr wahres Wesen zu offenbaren. Die dritte ist, daß keine von ihnen es verträgt, mit sich selber allein zu sein; die Krähe, die vom Schwarm abirrt, kommt vor Entsetzen über ihre Einsamkeit um.«

»Angenommen«, fragte Naftali weiter, »es wäre möglich, daß Adler in einer Gemeinschaft mit Krähen lebten, wäre es für die Adler schwerer die Krähen zu ertragen oder umgekehrt?«

»Du möchtest offenbar«, sagte der Rabbi und sah ihn belustigt an, »daß ich dir antworte, es sei für die Adler schwerer. Aber ich meine wie du, daß es für die Krähen schwerer ist.«

»Und wem von beiden«, fuhr Naftali fort, »läge wohl mehr daran, in der Gemeinschaft zu bleiben, den Adlern oder den Krähen?«

»Den Adlern.«

»Warum meint Ihr das?«

»Weil die Krähen ohnedies Gemeinschaft untereinander haben, die Adler aber nicht, und sie also, wenn sie sich mit den Krähen zusammentäten, dabei vermutlich den Wunsch hätten, mit anderen Wesen Gemeinschaft zu halten.«

»Ja«, sagte Naftali wie nachdenklich, »so ist es gewiß. Bei dieser Lage der Dinge werden sie wohl etwas dransetzen müssen, um den Krähen erträglicher zu werden.«

»Das ist ja für die Adler eine erfreuliche Aussicht«, erwiderte der Rabbi lachend.
»Freilich, freilich, schön ist es nicht«, sagte Naftali, »aber wie sollte es sonst zu einer Gemeinschaft zwischen so verschiedenen Wesen kommen?«
»Aber es kommt doch gar nicht zu ihr!« rief der Rabbi.
»Nein, nein, selbstverständlich«, sagte Naftali, und sein Gesicht zerfiel in spielende Falten und sah urplötzlich nicht wie eines wenig mehr als Dreißigjährigen, sondern wie eines Greises Gesicht aus, »es kommt gar nicht zu ihr! Ich hatte das nur eben so angenommen, weil Ihr gesagt hattet, bald nach dem Ende des Adlers würden die Krähen zur Herrschaft kommen, – sie müssen also doch wohl vorher zusammen gehaust haben.«
»Zur Herrschaft?« fragte der Rabbi. »Habe ich gesagt: 'zur Herrschaft'?«
Naftali antwortete nicht. Er schien in Nachdenken versunken. »Wir haben«, sagte er nach einer Weile mit einer Handbewegung, als sei der vorher behandelte Gegenstand nunmehr erledigt und er gehe zu einem völlig verschiedenen über, »in dem Mann aus Apta einen kostbaren Zuwachs gewonnen. Er ist ein Großer in der Lehre, und dabei erscheint es einem noch, als verberge sich hinter seinem Lernen sein eigentliches Wesen.« Er hielt einen Augenblick inne, denn er erinnerte sich erst nach seinen Worten, wie ähnlich sich der »Jude« über den Rabbi und das Wunder geäußert hatte, dann fuhr er fort: »Es ist bekannt geworden, daß er lange in der Geheimlehre geforscht, sich dann aber von ihr abgewandt hat. Meïr hat mir erzählt, daß er es ablehnt, sich in ein Gespräch über

die Mysterien einzulassen. Meïr findet das sonderbar und nicht eben Vertrauen erweckend. Es heißt, er sei ein begeisterter Beter und nehme nur deshalb nicht am wochentäglichen Gemeindegebet teil, weil er jeweils warte, bis er imstande ist, die Seele ganz auf das zu sprechende Wort auszurichten. Man darf aber doch nicht zu sich sagen: 'Jetzt habe ich nicht die rechte Stimmung', sondern die Stunde fordert ihr Gebet.«

»Wenn es einem widerfährt«, sagte der Rabbi, »die Stunde des Gebets zu versäumen, weil er so sehr an Gott hangt, ist er nicht strafwürdig. Wahrlich, 'groß ist die Übertretung um Gottes willen'! Bedenke noch, daß auch wir das Nachmittagsgebet hinauszuzögern pflegen.«

»Das ist doch etwas ganz anderes«, entgegnete Naftali, »das geschieht doch, weil Ihr mit dem Nachmittagsgebet, das dem göttlichen Attribut des Gerichts entspricht, besondere Absichten der Einwirkung auf die oberen Welten habt, und da muß eben die Gemeinde erst in sich gesammelt sein, ehe sie beginnt. Auch widerfährt es dem Mann von Apta nicht nur einmal, die Stunde zu versäumen, sondern er nimmt sich eben immer und immer wieder von der Gemeinde aus. Es ist nicht gut, wenn einer von den Erlesenen sich von der Gemeinde gerade in den Zeiten ausnimmt, wo sie am stärksten geeint ist.«

»Vor den oberen Welten«, sagte der Rabbi, »steht die menschliche Gemeinde, aber vor Gott selber steht der Mensch ja doch immer wie ein einsamer Baum in der Wildnis.«

»Das ist gewiß die Wahrheit«, antwortete Naftali mit einem Kopfneigen. »Wenn die Gemeinde jedoch merkt, daß ein Platz leer bleibt, ist ihr der innere Zusammenhang gestört. Freilich wird der Schade reichlich durch die Verdienste dieses Mannes um die Schülerschaft aufgewogen. Nun haben sich schon alle Eifrigen unter den Jüngeren um ihn geschart, und auch von den 'Alten' sind etliche dabei. Es geht rechtschaffen zu in dem Kreis: man lernt gründlich, trinkt gründlich und ist bei dem einen so fröhlich wie beim andern. Über das Trinken brauche ich nicht zu reden, und was die Lehre betrifft, habt Ihr gewiß schon selber wahrgenommen, wie sie den Leuten dieses Kreises noch stärker als früher im Herzen brennt. Und es ist ja den Fähigsten nicht zu verdenken, daß sie sich mit ihresgleichen zusammentun, statt daß jedes Gespräch, wie viele der Besten sich auch daran beteiligen, von irgendeinem Dummkopf auf seine Höhe herabgezogen wird . . .«

»Naftali«, sagte der Rabbi langsam, Wort um Wort betonend, »hier gibt es nicht Adler und Krähen. Wir sind allesamt irregegangne Söhne eines einzigen Vaters, die einen wohl etwas törichter als die andern, aber ohne daß die Unterschiede sehr ins Gewicht fielen. Allesamt sind wir fehlerhaft – und was kommt es dabei schon auf etwas mehr oder weniger an? –, aber allesamt Söhne und Brüder.«

»Das ist gewiß die Wahrheit«, antwortete Naftali mit einem noch stärkeren Kopfneigen als zuvor. »Und doch . . . Ihr redet ja geradezu, als rechnetet Ihr Euch selber dazu !«

»Wie sollte ich mich nicht dazu rechnen?«

»Der Zaddik«, sagte der Schüler, »mittelt zwischen uns und unserem Vater im Himmel.«

»Ach, Naftali«, rief der Rabbi, »wenn mir ein Engel

versicherte, ich sei ein Zaddik, würde ich es ihm nicht glauben.«

»Und ich bin bereit zu schwören«, sagte Naftali vorwurfsvoll, »daß Ihr ein vollkommener Zaddik seid. Aber gewiß sind wir alle Brüder. Darum ist es eben doch zu bedauern, daß die brüderliche Gemeinde sich gleichsam spaltet und innerhalb ihrer bildet sich gleichsam eine zweite Gemeinde . . .«

»Eine zweite Gemeinde?« fragte der Rabbi mit veränderter Stimme.

»Man muß es nicht so nennen«, erklärte Naftali.

Der Rabbi sah auf die Uhr. Wie wenn er die Brille aufsetzte, so war auch dies ein Zeichen dafür, daß etwas für ihn aus der Reihe der natürlichen Dinge trat. »Nimm heute an meiner Stelle die Bittzettel entgegen, Naftali«, sagte er.

Vom Sabbat nach dem Passahfest ist eine wunderliche Begebenheit zu verzeichnen.

Um sie recht zu verstehen, muß man sich vergegenwärtigen, daß viele Gegner des chassidischen Wegs die Zaddikim für Heuchler und Scheinheilige hielten und daher beflissen waren ihnen Fallstricke zu legen und zu erweisen, daß sie die Tugenden, die sie priesen, nicht übten. Beim Seher von Lublin vermeinten sie ein besonders leichtes Spiel zu haben, da ja allen vor Augen lag, daß er, der die Demut am höchsten stellte, ein ausnehmend stolzer Mann war; daß Stolz und Demut in einem Menschen sich herrlich miteinander vertragen, zum Unterschied von Stolz und Hochmut, die einander abhold sind, oder gar Stolz und Eitelkeit, die nicht beieinander weilen können, ist nicht so leicht zu erkennen.

Einer der aus der Fremde zum Besuch des Sehers Gekommenen hatte, wie so viele, seinen Sohn mitgebracht. Dem Rabbi war an dem Burschen aufgefallen, daß er einen Rock mit modisch glänzenden großen Knöpfen trug. »Der gehört nicht zu uns«, sagte er sogleich. Als man ihm den Jüngling vorstellte, zählte er die Knöpfe mit dem Finger ab, wie es Kinder beim Spielen tun, bis zum zehnten und letzten, und sagte dabei: »Sieh mal, so macht es der böse Trieb, heut sagt er dir: 'Tu dies' (er faßte einen Knopf an) und morgen sagt er dir dann: 'Tu das' (er faßte wieder einen an) und so geht es weiter und weiter, bis die Knöpfe alle sind.«

Störrisch nahm der Hörer die Warnung entgegen. Später bemerkte ein Lubliner Chassid, daß er sich die in einem Vorraum ausgehängten Sabbatkleider des Rabbi aus der Nähe besah, machte sich aber keine Gedanken.

Als der Rabbi am Freitagnachmittag aus dem Tauchbad kam, half ihm der »Gabbai« wie immer die Sabbatkleider anziehn. Beim Anlegen des weißseidenen Oberkleides sagte der Rabbi: »Was ist der Rock heute so schwer!«, steckte die Hand in die Tasche und zog ein Pergament hervor, auf dem ein breites Siegel wie pures Gold glänzte. »Nicht vor Ende des Sabbats!« sagte er und legte den Brief in eine Tischlade. Schon sogleich nach der Feier des Sabbatempfangs flüsterten sich die Chassidim zu, es sei vom Himmel eine Botschaft an den Rabbi gelangt, und am Morgen wurde in den Gassen der Judenstadt von nichts anderem geredet. Nach Sabbat holte der Seher das Pergament hervor, die Chassidim versammelten sich um ihn und betrachteten die Anschrift und das Siegel. Auf dem Siegel stand der Gottesname. Als er ihn sah, legte der Rabbi das Pergament aus der Hand und wandte sich ab. Der »Jude«, der ihm in diesem Augenblick ins Gesicht sehen konnte, bemerkte einen Ausdruck schweren Ekels um Lippen und Nase. Schon aber kehrte sich der Rabbi wieder den Chassidim zu. »Öffnet es«, sagte er zu den vor ihm Stehenden. Sie getrauten sich nicht das Siegel zu brechen. »Öffne du es, Hirsch!« sagte er. Rabbi Hirsch, ein Großer in der geheimen Lehre und mit all ihren Arkanen vertraut, aber auch mit scharfem Blick und gewandten Händen begabt, löste das Siegel im Nu ohne es zu verletzen und entfaltete das Blatt. »Lies es !« sagte der Rabbi. Hirsch las. In dem Brief wurde dem Jaakob Jizchak Sohn der Matel kundgetan, er sei zum Messias ausersehen; er solle eine Anhöhe bei Lublin besteigen und in ein Widderhorn blasen, um die Verstoßenen Israels zu sammeln und sie nach Jerusalem zu führen. Hirsch senkte den Kopf. Die andern verharrten wie überwältigt und sahen erwartend den Rabbi an. Nur der »Jude« und Jeschaja, der neben ihm stand, betrachteten die Versammelten, einen nach dem andern. Das Schweigen dauerte einige Augenblicke. »Vom ersten bis zum letzten Knopf ist kein weiter Weg«, flüsterte der Rabbi. Dann rief er einen der Jüngsten heran. »Nimm den Wisch«, sagte er zu ihm, »verbrenne ihn und streue die Asche auf den Misthaufen.«

Der Jüngling mit den großen Knöpfen war inzwischen verschwunden. Sein Vater suchte ihn umsonst in der Herberge. Man berichtet, er sei später zur morgenländischen Kirche übergetreten und die zarische Regierung habe ihn zum Zensor für die Sprachen der Juden ernannt; er habe sich in diesem Amt wohlwollend gegen die seinem Gutdünken Ausgelieferten betragen; im Alter, 1831, habe er sich an dem polnischen Aufstand beteiligt und sei nach dessen Zusammenbruch nach England geflohen, wo er sich der Judenmission anschloß; zuletzt aber, nicht lang vor dem Tod, sei er zum Väterglauben zurückgekehrt.

Am nächsten Morgen kam Jeschaja zum Rabbi und bat, ihm die Abreise zu gestatten. Man habe ihn von seiner Gemeinde – er war seit einigen Jahren in der Geburtsstadt des »Juden« Vorsitzender des Thoragerichts und Haupt des Lehrhauses – schon mehrmals zur Rückkehr gemahnt, weil man seiner bedürfe, und er habe sie immer wieder hinausgeschoben, nun aber sei es an der Zeit. Er sagte, er habe hier in den sieben Monaten mehr vom Wesen der Lehre erfahren als in all seinem früheren Leben, und bat, zum Neuen Jahr wiederkommen zu dürfen.

Jeschaja war um mehrere Jahre älter als der »Jude«. Als der noch ein Kind war, war er in dessen Heimat gekommen und sie hatten sich bald angefreundet, hatten trotz des Altersunterschieds miteinander zu lernen begonnen und mit dieser Gemeinschaft nicht mehr aufgehört; »niemand kann lernen als du und ich«, sagte der Jüngere lachend zu ihm, wenn sie wieder einmal unabhängig von einander eine bisher undeutbar scheinende Stelle des Schrifttums enträtselt hatten. Jeschaja hatte ein Asketengesicht, ohne je Askese geübt zu haben, und war in Lublin der Stillste von allen; wenn aber gefragt wurde, was im Gang der Zeiten über den besprochenen Gegenstand geäußert worden sei, wußte er besser als alle Bescheid. Der Rabbi pflegte ihn »mein Bücherschrank« zu nennen. Er ließ ihn ungern gehen.

Später saßen die Freunde auf einer Bank vor der Herberge beisammen.

»Du hättest dich trotzdem entschließen sollen noch zu bleiben«, sagte der »Jude«.
»Du solltest mitkommen«, antwortete Jeschaja.
»Ich muß bleiben«, sagte der »Jude«.
»Hast du gesehen«, fragte der Freund, »wie sie darauf lauerten, ein Losungswort von ihm zu bekommen?«
»Nicht alle«, antwortete der »Jude«.
»Nun«, sagte Jeschaja, »die nicht lauerten, taten als lauerten sie.«
»Wir haben es mit dem Menschen zu schaffen«, wandte der »Jude« ein, »und nicht mit seinem Widerschein.«
»Bei einem Menschen wie dieser«, entgegnete Jeschaja, »hat man mit dem Widerschein fast mehr Umgang als mit ihm selber.«
»Sie sind eben unersättlich im Glauben an ihn«, sagte der »Jude«.
»Dahin kommt man leicht«, entgegnete Jeschaja, »wenn man an einen Menschen glaubt.«
»Soll man deshalb nicht an einen Menschen glauben?« fragte der »Jude«. »Man muß an ihn glauben können ohne unersättlich zu werden.«
»Ich habe Furcht«, sagte Jeschaja, »man könnte einmal an mich glauben.«
»Ich habe Furcht«, erwiderte der »Jude«, »unwürdig zu sein, daß man an mich glaube.«
Sie saßen eine Weile schweigend beisammen.
Jeschaja war es, der zuerst wieder zu reden begann.
»Selbstverständlich«, sagte er, »ist es auch mir um ihn selber zu tun. Das ist ein gewaltiger Mensch, und ich möchte nie anders genannt werden als 'einer der Schüler des Sehers von Lublin'. Aber leben, verstehst du, Jaakob Jizchak, leben kann ich hier nicht,

und ich möchte hier auch nicht leben können. Weißt du, Jaakob Jizchak, wonach es hier riecht?«
»Ich weiß, was du meinst.«
»Nun?«
»Du meinst: man geht hier darauf aus, etwas zu bewirken.«
»Das ist's.«
»Soll man denn nicht bewirken wollen, Jeschaja?«
»Ach, du verstehst mich doch! Freilich, man darf, solange Gott uns hier unten herumkriechen läßt, einander das Leben ein wenig verbessern und am Ende auch gar die Seele. Auch haben manche dazu neben den offenkundigen auch heimliche Kräfte. Aber daß das Würmlein sich aufreckt und mit heftigen Gebärden die Himmelsmächte beschwört, geradezu als hinge das Heil der Welt von ihm ab . . .«
»Vielleicht hängt das Heil der Welt wirklich von uns ab, Jeschaja?«
»Von uns?«
»Nicht von unseren Beschwörungen, ihnen ist wohl nur unser eignes Dasein unterworfen. Überhaupt von nichts, womit wir das Heil bewirken wollen. Wenn wir es bewirken wollen, haben wir es schon verfehlt. Aber vielleicht wirken wir gerade dann, wenn wir nichts bewirken wollen.«
»Das läßt sich immerhin hören.«
»Wir sind vorhanden, Jeschaja, wir bilden es uns nicht bloß ein! Gewiß, wir sind Geschöpfe, und wohl sogar gebrechlicher als alle andern, – nicht umsonst sind wir aus Lehm gemacht. Aber was will das sagen, wenn wir an die Hand des Töpfers denken, die ihn geknetet hat! Sie hat ihre Fingerspuren an ihrem Werk gelassen. Und nicht das allein, weit mehr noch:

seinen eignen Atem hat er uns eingehaucht, und wenn wir von innen leben, wie kein andres Geschöpf es vermag, sein Atem in uns ist es, der uns dazu befähigt. Wie schön ist es doch, Jeschaja, zugleich zu wissen, daß alle Bilder nichtig sind vor ihm, und doch von ihm in Bildern, Bildern von unserem irdenen Leibe her, reden zu dürfen, zu müssen, aber auch zu dürfen, weil wir in seinem Bilde gemacht sind! Atem, Angesicht, Blick!«

Jeschaja sprach erst nach einer Weile. »Lieb ist mir deine Begeisterung, Jaakob Jizchak«, sagte er, »und doch ist mir auch bange vor ihr. Ich muß dran denken, wie dich als Knaben das Gebet erschöpfte, daß du wie ohnmächtig dalagst. Aus Verzückungen kann nur ein Immer-wieder-sterben, nicht ein Leben werden. Und da will ich, ehe ich von dir Abschied nehme, dir noch etwas sagen. Du wartest oft, wie du es schon als Knabe getan hast, mit dem Beten auf die Begeisterung. Das ist nicht recht. Wir beten doch nicht, was jedem sein Herz eingibt, wir treten in eine Ordnung des gebeteten Wortes ein, an der die Geschlechter unserer Väter gebaut haben. Wir treten in sie ein, das heißt, nicht ich und du, sondern die betende Gemeinde, der du und ich angehören. Was dir dein Herz eingibt, kannst du deinem Schöpfer sagen, wenn du in der Morgendämmerung erwachst, oder wenn du vor die Stadt gehst und einsam bist; aber die Ordnung hat ihren Raum und ihre Zeiten, die geachtet sein wollen.«

»Wirfst auch du mir es vor, Jeschaja?« rief der »Jude« traurig. »Was du sagst ist wahr, aber weißt du denn nicht selber, daß es nur ein Teil der Wahrheit ist? Was hundert Geschlechter gebaut haben, kann ein einziges zuschanden machen. Die Versammlung, in der beim Ableiern der Gebete Simon an den abzuschließenden Kornhandel und Ruben an seine Wahl in den Vereinsvorstand denkt, ist das noch die betende Gemeinde? Der heilige Baal-schem-tow hat uns mit seiner brennenden Lehre von der Intention der Seele die Gemeinde verjüngt, der große Maggid von Mesritsch hat die Lehre noch vertieft, aber die Gemeinde nicht gestärkt, unser Rabbi Elimelech hat seine eigene Seele eingesetzt und hat doch nicht verhüten können, daß die Beter sich eben auf ihn verließen, und jetzt, in Lublin, weht wohl ein feuriger Geist durch die Schar, wenn der Rabbi ihr zu Häupten steht, ist er aber nicht da, dann ist auch das Wort nicht da. Damit es lebe, braucht das Wort uns. Wohl, es hat seine Zeiten, aber die sie versäumen und warten, tun es nicht, um es sich leichter zu machen. Sie warten, bis sie ganz ins Gebet eingehen können, weil sie dann in all ihrer Einsamkeit die Wiedergeburt der Gemeinde bereiten. Wenn ich allein vor dem Herrn stehe, meine ich nicht mich und meinen Gott, sondern die Gemeinschaft Israels und den Gott Israels.«

»Das ist kein Weg«, sagte Jeschaja mit kaum geringerer Traurigkeit. »Wenn du Schüler bekommst – und ich weiß gewiß, daß du viele und große bekommst –, wird dich die Handlung der einen Schüler widerlegen, denn sie muß deine Absicht ins Gegenteil verkehren, und die Handlung der andern wird dich verleugnen. Was du meinst, ist nicht zu überliefern.«

»Es mag sein, daß es so kommen wird, Jeschaja«, sagte der »Jude«. »Aber wir dürfen uns nicht vorenthalten.

Den Weg durch unsere Niederlagen geht Gott zu seinem Sieg.«

Sie schieden voneinander mit unversehrter Freundschaft, aber in einer Traurigkeit, die sich nicht überwinden ließ.

»Da ist Salomos Bett«, heißt es im Hohen Lied, »sechzig Helden rings um es her, von den Helden Israels, schwertbelehnt, kampfgeübt alle, jedermann sein Schwert an der Hüfte, wider den Schreck in den Nächten.«

Rabbi Israel ben Elieser, der Baal-schem-tow, hat gesagt: »Meine Seele wollte nicht in diese Welt niedersteigen, weil sie meinte, sie würde vor den Brandschlangen, die es in jedem Geschlecht gibt, nicht bestehen können.« Da hat man ihr sechzig Helden geschenkt, Seelen von Zaddikim, sie zu hüten. Das sind seine Schüler gewesen, durch die seine Botschaft in die Welt ging und die Gemeinschaft Israels erneuerte. Sein größter Schüler war Dow Baer, der Maggid von Mesritsch, und Rabbi Jaakob Jizchak, der Seher von Lublin, war dessen Schüler.

Sieben Wochen nach dem Passahfest, am Fest der »Wochen«, dem Fest der Erstlinge und der Offenbarung, saßen rings um den Tisch des Sehers, aus Nähe und Ferne zusammengekommen, die erlesenen Schüler, die sich in dreizehn Jahren um ihn geschart hatten; er zählte sie und sagte: »Meine sechzig Helden«.

Alle hatten sie an diesem Tag weiße Röcke angezogen, auch David von Lelow. Nur am Fuß des Tisches saß einer, manchen von ihnen unbekannt, der einen dunklen, kurzen, westlerisch geschnittenen Rock trug; auch Haar- und Barttracht waren ungewöhnlich. Er war etwas älter als der »Jude«. Das war Simcha Bunam, der Apotheker. Vordem hatte er einen andern, für einen von den Zaddikim, die er besuchte, so hochgehaltenen Mann nicht minder seltsamen Beruf gehabt: er brachte Holz nach Danzig zum Verkauf und fuhr auch zur Leipziger Messe; dann aber hatte er sich der Arzneikunde ergeben, in Lemberg die Prüfung bestanden und den Magistertitel erhalten und vor etwa einem Jahr eine Apotheke in der Stadt Pžysha aufgetan. Seit langem war er dem Maggid von Kosnitz ergeben, kam aber seit einigen Jahren zuweilen nach Lublin, wohin auch ihn, wie den »Juden«, zuerst David von Lelow mitgenommen hatte. Der Seher setzte große Hoffnung auf ihn; er hatte einmal mit ihm allein einen Abschnitt gelernt und ihm danach gesagt: »Nun bist du mein Schüler und ich dein Lehrer.« Unter den Schülern wandte ihm nur Naftali eine besondere Aufmerksamkeit zu, etwa der zu vergleichen, die das Quecksilber, wenn es aufmerken könnte, dem Silber zuwenden würde.

Es war die Zeit zwischen dem Sieg des polnischen Aufstands und seinem Zusammenbruch. Zwar hatten einige Wochen vorher die Russen Warschau und Wilna geräumt; aber in ebender Stunde, in der die »sechzig Helden« um den Tisch in Lublin saßen, zeichnete schon an der russisch-türkischen Grenze der große kleine Muschik Suworow den Angriffsplan für seine geliebten Bajonette, obgleich er noch nichts davon ahnen konnte, daß er im Hochsommer den Befehl zum Vormarsch erhalten sollte. Einer der älteren Schüler hatte einen Sohn, den er vergeblich, sich auf einen Spruch des Sehers berufend, davon ab-

zubringen versucht hatte, sich den Aufständischen anzuschließen.
Das Lehrhaus, in dem man auch diesmal den Tisch gedeckt hatte, strahlte, wie immer an diesem Tag, in hellem Grün. Grüne Zweige deckten den Boden, grüne Bäume standen die Wände lang. Es war keine bloße Ausschmückung; der polnische Wald selber war zu den Juden in ihre »Schul« gekommen.
Der Rabbi, der sich mit den ihm nah Sitzenden, aber auch über den Tisch weg unterhielt, hatte heute knappere Gebärden und eine nachdrücklichere Stimme als sonst; es war, als hätte er eine Entscheidung getroffen, die nun auszuführen sei. Auch die Augen blickten schärfer als gewöhnlich; man sah ihm nicht an, daß er kurzsichtig war.
Beim Essen flüsterte Bunam David von Lelow zu: »Wißt Ihr, wer heute den Tischsegen sprechen darf? Ich. Seht nur, wie der Rabbi einen nach dem andern betrachtet. Er hält furchtbare Musterung. Wer sollte da standhalten? Ihr nicht und keiner den er genau kennt. Ich bin der einzige, den er nicht so genau kennt.«
In der Tat fragte der Rabbi, als er nach der Mahlzeit den Becher in die Hand nahm: »Wer wird den Tischsegen sprechen?« Und sogleich nahm er lächelnd, aber mit unerbittlicher Klarheit, einen nach dem andern der Versammelten vor. Mängel und Verfehlungen eines jeden, darunter Dinge, die man kaum beachtet oder längst vergessen gewähnt hatte, wurden nicht etwa ausgesprochen, sondern was in die Sprache trat, war stets nur der Grund der Sache, zu dem Menschenaugen also vorgedrungen waren und den ein Menschenmund jetzt zu Worte brachte. Niemand

war gekränkt, niemand konnte es sein. David von Lelow nickte wie zum Dank, der »Jude« dachte lang jedem der Laute nach, aber auch der empfindliche Naftali lachte wie über einen guten Witz, und staunend sahen alle den strengen Juda Löb von Zakilkow das Lächeln des Sehers mit einem, wenn auch dünnen, Lächeln erwidern. Am Schluß der Rede hieß es: »Der weise Rabbi Bunam wird segnen.«

Als der Seher hernach zu sprechen begann, merkten alle, daß etwas reif geworden war und nur noch die Ernte erwartete. Er sprach nicht aus der Tiefe hervor wie sonst, sondern überlegen und gebieterisch.

Auch diesmal legte er zuerst einen Spruch der Schrift aus, und zwar den Anfang der Zehn Gebote, die er inmitten des Morgengebets verlesen hatte. Dann ging er zum Sinn der Festbräuche über.

»Warum«, sagte er, »stehen heute hier und in den Wohnhäusern Bäume an den Wänden? Warum liegen hier und in den Wohnhäusern grüne Zweige am Boden? Weil Offenbarung ist. Gott hat sich Israel nicht in einem Hause, sondern auf einem Berg offenbart, und rings um den Berg wuchsen Bäume und Gras. Wie geschrieben steht: 'Auch sollen das Kleinvieh und die Rinder nicht weiden nach diesem Berge zu'.

Aber wir stellen und legen das Grün um uns her nicht zur Erinnerung an eine Offenbarung, die sich einst ereignet hat. Offenbarung ist, sie lebt und besteht. Sie ist nicht einmal geschehen und seither können wir nur uns an sie erinnern, sondern was geschehen ist, geschieht, es geschieht jetzt. Wir machen uns kein Abbild von dem, was gewesen ist, wir errichten uns selber die Stätte, wir harren selber der Heiligung.

'Wenn ein Mensch', hat der Rabbi von Berditschew gesagt, 'dessen würdig ist, hört er an jedem Wochenfest die Stimme, die spricht: 'Ich bin der Herr dein Gott'. Wenn wir dessen würdig sind, hören wir sie jetzt und hier. Wenn wir zu hören bereit sind, hören wir. Wie könnte sie sich uns versagen – wendet sie sich doch an uns, sucht sie uns doch! 'Wo seid ihr', fragt es, 'ihr, deren Gott ich bin? Seid ihr da? Seid ihr noch da?'

Es steht geschrieben: 'Der Berg Sinai rauchte ganz, drum daß der Herr im Feuer auf ihn niederfuhr, sein Rauch stieg wie des Schmelzofens Rauch, der ganze Berg bebte sehr'. Die Welt der Völker ist der Berg, auf den in dieser Stunde der Herr im Feuer niederfährt, und der Berg beginnt zu rauchen, er beginnt sehr zu beben. Wir aber hier stehen am Fuße des Bergs und sehen die erste Rauchwolke, wir spüren das erste Beben an unsern eigenen Gliedern. Hören wir aber auch die Stimme, die vom Gipfel des Berges zu uns spricht: 'Ich bin der Herr dein Gott'? Wenn wir zu hören bereit sind, hören wir.

Man hat mir von etwas erzählt, das sich in der Hauptstadt der Völker ereignet hat. Dort hat vor vier Wochen der Mann, dem sich alles beugt, verkündigt, es gebe das Höchste Wesen, und in dieser Woche soll dieses Wesen in einer großen Feier verherrlicht werden. Und es mögen Menschen auf der Welt sein, vielleicht sogar in unsrer eignen Mitte, die sich darüber freuen und sagen: 'Seht ihr, wie es mit der Gottlosigkeit der Völker zu Ende geht?' Aber diese Verkündigung ist schlimmer als alle Gottlosigkeit. Denn den Gottlosen ist der Thron der Welt leer und die innerste Kammer ihrer Seele ist leer und sie verschmachten nach der Fülle, und der Erbarmer wird sich ihrer erbarmen, wie er sich derer erbarmt die Not leiden um der Wahrheit willen. Diese aber, die das Höchste Wesen verkündigen, setzen den Popanz ihres Gedankens auf den Thron der Welt, und die Kammer der Seele, die gebaut ist, daß das Lebendigste in ihr wohne, füllen sie mit dem Gemächte des Todes. Ja, jeder Götze ist lebendiger als dieses Höchste Wesen, denn die Menschen, die jenen anbeten, meinen Leben und bringen Leben dar, es aber – wer vermöchte zu ihm zu beten und von ihm zu erwarten, daß es an ihm tue, wie Lebendiges an Lebendigem tut? Dieser Mann selber, der es verkündigt – ein Sendling des Todes, der die Botschaft des Lebens zu bringen vorgibt, ein Leerer, der die Fülle vorgaukelt, unfruchtbar und daher ohne Hemmung –, er wird die Kraft des Schauspielers nicht aufbringen, es anzureden, und brächte er sie auf, würde das Gelächter dem Beil, das schon für ihn geschärft ist, zuvorkommen. Was will er, dieser Mann, mit seinem Automaten? Er stattet ihn mit Macht aus, damit durch ihn seine eigene Macht gesichert werde. Aber wenn er an einem Schreckensmorgen seine Maschinerie aufzuziehen vergißt, ist es um sie beide geschehn.

Seht, alles dies ist nichts als ein Rauch des Berges der Welt, der raucht, weil in dieser Stunde der Herr im Feuer auf ihn niederfährt. Er, der Lebendige, spricht: 'Ich bin der Herr dein Gott.' Wer ist das, zu dem er 'du' sagt? Wer es hört. Tut die Ohren auf, Chassidim, tu die Ohren auf, Israel, tut die Ohren auf, Völker der Welt! Er ist es, der aus der Knechtschaft in die Freiheit führt und sich den Freien offenbart.«

Der Rabbi hielt inne. Als er wieder begann, war seine Stimme noch heller und stahlhart.

»Die Welt der Völker«, sagte er, »ist in Aufruhr geraten, und wir können nicht wollen, daß es aufhöre, denn erst wenn die Welt in Krämpfen aufbricht, beginnen die Wehen des Messias. Die Erlösung ist nicht ein fertiges Geschenk Gottes, das vom Himmel auf die Erde niedergelassen wird. In großen Schmerzen muß der Weltleib kreißen, an den Rand des Todes muß er kommen, ehe sie geboren werden kann. Um ihretwillen läßt Gott es zu, daß die irdischen Gewalten sich mehr und mehr gegen ihn auflehnen. Aber noch ist auf keiner Tafel im Himmel verschrieben, wann das Ringen zwischen Licht und Finsternis in den großen letzten Kampf übergeht. Da ist etwas, das Gott in die Macht seiner Zaddikim gegeben hat, und das eben ist es, wovon es heißt: 'Der Zaddik beschließt und Gott erfüllt.' Warum aber ist es so? Weil Gott will, daß die Erlösung unsere eigene Erlösung sei. Selber müssen wir dahin wirken, daß das Ringen sich zu den Wehen des Messias steigere. Noch sind die Rauchwolken um den Berg der Völkerwelt klein und vergänglich. Größere, beharrlichere werden kommen. Wir müssen der Stunde harren, da uns das Zeichen gegeben wird, in der Tiefe des Geheimnisses auf sie einzuwirken. Wir müssen die Kraft in uns wach halten, bis die Stunde erscheint, da das dunkle Feuer sich vermißt, das lichte herauszufordern. Nicht zu löschen ist uns dann aufgetragen, sondern anzufachen. Es steht geschrieben: 'Die Berge zerträufen vor dem Herrn, das ist der Sinai'. Wo die Berge zerträufen, wo das Wunder geschieht, da ist der Sinai.«

Als der Rabbi geendet hatte, war alles still. Ohne daß einer mit einem redete, gingen die Sechzig auseinander.

Später saßen in der Herberge David von Lelow, der »Jude« und Bunam zusammen. Immer noch konnte keiner reden.
Endlich begann Rabbi David, und zum erstenmal, seit er in Lublin das Heim des Geistes gefunden hatte, war aus seinem Wort alle Heiterkeit gewichen.
»Der Weg bricht ab«, sagte er. »Wo sind wir hingeraten! Wohin sollen wir uns wenden? Wir können nicht zurück. Gott erbarme sich unser!«
»Habt Ihr uns nicht gelehrt, Rabbi David«, sagte der »Jude«, »wenn wir uns verloren wähnen sei dies ein Zeichen, daß Gott eben daran geht, das Maß des Erbarmens über das des Gerichts sich erheben zu lassen? Wie viel oder wie wenig wir von Gott wissen, das wissen wir, daß er kein Zauberer ist. Ein Zauberer hat keine Zeit zum Erbarmen.«
Bunam wandte sich lebhaft dem »Juden« zu. »Ihr habt recht, Rabbi«, sagte er, »ein Zauberer ist Gott nicht. Der Zauberer breitet seine Macht aus wie der Pfau sein Gefieder, er aber verhehlt seine Macht.«
»Freunde«, sagte David, »laßt uns mitsammen zu ihm beten. Das ist die schwerste Stunde, nichts was noch kommt kann schwerer sein. Tun wir uns zusammen und beten wir!«
Aus den Dreien schloß sich der schweigende Ring der Beter.
Nach diesem Gebet saßen sie im Frieden.
Der Gabbai kam: Rabbi David und Rabbi Jaakob

Jizchak möchten nach einer Weile beim Rabbi erscheinen.

David ließ fragen, ob Rabbi Bunam mit ihnen kommen dürfe. Sie erhielten bald eine zustimmende Antwort.

»Was mag er uns eröffnen wollen«, fragte David unterwegs, »und was können wir vorbringen?«

»In unsrem Mund kann immer nur das eine sein«, erwiderte der »Jude«, »daß nichts uns und das Volk Israel zu Gottes Macht führen wird, als daß wir, wie wir alle zusammen von ihm abgefallen sind, so alle zusammen zu ihm umkehren.«

»Er wird antworten«, warf Bunam ein, »Israel werde nicht umkehren.«

Der »Jude« sah ihn befremdet an.

»Jetzt *muß* er es sagen«, erklärte Bunam.

Ein kleines Mädchen kam ihnen entgegengehüpft. Es war von Herzensgrund darauf bedacht, auf der geschotterten Straße die Steine in einer vorbestimmten Ordnung und im genauen Takt zu behüpfen, blickte daher auch nicht vor sich und stieß plötzlich mit dem Köpfchen an das Knie des Lelowers. Es tat anscheinend nicht sehr weh, denn das Kind sah nur verwundert und vorwurfsvoll auf. »Ja«, sagte David, »das war nicht recht von mir, wo habe ich meine Augen!« Er holte eine Johannisbrotschote aus der tiefen Tasche.

Nun standen die Drei vor dem Rabbi. Er schien gelassener als bei Tisch, nur ein Zug von schmerzlicher Spannung war auf seinem Gesicht zu bemerken.

»Setzt euch«, sagte er mit betonter Freundlichkeit.

»Ich suche zu erfahren«, begann er dann, zu David und dem »Juden« gewandt, »was da unter den Schülern nach der Tischrede vorgegangen ist. Es war anzusehn, als fiele eine gut geschmiedete Kette plötzlich auseinander. Ich frage euch, weil ich euch flüstern sah, als ich geendet hatte. Wollt ihr mir sagen, was ihr geflüstert habt? Vielleicht kann es mir helfen zu verstehen, was unter den Schülern vorgegangen ist.«

David von Lelow besann sich. »Ich kann mich nicht erinnern,« sagte er, »daß ich etwas geflüstert hätte. Ich merke mir aber solche Dinge nie.«

»Und du, Jaakob Jizchak?«, fragte der Rabbi.

»Auch ich kann mich nicht entsinnen, daß ich geflüstert hätte. Da Ihr es aber sagt, Rabbi, habe ich offenbar das was ich im Sinne hatte geflüstert, ohne es zu merken. Gewiß habe ich es aber keinem andern zugeflüstert.«

»Und was hattest du im Sinn?«

»Rabbi«, sagte der »Jude«, »mir hat in der vorigen Nacht geträumt, daß die Welt verbrenne. Ich flog durch ihren Brand, und rings um mich stoben die Splitter der zerprasselnden Sterne. Als ich aus dem Traum auffuhr, schien mir noch eine Lohe durch den Raum zu schlagen und zu verlöschen. Ich stand mit Mühe auf, meine Hände vermochten kaum eine Kerze anzustecken. Um einen Halt zu finden, schlug ich die Schrift auf. Da hatte ich Gottes Wort an Baruch den Sohn Nerias aufgeschlagen: 'Wohlan, was ich baute muß ich schleifen, was ich pflanzte muß ich reuten, die ganze Erde, die mein ist, – und du, du begehrst dir Großes? ! Begehr's nimmer !' Das ist mir dann in einem fort nachgegangen. Als Ihr, Rabbi, am Morgen die Zehn Gebote spracht, war es mir zuerst, als flögen die himmlischen Engel durch das

Haus, um die Worte mit anzuhören. Dann aber sah ich das große Traumfeuer vor mir und mitten durch die Zehn Gebote drang die Rede: 'Begehr's nimmer!' Später, nach der Mahlzeit, als Ihr von der Offenbarung redetet, war's mir, als hörte ich den Schall des Widderhorns von über dem Sinai her. Aber dann war jene Rede 'Begehr's nimmer' wieder stark in meinem Herzen, und als Ihr geendet habt, habe ich die Worte offenbar sogar vor mich hingeflüstert.«

»Was hattest du aber dabei im Sinn?«

»Was ich im Sinn hatte? . . . Eben die Worte.«

»Und hast du dabei an niemand gedacht?«

»Doch. Das wohl. An uns alle.«

»An alle?«

»Gewiß, an alle.«

»Und kannst du mir nicht sagen, wie das mit der Kette war?«

»Mit der Kette?«

»Lublin war doch immer, trotz all der vielen kleinen Streitigkeiten, ohne die es in keinem Menschenkreis abgeht, einig in dem einen, worauf es ankommt. Nun aber ist es in die Erscheinung getreten, daß irgendwo sich das Band gelockert hat.«

»Ich muß erst darüber nachdenken«, erwiderte der »Jude«, »wonach Ihr fragt.« Er dachte nach. »Ich kann nichts finden, das sich gelockert hätte – bis auf heute. Es gab ja zum Beispiel zwischen mir und manchen andern vom ersten Tag an Uneinigkeit, etwa über das Wunder, aber die ist seither nicht gewachsen, im Gegenteil, mit manchen Wunderbegeisterten vertrage ich mich vortrefflich.«

»Was war das für eine Uneinigkeit?«

»Für viele Eurer Schüler, Rabbi, zerfallen die Begebenheiten der Welt in solche, die sie natürlich, und solche, die sie wunderbar nennen. Ich aber, und wohl noch mancher andre, wir kommen immer mehr zur Einsicht, daß es diesen Unterschied in Wahrheit nicht gibt. Ich kann nicht daran glauben, Gott irre unseren armen Verstand mit Künsten, die dem Gang der Natur widersprechen. Vielmehr scheint es mir, daß wir, wenn wir 'Natur 'sagen, die Schöpfungsseite dessen was geschieht meinen, und wenn wir 'Wunder' sagen, seine Offenbarungsseite, oder auch das eine Mal, was man die machende Hand Gottes nennt, und das andere Mal, was wir seinen zeigenden Finger nennen. Es ist aber dasselbe Geschehen. Der eigentliche Unterschied scheint mir darin zu bestehen, daß wir den Finger oft schwerer wahrnehmen als die Hand. 'Wunder' heißt unser Empfang der ewigen Offenbarung. Und wer kennte die Grenzen der 'Natur', da sie doch Gottes ist!«
»Das hast du deutlich erklärt, Jaakob Jizchak. Was aber meinst du damit, du könntest bis auf heute nichts finden, das sich gelockert hätte? Und heute?«
»Heute, Rabbi, ist mir freilich, zum erstenmal, etwas widerfahren, das an meinem Zusammenhang mit Lublin hart gerüttelt hat. Mir – und auch Rabbi David da. Und wohl auch Rabbi Bunam.«
Bunam nickte so nachdrücklich, daß sich die Apothekermütze verschob und einige fast blonde Haarsträhnen nach verschiedenen Richtungen hervorsprangen.
»Und was ist das gewesen?«, fragte der Zaddik.
»Eure Worte, Rabbi, von der Macht und der Erlösung. Erlaubt, Rabbi, damit ich Euch auch dies deut-

lich erklären kann, daß ich Euch hier vor den Gefährten etwas aus den innersten Kammern sage.«

»Sprich.«

»Ihr müßt wissen, Rabbi, daß ich von Kindheit an ein Psalmensager bin. Wann immer in meinem Leben etwas Übermäßiges, sei's Übles oder auch wunderlich Gutes, mir das Herz erschütterte, gab sich mir ein Psalm oder auch nur einzelne Psalmverse ein und halfen mir zu einem neuen Frieden mit mir selber. So begab es sich auch in der schwersten Zeit meiner Wanderschaft. Ich hatte mehrere Nächte ohne Schlaf verbracht, immer in großer Helle des Bewußtseins allein mit meinem Elend und dem Elend der menschlichen Kreatur. Da gaben sich mir in einer Nacht die vertrautesten Verse mit einer ganz neuen Kraft und Bedeutung ein: 'Bis wann, Herr, vergissest du dauernd mein? bis wann verbirgst du dein Antlitz vor mir? bis wann muß ich Ratschläge hegen in meiner Seele, Kummer in meinem Herzen tagüber?' Es ging mir auf: solang der Mensch wähnt, es gäbe noch einen Rat für ihn, durch den er sich befreien kann, so lang ist er der Befreiung noch fern, so lang muß er tagüber Kummer in seinem Herzen hegen, denn so lang verbirgt der Herr noch sein Antlitz vor ihm; erst wenn der Mensch an sich selber verzweifelt und mit der ganzen Gewalt seiner Verzweiflung sich Gott zukehrt, wie geschrieben steht: 'Abraham ja kennt uns nicht, du Herr bist unser Vater', erst dann wird ihm geholfen. Und wie mir das aufging und meine verzweifelte Seele sich willig hergab und nichts mehr von sich vorenthielt, war mir geholfen. Da habe ich mit einemmal verstanden, worüber ich so lang nachgesonnen habe: was der geheime Sinn des Tauchbads ist. Man gibt sich auf, man gibt sich her, und da bekommt man sich. Seither glaube ich mit vollkommenem Glauben, daß es sich so mit uns, mit Israel, mit den Menschen verhält. Wohl kommt es auf uns an, aber nicht auf unsere Macht, sondern auf unsere Umkehr. Zu Recht haben unsere Weisen gesagt, alle für das Kommen des Messias angesetzten Zeiten seien vergangen, es hange an der Umkehr allein. Auch sie ist keine Macht, sondern nur eben die eine menschliche Handlung, auf die Gott wartet, damit er seine Welt erlöse. Sein Antlitz ist ja nicht abwesend; es ist nur unserm Blick verborgen, weil wir nicht mit unserm Wesen ihm zugekehrt sind; kehren wir uns ihm nur zu, und er läßt es uns leuchten. Zuweilen im Wachtraum sehe ich den Messias das Widderhorn an die Lippen heben und er bläst nicht – wessen harrt er? Nicht daß wir die Gewalten beschwören, sondern daß wir abgeirrten Kinder zu unserm Vater umkehren.«

Der Rabbi hatte in geduldiger Haltung zugehört, aber auf seinem Gesicht war seit einer Weile die erste Regung des Zorns zu erkennen. Jetzt erhob er sich – die Schüler, wie nicht anders sein konnte, mit ihm – und trat an den Tisch, der ihn von ihnen trennte. Er legte beide Hände mit Macht darauf, die Rechte traf auf das Buch der Schrift und legte sich mit Macht darauf. Es sah aus, als wolle er unter Ergreifung des heiligen Gegenstandes schwören. »Die von Israel werden nicht umkehren«, sprach er, »und der Erlöser wird kommen.«

Eine Schwalbe stieß durchs offne Fenster und schwirrte durch die Stube. Wie blind schlug sie an die Wand, drehte sich wie mit einer letzten Anstrengung und fiel auf den Tisch, wo sie neben dem Buch liegen blieb.

Damit das Dach des Geistes über ihnen nicht einstürze, warf jetzt Bunam eine Frage der Lehre auf. Der Seher und seine Schüler setzten sich und sprachen eine Stunde lang darüber. David hielt inzwischen die Schwalbe in behutsamen Händen; er hatte ein Schälchen mit Wasser bereit gestellt, wenn sie zu sich käme.

Am späten Abend nach diesem Tag gingen der junge Jaakob Jizchak und Bunam zwischen den vom ersten Mondviertel mild beglänzten Roggenfeldern nordöstlich der Stadt und kamen zu der uralten Linde, die der »Jude« gern zum Ziel seiner nächtlichen oder morgendlichen Spaziergänge machte. Sie setzten sich unter den Baum, atmeten seinen Duft ein und betrachteten die Sterne.

»Das ist der Grund meines Glaubens«, sagte Bunam, »der Vers der Schrift: 'Hebt eure Augen zur Höhe und seht: wer hat diese geschaffen?'«

»Das ist wohl ein guter Grund«, antwortete der »Jude«, »aber wir von Israel halten uns besser noch an das Wort der Offenbarung: 'Ich bin der Herr dein Gott, der ich dich aus dem Land Ägypten, aus dem Haus der Knechtschaft geführt habe'.«

»Es ist ja immer wieder gefragt worden«, sagte Bunam, »warum wohl die Zehn Gebote so und nicht mit den Worten beginnen: 'Ich bin der Herr dein Gott, der Himmel und Erde geschaffen hat'.«

»Dann hätte der Mensch«, antwortete der »Jude«, »gewiß gedacht: 'Das ist freilich ein hoher Gott, aber mit mir wird er sich nicht abgeben und ich kann mit meinem Drum und Dran nicht vor ihn treten.' Darum hat ihm Gott zugerufen: 'Ich bin's, der ich dich aus dem Dreck geholt habe, komm nur immer zu mir und bring alle deine Sorgen vor'.«

»So ist es«, sagte Bunam, »aber scheint es Euch nicht

seltsam, daß es Zeiten gibt, wo es so aussieht, als ließe uns Gott immer tiefer in den Dreck geraten und dächte nicht daran uns herauszuholen?«
»Die Zeiten der großen Probe«, erwiderte der »Jude«, »sind die der Gottesfinsternis. Wie wenn die Sonne sich verfinstert, und wüßte man nicht, daß sie da ist, würde man meinen, es gäbe sie nicht mehr, so ist es in solchen Zeiten. Das Antlitz Gottes ist uns verstellt, und es ist, als müßte die Welt erkalten, der es nicht mehr leuchtet. Aber die Wahrheit ist, daß gerade erst dann die große Umkehr möglich wird, die Gott von uns erwartet, damit die Erlösung, die er uns zudenkt, unsre eigne Erlösung werde. Wir nehmen ihn nicht mehr wahr, es ist finster und kalt als ob es ihn nicht gäbe, es erscheint sinnlos zu ihm umzukehren, der doch, wenn er da ist, sich gewiß nicht mit uns abgeben wird, es erscheint hoffnungslos zu ihm durchdringen zu wollen, der wenn er ist vielleicht die Seele des Alls, aber nicht unser Vater ist. Ungeheures muß in uns geschehen, damit wir die Bewegung vollziehen. Aber wenn das Ungeheure geschieht, ist es die große Umkehr, die Gott erwartet. Die Verzweiflung sprengt das Verließ der heimlichen Kräfte. Die Quellen der Urtiefe brechen auf.«
Sie saßen schweigend. Die Nacht stieg an, die Sterne gaben ihr Licht her und die Linde ihren hellen Duft.
»Nichts betrübt mich so sehr«, begann Bunam wieder, »wie daß unsere Umkehr so schlaff und so eitel ist. Daß man in dieser bunten Welt mit ihren tausend Reizen von Gott abkommt, ist wohl zu verstehen; wenn man sich aber der Treulosigkeit entwindet und sich wieder dem zuwendet, dem man angelobt ist,

– daß man das mit armseliger Kraft und mit falscher Zuversicht tut, dafür habe ich keinen Trost. Ich habe mich einmal gefragt, woran es liegt, daß uns, die wir am Versöhnungstag so viele Male unsere Schuld bekennen, keine Botschaft der Vergebung gebracht wird, König David aber hatte kaum einmal gesagt: 'Ich habe gesündigt', und schon erhielt er die Kunde: 'So hat der Herr deine Sünde hinweggenommen!' Da ging es mir auf, daß David, als er sprach: 'Ich habe gesündigt wider den Herrn', meinte: 'Tu mit mir nach deinem Willen und ich will es in Liebe empfangen', wir aber, wenn wir sagen: 'Wir haben uns vergangen', denken, es gezieme sich für Gott, uns zu verzeihen, und wenn wir fortfahren: 'Wir haben dich verraten', denken wir, es gezieme sich für Gott, nachdem er uns verziehen hat, uns mit allem Guten zu beschenken.«

»Man muß es den Menschen nachsehen«, sagte der »Jude«, »daß sie sich Bilder mit prächtigem und gutmütigem Gesicht ausschnitzen und sie an Gottes Stelle setzen, da es doch so grausam schwer ist, in seiner Gegenwart zu leben. Ja, wir dürfen, wenn wir sie zu Gott führen wollen, nicht einfach ihre Götzen zu Boden werfen, sondern müssen in jedem Bild zu erkennen suchen, welche göttliche Eigenschaft trotz allem der hatte darstellen wollen, der es gemeißelt hatte, und ihm dann sorgsam und vorsichtig helfen, den Weg zu ihr zu finden. Wir sind ja nicht für die Reiche bestellt, in denen die lautere Heiligkeit wohnt, sondern für das Unheilige, seiner zu pflegen, daß es sein Heil finde.«

»Als ich einmal«, sagte Bunam, »nach Danzig fuhr, gab mir ein Holzhändler seinen Sohn mit, der für ihn dort Geschäfte zu besorgen hatte, und bat mich auf den Jüngling zu achten. An einem Abend fand ich ihn nicht in der Herberge. Ich ging sogleich auf die Straße und vor mich hin, bis ich an ein Haus kam, aus dem Klavierspiel und Gesang erscholl. Ich trat ein. Als ich eintrat, war gerade das Lied zu Ende und ich sah den Sohn des Holzhändlers zu einer inneren Tür hinausgehen. 'Sing deine schönste Nummer', sagte ich zur Sängerin und gab ihr einen Gulden. Da sang sie ein Lied, das war so, daß jeder, der es vernahm, herbeikommen mußte, um keinen Ton zu verlieren. Sowie sie zu singen begann, ging die innere Tür wieder auf und der Jüngling kam zurück. Ich ging auf ihn zu. 'Man hat nach dir gefragt', sagte ich zu ihm, 'komm doch gleich mit.' Er kam mit, ohne sich zu erkundigen, wer nach ihm gefragt habe; er tat es auch in der Herberge nicht. Dort spielte ich mit ihm eine Weile Karten, dann gingen wir zur Ruhe. Am nächsten Tag wollte er nicht von meiner Seite weichen. Abends besuchte ich mit ihm ein Theater. Als wir heimkamen, sprach ich einen Psalm. Er bat um noch und noch einen, und mittendrin brach er in Tränen aus. Später ist er ein Schüler des Maggids von Koznitz geworden. Damals aber, im Dirnenhaus habe ich erfahren, daß die Schechina sich allerorten niederläßt, und daß es an uns ist ihr zu dienen, wo immer sie ist.«

»Sagt mir genauer, Rabbi Bunam, was Ihr damit meint, der Schechina dienen, wo immer sie ist.«

»Mir scheint, ich meine damit etwas, was auch Ihr meint, ja es scheint mir, daß ich, obgleich ich nicht bei Euch gelernt habe, es von Euch erlernt habe. Mir ist es am deutlichsten geworden, als ich mich fragte, was es bedeute, daß Rebekka, da sich die Kinder in ihrem Leibe stoßen, ausruft: ‘Warum denn ich?’ Denn wie man nicht anders das Silber vom Blei scheidet, als daß man ihre Mischung im Feuer schmelzen läßt, so hat sich hier in der Glut des Mutterleibs die endgültige Trennung der Wesenheiten vollzogen, – anders als die vorbereitende von Abraham aus, die sich begab, indem zwei Frauen von ihm empfingen. Rebekka aber hatte nicht gewußt, daß nun die letzte Auslese bevorstand und ihr Leib die zur Ausschmelzung ersehene Esse war. Als die Hochschwangere nun, wie unsere Weisen erzählen, wenn sie am Lehrhaus vorbeikam, verspürte, wie es Jakob hinzog, und wenn sie am Götzentempel vorbeikam, verspürte, wie es Esau hinzog, fragte sie: ‘Warum denn ich? Ich bin doch ein Weib, ein empfangendes Gefäß, wie ist dies, daß die Ausläuterung sich bei mir begibt?’«

»Ihr meint mit Recht, Rabbi Bunam«, sagte der »Jude«, »daß es an den Führenden ist, aus jedem Menschen das Echte hervorzubringen des Gemeinen entledigt, wie Gott zu Jeremia sagt. Bedenkt aber, daß Gott es zu Jeremia nicht über das sagt, was er an andern, sondern über das, was er an sich selber tun soll. Und zwar geht es hier nicht bloß um die Läuterung der eignen Person. Gott verheißt Jeremia, wenn er das Gebot erfülle, werde er wie sein, Gottes, Mund sein. Das ist eine ähnliche Sprache wie die, in der er zu Mose redet, nur daß er diesem nicht unter einer Bedingung verheißt, sondern als beschlossen kundtut, er, Gott, werde mit seinem, Moses, Mund sein. Von Mose aber heißt es, er sei unter allen Menschen sehr demütig gewesen. Er, der große Zaddik, war die Wurzel aller von Israel und sie waren die Zweige.

Es ist aber die Ordnung, daß der Zweig aus der Wurzel saugt, und welkt der Zweig, dann ist zu vermuten, daß auch die Wurzel schadhaft ist. So pflegte denn Mose, wenn er Leute auf unguten Wegen gehen sah, zu sich zu sprechen: 'Das muß an mir liegen, und ich muß Umkehr üben, damit sie wieder gut werden.' Er, der Demütigste, stellte sich gleichsam unter alle und trug sie durch seine Umkehr zu Gott zurück.«

Während sie zueinander sprachen und einander zuhörten, hatten unvermerkt dichte Wolken den Himmel überzogen. Wie sie jetzt, im scharf werdenden Wind leicht erschauernd, aufblickten, war kein Stern mehr zu sehen. Aber die Linde stand als ein kleiner Himmel mit ihren unzählbaren, Duft statt Licht entsendenden Sternen über ihnen.

Der »Jude« seufzte tief auf.

»Warum seufzt Ihr?«, fragte Bunam.

»Ich muß daran denken«, sagte Jaakob Jizchak, »daß nach Mose die Richter kamen, nach den Richtern die Propheten, dann die Männer der Großen Versammlung, sodann die Tannaim und Amoraim*, und so fort bis zu den Ermahnern, und als dies verdarb und falsche Ermahner sich mehrten, standen die Zaddikim auf. Darüber aber seufze ich, daß ich sehe, auch dies ist nah am Verderben. Was wird Israel tun?«

»Sollte das«, erwiderte Bunam, »nicht mehr an den Chassidim als an den Zaddikim liegen? Es wird erzählt, als der heilige Baal-schem-tow zuerst Chassidim aufgestellt hatte, sei der böse Trieb sehr erbittert gewesen, weil er fürchten mußte, sie würden mit

* Die Lehrmeister der talmudischen Früh- und Spätzeit.

den Flammen ihrer Heiligung alles Übel aus der Welt brennen. Dann aber fand er sich einen Rat. Wo an einem Ort ein paar Chassidim waren, ging er zu ihnen und sagte: 'Was ihr treibt, ist sehr schön. Aber was wollt ihr zwei oder drei ausrichten? Ihr müßt doch wenigstens eine Betergemeinde von zehn beisammen haben.' Und so gab er ihnen einige von seinen Leuten bei. Hernach hatten sie kein Geld für eine Betstube und eine Schriftrolle und so fort. Da brachte er ihnen noch einen reichen Mann von den Seinen, daß er die Auslagen trage. Und wie es so weit war, sagte er sich: 'Nun brauche ich nichts mehr zu fürchten, für alles weitere werden schon meine Leute sorgen.'«

»Ja«, sagte der »Jude«, »es steht geschrieben: 'Und alle Brunnen, die die Knechte seines Vaters in den Tagen Abrahams gegraben hatten, verstopften die Philister und füllten sie mit Staub an.'«

»Ich habe einmal«, sagte Bunam, »in einer Volksschenke in Warschau zugehört, wie an einem benachbarten Ecktisch zwei jüdische Lastträger sich beim Schnapstrinken allerhand erzählten. Dann fragte der eine: 'Hast du schon den Wochenabschnitt gelernt?' 'Ja', sagte der. 'Auch ich habe ihn schon gelernt', berichtete der erste, 'und eines ist mir schwer geworden zu verstehen. Es heißt da von unserem Vater Abraham und dem Philisterkönig Abimelech: 'Sie schlossen, die zwei, einen Bund.' Ich habe mich gefragt, wozu wohl dasteht: die zwei, – das scheint doch überflüssig.' 'Gut gefragt', rief der andere, 'aber wie magst du dir wohl die Frage beantworten?' 'Ich denke', antwortete jener, 'einen Bund haben sie geschlossen, aber eins sind sie nicht geworden, sie blieben zwei.'«

»Es sei«, erwiderte der »Jude«, »aber – Philister oder Knechte Abrahams, Chassidim des Satans oder echte Chassidim, bis wohin wollen wir die Unterscheidung tragen? Sollen nur diese erlöst werden und nicht auch jene? Wenn wir 'Erlösung der Welt' sagen, meinen wir denn da: 'Erlösung der Guten'? Heißt nicht 'Erlösung' zu allererst Erlösung der Bösen vom Bösen? Wenn die Welt für immer zwischen Gott und dem Satan geteilt bliebe, wie dürften wir sagen, daß sie Gottes sei? 'Nicht eins', sagt Ihr, es sei, aber – bis ans Ende der Tage nicht eins? Und wenn schließlich doch eins, wann soll's beginnen? Sollen wir uns ein Reichlein der Richtigen auftun und das übrige dem Herrn überlassen? Hat er uns dazu diesen Mund gegeben, der Wahrheit aus dem Herzen ins fremde Herz zu streuen vermag, und diese Hand, die der Hand des widerstrebenden Bruders etwas von der Wärme unseres Blutes mitteilt? Hat er uns zu solchem Zweck fähig gemacht, auch die Söhne des Satans zu lieben? All unsere Lehre ist falsch, wenn wir uns weigern, sie an ihnen zu erproben. Wohl, gegen sie kämpfen um Gottes willen, unerbittlich kämpfen, aber doch um für ihn die Burg zu erobern, die siebenfach umschanzte Burg ihrer Seele, doch nicht um alles hinzumetzeln ihm zu Ehren! Und wie dürfen wir gegen sie kämpfen, wenn wir's nicht zugleich gegen uns tun? Sind denn Starrheit und Stumpfheit, Trägheit und Tücke nur bei ihnen und nicht auch bei uns? Wenn wir das vergäßen, wenn wir den Widerspruch, statt ihn zunichte zu machen, bis ins Urfeuer hinein vertieften, wären wir da nicht mitten im Ringen gegen Satan selber die Seinen geworden?«

Der Wind hatte sein Werk getan. Die Wolken umlagerten noch den Himmel, aber da und da waren sie gelockert, an einzelnen Stellen geschah es wie die Arbeit mächtiger Bohrer, die schlugen Löcher und drangen vor. Jetzt blinkten, noch scheu, etliche Sterne hindurch. Die aufschauenden Freunde konnten den Ort der Mondsichel ahnen.
»Rabbi«, sagte Bunam, »in der Stadt Pžysha in der Radomer Gasse ist eine Apotheke. Irgendwo unweit davon steht ein Haus, das auf Euch wartet. Ich kenne es noch nicht, aber ich werde es schon finden. Laßt Euch dort nieder und erlaubt mir, Euch zu helfen und Euer erster Schüler zu sein.«
Der »Jude« schwieg, tief betroffen.

Ein Traum

Als in später Nachtstunde der junge Jaakob Jizchak zur Ruhe gehen wollte, verspürte er an seinem ganzen Wesen eine ungewohnte Wachheit, und es schien ihm einen Augenblick lang, es sei sinnlos, jetzt an den Schlaf zu denken. Dann aber wußte er wieder, daß er sich bloß hinzulegen brauche, um sogleich, ohne Übergang, einzuschlummern; denn so begab es sich Nacht um Nacht, seit er in Lublin war, ganz anders als früher, wo ihn die Bewußtheit des Taglebens stets noch lange Stunden festhielt. »Wie ist das?« sprach er zu sich. »Wenn man mich fragen wird, was ich in Lublin gelernt hätte, werde ich doch alles andre nicht sagen können, weil es unsagbar ist, und nur das eine werde ich zur Antwort berichten, daß ich hier einschlafen gelernt habe. Aber was heißt das? Wie geht das zu, daß ich sogleich einschlafe? Es geht so zu, daß ich mich hergebe. Wie in mütterliche Arme gebe ich mich her. All mein Widerstand fällt im Nu ab und ich gebe mich her.« Und da kam ihm in den Sinn, daß er sich vermessen hatte, dem Rabbi zu sagen, es sei der geheime Sinn des Tauchbads, daß man sich hergebe. »Wie töricht ich bin!« sprach er zu sich. »Er weiß ja selber alles. Ich habe es ja von ihm gelernt. Und dennoch –« Er sann nach, konnte aber, so wach und klar er war, nicht finden, was auf dieses »und dennoch« zu folgen hatte. Er verstand, daß es etwas Entscheidendes war, wichtiger als alle bisherige Erkenntnis seines Lebens, aber er konnte es nicht finden. So gab er es auf, bestieg das Bett und sprach sitzend das Nachtgebet: »Herr der Welt, ich vergebe jedem, der mich erzürnt und gekränkt hat oder der sich gegen mich vergangen hat . . . Kein Mensch werde meinethalb bestraft. Es sei der Wille vor dir, Herr, mein Gott und Gott unserer Väter, daß ich mich nicht vergehe und dich nicht wieder erzürne . . .« Er streckte sich aus und war sogleich entschlafen.

Die Nacht verging in einer gelinden Ruhe. Aber in der Zwitterweile zwischen Dunkel und Dämmerung kam wieder einer von den schweren Träumen.

Auf einer ausgeglühten Brandstätte stand er, der Träumer, und spähte in ein mattes graues Licht hinein. Da erschien von dort her ein Mann, auf einem Büffel reitend, der sehr langsam vorwärts kam. Der Mann hatte einen langen schwarzen Mantel mit silbern eingestickten Zeichen an und in der Hand einen gewundenen Stab, der nicht verheimlichen konnte, daß er eine Schlange war. Der Büffel blieb stehen und keuchte, als hätte er über Gebühr rennen müssen. Wie der Träumer das sah, lachte er den Büffel aus, und da war der Büffel nicht mehr da. Dann lachte er die Schlange aus, und da war sie nicht mehr da. Aber wie er nun auch den Mann auslachen wollte, der jetzt auf der Erde stand, kam er mit dem Lachen nicht über das Gewand hinaus. Denn als es dem Mann vom Leibe schwand, war der nackte Leib, den es jetzt allein noch gab, aus Feuer, und als der Träumer weiter zu lachen versuchte, erstickte er fast und merkte, daß sich Feuer nicht auslachen läßt. Nun aber hob der Mann die Hand, und plötzlich war alles wieder da, Kleid und Schlange und Büffel, und dazu war jetzt noch eine Krone auf dem Kopf des Mannes. Es war eine richtige Goldkrone, wie man sich Kronen vorstellt, aber das Gold war flüssig, nur daß es nicht herunterrann, sondern haften blieb. Zu lachen ging nun nicht mehr an. Der Mann sagte etwas zu dem Büffel, und der Büffel nickte. Darauf hob der Gekrönte den Schlangenstab über den Träumer und murmelte. Die Schlange spie ihr Gift, aber der Träumer blies es ohne Anstrengung hinweg. Nun schwang der Mann den Stab. Die Schlange wand sich und wollte den Träumer umschlingen, aber er pfiff gegen sie und sie ließ von ihm ab. Als der Mann im schwarzen Mantel das sah, warf er den Stab zu Boden. Der Stab richtete sich auf und verwandelte sich zugleich in eine Puppe im schneeweißen Hemd und mit bloßen Füßen. Ihr Kopf war der Kopf einer toten Frau, aber er redete. »Ich bin es«, sagte der Kopf. »Du bist es«, wiederholte der Träumer. »Ich bin Vögele«, sagte der Kopf. – »Du bist Vögele.« – »Ich bin Schöndel Freude.« – »Du bist Schöndel Freude.« – »Ich bin Vögele Freude«, sagte der Kopf. Da fiel der Träumer nieder, der Traum hob sich von ihm und er erwachte. Aber er wagte nicht, sich wach zu glauben.

Am zweiten Festtag nach dem Morgengebet nahm David von Lelow den »Juden« in die Herberge mit. »Ich muß mit dir reden«, sagte er. Als sie aber beisammen saßen, schwieg er lange. Der »Jude« war das an ihm gewohnt und fand es nie beschwerlich; der Lelower gehörte zu den Menschen, welche die Goldprobe, die Probe des Miteinanderschweigens, herrlich bestehen. Diesmal aber war ein besonderes Hindernis zu spüren. Endlich begann er:
»Jaakob Jizchak, ich muß jetzt etwas tun, was ich aus eignem Antrieb nie versucht habe, auch genötigt habe ich es nur sehr selten unternommen, – ich muß von andern Leuten erzählen. Ich muß es tun, denn nur so kannst du zu verstehen bekommen, was zu verstehen für dich wichtig ist. Als ich dich herbrachte, habe ich, soviel ich auch wußte, doch nicht gewußt, in welche Strömung ich dich im schmalen Boote schicke. Nun da ich es weiß, muß ich dir mehr sagen. Von andern erzählen ist für mich kein leichtes Ding, aber diese Sache zu erzählen, von der du erfahren sollst, ist ausnehmend schwierig. Es ist da etwas, was sich dagegen wehrt, erzählt zu werden. Aber es muß eben sein.
Man sagt von einem großen Zaddik, er sei der Führer des Geschlechts. Was heißt das, ein Führer sein? Um zu führen, muß man den Weg wissen. Aber das ist nicht genug. Um den Weg zu führen, den man weiß, muß man auf ihm vorangehn. Ein Drittes je-

doch gehört noch dazu. Man muß die Schar, die man führt, wahrhaft beisammen halten. Beisammen, das ist noch was andres als gemeinsam dem Vordersten nachlaufen. Ein Leithammel ist kein Führer. Beisammen, das ist: einer mit dem andern vertraut, einer dem andern zugetan. Rabbi Elimelech war ein großer Zaddik. Unter seinen Schülern war Eintracht und Einvernehmen. Nicht unter den Schülern allein – wer immer mit ihm Umgang hatte, empfing jenes 'Beisammen' ins Herz. Vor kurzem ist mir eine alte Frau begegnet, die noch vor meiner Zeit als Magd in seinem Haus gedient hatte. Ich fragte sie, was ihr vor allem im Gedächtnis geblieben sei. 'Ich weiß nichts Besonderes zu berichten', sagte sie, 'aber woran ich mich am stärksten erinnere, ist dies. Unter der Woche war allweil Streit in der Küche, wie es bei Mägden so der Brauch ist. Aber am Vorabend des Sabbats, nachdem der Rabbi uns Gut-Sabbat! gesagt hatte, kam etwas über uns, daß wir einander um den Hals fielen und eine die andere bat: Mein Herz, vergib mir, was ich dir diese ganze Woche angetan habe.' Das war's. Er brauchte es den Menschen nicht einzuflößen, sie atmeten es in seiner Umgebung ein. Er hielt die Schar beisammen, indem er da war.

Unser Rabbi war auf Rabbi Elimelechs Hof das Oberhaupt der Schüler. Von den Großen unter ihnen wurde keiner auch nur von einem Gedanken heimgesucht, ihm den Platz streitig zu machen. Der Zaddik selbst, der, besonders mit zunehmendem Alter, sich nicht mit Angelegenheiten zu befassen liebte, die auch von andern besorgt werden konnten, pflegte immer öfter, wenn man um eine Entscheidung zu ihm kam, den Leuten zu antworten: 'Geht zu Rabbi

Itzikel!' So wurde unser Rabbi ja allgemein genannt.

Einmal fehlte unser Rabbi am Tag der Freude an der Lehre. Ich war damals noch nicht in Lisensk, aber Rabbi Elimelechs Sohn Eleasar hat mir erzählt, wie es zuging. Er sah, wie verstört sein Vater war, und fragte ihn, warum er sich von der Abwesenheit des einen Schülers so bestimmen lasse, es seien doch andere da, die ihm nicht nachstünden. 'Du weißt doch', sagte Rabbi Elimelech, 'daß mir alljährlich an diesem Tag alle Schüler helfen, das himmlische Heiligtum aufzurichten, jeder bringt eins der heiligen Geräte hinein, ihm aber liegt es ob, die Lade hineinzubringen, und wenn er nicht hier ist, kann ich noch so oft zu Gott rufen: 'Erhebe dich, Herr!', es ist umsonst.

Nun ist dir ja bekannt, Jaakob Jizchak, daß sich mit Rabbi Elimelech etwa sieben Jahre vor seinem Tode, also sieben Jahre ehe er siebzig wurde, eine merkwürdige Veränderung vollzog, aber du stellst sie dir gewiß nicht so groß vor, wie sie war. Er löste sich, nicht mit einem Mal, aber immer mehr, von den Dingen der Welt ab, nicht bloß sein Wille und sein Wissen, sondern auch sein ganzes körperliches Dasein. Sein Gesicht verklärte sich, der Blick glitt von jedem Gegenstand ab und kehrte sich wie nach innen, er ging fast nur noch auf den Zehen – das war seltsam anzusehen, denn er war noch höher gewachsen als unser Rabbi – und hob zuweilen, ohne Anlaß von außen, den Arm zu einer abweisenden Gebärde. Zu den Schülern, von denen er stets viel gefordert hatte, wurde er überstreng, er redete sie nur noch knapp an und seine Augen sahen dabei wie verwundert drein. Unter den Jüngeren gab es einen Kreis, in dem er für altersschwach galt; in Wahrheit war er größer als je, nur daß ihm der Umgang mit menschlichen Wesen immer schwerer fiel: sie machten ihn ungeduldig, – Rabbi Israel von Kosnitz sagte: deshalb weil sie allesamt so ungeschickt waren, er mußte sie nämlich mit den durch seine eigenen Taten entstandenen Engeln vergleichen, die ihn umgaben.

Es ist nicht zu verwundern, daß sich mehrere Schüler damals eng an unsern Rabbi anschlossen, der sich um eines jeden Person und Ergehen freundlich bekümmerte. Ein Übelwollender, den ich nicht nennen will – er ist vor seiner Zeit gestorben –, gab ihm den Spitznamen Absalom, weil er ihn mit dem Sohn Davids verglich, der sich frühmorgens im Torweg aufstellte und den Leuten, die zum König mit Anliegen kamen, schöntat. Dergleichen hat unser Rabbi aber niemals getan.

Einmal kam unser Rabbi von einer Fahrt nach Lisensk und erzählte einem Gefährten, er habe unterwegs in einem Wald zwei ungewöhnlich große Bäume gesehen, der eine breit und mächtig, der andre schlank, der erste aber habe in der Höhe keine Zweige mehr entsendet, sondern sei mit all seiner Kraft dem Himmel entgegengewachsen, dieweil der schwächere bis oben in gleichmäßigem Laubwerk stand. Bald danach hatte er ein langes Gespräch mit Rabbi Elimelech, wonach er in Lanzut, das ja nicht weit von Lisensk liegt, Aufenthalt nahm. Man erzählte sich, in jenem Gespräch habe sein Lehrer ihn ermächtigt, eine eigne Gemeinde zu führen; ich halte es aber aus guten Gründen mit denen, die sagen, er habe ihn nur nach Lanzut gehen heißen, die Ermächtigung aber habe erst viel später nachträglich, nämlich ein Jahr vor dem Tode Rabbi Elimelechs stattgefunden. Mich selbst fragte einmal bald nach jenem Gespräch Rabbi Kalman mit Bedeutung, ob ich wüßte, wie groß die Verklärung des Propheten Elia in der letzten Zeit seines Erdenweilens gewesen sei. Als ich keine Antwort gab, sagte er: 'Seine Zeitgenossen haben ihn nicht mehr erfassen können, es war auch nicht mehr möglich von ihm Weisungen für die Lebensführung zu empfangen. Damals sprach Gott zu Elia: Ihr Verstand reicht nicht mehr bis zu deiner Klarheit und Heiligkeit, darum salbe den Elisa zum Künder an deiner Statt. Er ist kleiner als du und sie werden ihn erreichen und Lebensführung von ihm ihrem Verstande nach lernen können.'

Rabbi Elimelech schickte jedenfalls selbst allerhand Leute, mit denen er sich nicht abgeben mochte, nach Lanzut, beachtete aber anscheinend zunächst nicht, daß sich viele, insbesondre von den jüngeren Schülern, ohne ihn zu fragen hinkehrten. An der Wendung der Dinge habe ich selber, wiewohl nur als Gegenstand, teilgenommen. Unser Rabbi pflegte damals von Zeit zu Zeit über Sabbat nach Lisensk zu kommen, und zwar in Gesellschaft seines Gabbai. Als ich, nachdem ich eine Weile dort gewesen war, erfuhr, er sei eben gekommen, ging ich in seine Herberge ihn zu begrüßen. Es war Freitags kurz vor Sonnenuntergang. Nach der Begrüßung beeilte ich mich zu gehen, da die Stunde sich zu längerem Aufenthalt nicht eignete, aber der Rabbi rief mich zurück. 'Rabbi David', fragte er laut, 'wißt Ihr, wann Sabbat wird?' 'Das weiß ich wohl', antwortete ich ihm, 'meine Hand sagt es mir an'. Und ich zeigte ihm mein Handgelenk, an dem die Adern eben, wie immer bei Sabbatanbruch, zu schlagen begannen. 'Wenn Ihr also doch wißt, wann Sabbat wird', sagte der Rabbi, 'will ich Euch eine Geschichte erzählen. Eine Hauptmannstochter hat sich einst in einen Generalssohn verliebt, und obzwar dergleichen gegen die Ordnung zu sein scheint, erwies sich die Bestimmung von oben stärker als die Ordnung und sie vermählten sich miteinander. Habt Ihr gehört, was ich Euch erzählt habe?' Ich nickte. 'Ja', sagte ich, 'das ist das Geheimnis, von dem im Buche Die Frucht des Lebensbaums geredet wird: wie sich an den Werktagen, um die gefallenen Mächte zu läutern, die oberen Welten mit den von unten nach ihnen begehrenden vermählen, ehe mit dem Anbruch des Sabbats die Erschaffung neuer Seelen beginnt'. Der Rabbi umarmte mich. 'Bleibt mir nah', sagte er. Ich habe aber erfahren, daß ihn Rabbi Elimelech, als er ihn begrüßen kam, mit den Worten empfing: 'Du kommst her, mir meine Chassidim wegzuholen. Warte doch, dann fällt dir alles zu.'

In Lanzut sammelte sich in der Zeit danach eine immer größere Gemeinde. Ich selbst habe auch angefangen, zuweilen hinzufahren, bis es so kam, daß ich mehr dort als in Lisensk war. Du mußt das verstehen, Jaakob Jizchak: Rabbi Elimelech hatte kein Auge mehr für einen. Er ging jetzt wie eine Wetterwolke zwischen den Schülern hindurch.

Auf dem Weg von Lisensk nach Lanzut liegt ein Städtchen, in dem ein Schüler Rabbi Elimelechs als Kinderlehrer lebte. Auch ihn zog es zu unserem Rabbi. Einmal war er über den Sabbat in Lanzut. Rabbi Elimelech scheint dies verspürt zu haben, denn sogleich nach Sabbatausgang fuhr er in jenes Städtchen, erschien im Hause seines Schülers und fragte nach ihm. Die Frau antwortete, er sei ausgegangen und würde sehr bald heimkommen. Sie ging ihrem Mann entgegen und versuchte ihn zu einer Ausflucht zu bewegen, aber er weigerte sich seinem Lehrer etwas anderes als die Wahrheit zu sagen. Als Rabbi Elimelech ihn fragte, wo er gewesen sei, antwortete er: 'Der Rabbi haust im siebenten Firmament und unsereiner kann nicht mehr zu ihm gelangen, aber in Lanzut ist eine Leiter, auf der kann man bis in den Himmel von Lisensk hinaufklettern.' 'Kluggeschwätz!' rief Rabbi Elimelech, 'troll dich!' Es heißt, der Mann habe sich in der andern Stube hingelegt und sei nicht mehr aufgestanden; nach einer Woche sei er tot gewesen. Rabbi Elimelech aber war nach Lanzut weitergefahren. Er kam mitten in der Nacht zu unserem Rabbi. Was sie miteinander sprachen, weiß niemand. Man erzählt sich, Rabbi Elimelech habe an unsern Rabbi eine Forderung gestellt, die dieser ablehnte – wie man sagt, mit einem Gleichnis aus dem Leben Sauls, der erst das Königtum nicht wollte und sich hernach vergeblich daran klammerte; aber niemand hat das Gespräch belauschen können, keiner von den beiden hat davon sprechen können, und ich glaube nicht was darüber erzählt wird. Dagegen hat mir viel später Rabbi Elimelechs Sohn Eleasar berichtet, sein Vater habe nach der Rückkehr den Namen des Ungetreuen ausgesprochen und habe dann etwas vor sich hingemurmelt, das wie eine Verwünschung klang. Eleasar erinnerte ihn daran, daß er doch selber den Schüler habe nach Lanzut gehen heißen. Darauf erwiderte Rabbi Elimelech etwas, was der Sohn nicht verstand und was auch ich erst allmählich begriffen habe. Er sagte, und es hätten ihm die Tränen in den Augen gestanden: 'Aber ich will noch leben'. Niemand kann annehmen, daß er, der Abgeschiedene, am irdischen Leben hing, und wie wäre im übrigen dieses durch jene Gemeindebildung gefährdet gewesen? Das Wort 'leben' ist nicht anders zu verstehen, als daß er auf Erden noch etwas einsetzen und etwas vollbringen wollte. Was das war, weiß niemand, aber es war offenbar etwas, das den Gedanken unseres Rabbi entgegenstand und daher durch seine Unternehmungen in Frage gestellt wurde. Ich habe Rabbi Hirsch, den Schüler unseres Rabbi, sagen hören: 'Einen Lehrer wie den Rabbi Melech hat es seit den Tagen der Tannaim und Amoraim nicht gegeben, aber bessere Augen hat unser Rabbi'. Ich aber habe seither erkannt, daß die Augen, so wichtig sie sind, nicht das Wichtigste am Menschen sind. Das Wichtigste ist, um was es den Augen zu tun ist, wenn sie schauen. Das aber bestimmen nicht die Augen.

Sicher ist, daß unser Rabbi damals – das ist vor zehn Jahren gewesen – seine Gemeinde aufgab und den Fluß San entlang nordwestwärts in die Stadt Rozwadow fuhr. Da hat er ein Jahr lang gelebt. Wenn man die Stadt vor ihm nennt, pflegt er zu sagen: 'Rozwod heißt auf Polnisch Ehescheidung'. Er fand aber auch dort keine Ruhe, sondern kehrte zunächst für kurze Zeit nach Lanzut zurück. Dann fuhr er nach Lisensk und erhielt, wie ich später erfuhr, von Rabbi Elimelech Vergebung und Ermächtigung. Damals hat er seinem Lehrer mitgeteilt, daß er aus der Gegend fortzuziehen gedenke. In der Tat ging er bald danach in die Nähe von Lublin. Im darauf folgenden Jahr starb Rabbi Elimelech. Unser Rabbi aber hat hier – bei und in Lublin – sieben Jahre warten müssen, bis die Lubliner Gemeinde, deren Führer großenteils der chassidischen Lehre abhold waren, ihm das Bürgerrecht verlieh und ein ihm Wohlgesinnter ihm, der damals in einem Häuschen am Stadtrand wohnte, den Baugrund schenkte, auf dem jetzt sein Haus steht. Das war vor etwa einem Jahr.«

Dies ist es, was Rabbi David von Lelow damals dem »Juden« erzählte. Ich darf aber nicht unerwähnt lassen, daß eine Sage Schenkung und Erbauung in den November nach den hier erzählten Vorgängen verlegt. Damals hat bekanntlich Suworow die Niederwerfung des polnischen Aufstands beendigt. Unter den im Kampf um Warschau Gefallenen war fast die ganze jüdische Legion. Als die Vorstadt Praga brannte und das Gemetzel der polnischen und jüdischen Bevölkerung im Gange war, stand, wie die Sage berichtet, in Lublin der Seher am Fenster und schaute über die Ferne nach dem Ergehen derer aus, die er drüben kannte. Einem der vornehmsten Juden von Lublin habe er mit genauer Richtigkeit ausgesagt, seine Tochter in Warschau stehe im geblümten Hauskleid in ihrer Stube und wiege ihr Kind. Zum Dank habe der reiche Mann ihm den Baugrund geschenkt. Ich bin einer anderen Überlieferung gefolgt.

Als der »Jude« in der Nacht nach dem Fest in seine Herberge zurückkehrte, kam er an einer angelehnten Tür vorbei, durch die Psalmverse, von einer brüchigen Stimme gesprochen und von matten Stöhnlauten unterbrochen, zu ihm drangen. Er blickte hinein und erkannte beim Kerzenschein in dem auf dem Bett Liegenden einen Mann, dessen Sohn, wie ihm bekannt war, vor kurzem einer Enkelin des Maggids von Kosnitz verlobt worden war. Er wußte wohl, daß dieser Kranke seit der Woche nach dem Passahfest hier wohnte, und hatte ihn wiederholt besuchen wollen, aber man hatte ihm jedesmal gesagt, er lasse niemanden außer dem Rabbi zu sich. Jetzt brachte er es aber nicht mehr über sich vorüberzugehen, denn der Kranke schien schwer zu leiden, und niemand befand sich bei ihm als ein junger Mann, der offenbar sein Sohn war. Der »Jude« fragte diesen, ob er ihm nicht behilflich sein könne, aber der Jüngling brach nur in Tränen aus, ohne ein Wort hervorzubringen. Da bemerkte Jaakob Jizchak, daß der Kranke zu stöhnen aufgehört hatte und mit unsicheren Augen die seinen zu suchen schien. Er trat näher und richtete an ihn wie aus alter Bekanntschaft ein halb Auskunft heischendes, halb ermunterndes Wort. »Ich muß sterben«, sagte der Liegende. In diesem Nu, vom Blick des fast fremden Mannes getroffen, reifte dem »Juden« mit einem Mal die Frucht seiner Leiden. »Gewiß müßt Ihr das«, sagte er und lachte dem ihn immer noch Anblickenden zu, »aber doch wohl noch nicht sogleich.« »Ich muß bald sterben«, sagte der Mann. »Das ist keinem Sterblichen mit solcher Sicherheit zu wissen gegeben«, antwortete der »Jude«. »Wohl«, fuhr er fort, »ich kenne das: man ist wund an Gliedern und Eingeweiden man ist zu Tode müde, und man meint, ein Geringes noch, ein Zupfen an der Schulter, ein Hauch in den Nacken, und schon ist man hinüber. Aber das alles ist oft nur eine Frage an einen, ob es einem recht ist, daß mit ihm ein Ende gemacht werde. Holt er seine letzte Kraft zu einem Nein zusammen, vielmehr zu einer Bitte über den Kopf des fragenden Engels hinweg an den Herrn selber, nun, dann kann es wohl sein, daß die Hand, die sich schon nach ihm streckte, von ihm läßt.« »Nicht so«, sagte der Mann wie flehend, »ich weiß, daß meine Stunde naht.« – »Woher wißt Ihr's?« – »Ich weiß es.« »Vergeßt, was Ihr zu wissen meint«, forderte der »Jude« mit verhaltener Mächtigkeit, »und wendet Euch dem Herrn des Lebens zu.« Der Kranke schwieg, aber der es unternommen hatte ihn zurückzuholen, merkte, daß etwas geschah. Die Augen verließen die seinen und schlossen sich, auch der Mund war ruhig geschlossen, der abgezehrte Leib schien sich zum ersten Mal seit langer Zeit zu entspannen. Eine Weile verging. Tropfen eines sanften Juniregens tippten an die Fensterscheiben, die Wanduhr schlug, der »Jude« stand still und hilfreich an seinem Platz. Wieder schlug die Uhr. Der Kranke öffnete Augen und Lippen. Er blickte jetzt irgendwohin. »Gesegnet seist du, Herr unser Gott«, flüsterte er. Der Schluß des Segens war nicht zu hören. »Geh in die Wirtsstube hinunter«, sagte der »Jude« zum Sohn,

»und laß dir einen Krug Met geben.« Der Jüngling sah ihn bestürzt an und ging. »Jetzt wollen wir einander 'zum Leben' zutrinken«, sagte der »Jude« zum Kranken und hielt ihm den Krug an den Mund. Der Kranke tat einen tiefen Zug, noch einen, und schlief sogleich ein. Ein leichter Schweiß legte sich ihm auf die Stirn. Die Uhr schlug zwei. Der »Jude« setzte sich ans Bett und wachte bis in die Morgendämmerung. Da konnte er deutlich sehen, daß zum Leben entschieden war.

Es verhielt sich aber mit diesem Mann folgendermaßen. Er war ein Schüler des Sehers, kam jedoch nur selten nach Lublin. Als der Rabbi zum letztenmal in Kosnitz war und der Mann ebenfalls hinkam und ihn begrüßte, betrachtete er ihn lange. »Ihr müßt Euch rüsten, in diesem Jahr zu sterben«, sagte er dann. Nach Passah kam der Mann mit seinem Sohn nach Lublin und brachte seinen Sterbekittel mit. Daheim hatte er weder seiner Frau noch sonst irgend jemand etwas vom Spruch des Rabbi mitgeteilt. Auch in Lublin erfuhr niemand davon. Nur dem Sohn hatte er, nachdem der zu schweigen geschworen hatte, sich anvertraut. In Lublin aß und trank er fast nichts, schlief kaum und verbrachte die Zeit mit Beten und Lernen. An jedem Abend ging er, wenn ihn niemand sah, zum Rabbi und ließ sich von ihm segnen. Sonst verkehrte er mit keinem Menschen. Nach ein paar Wochen erkrankte er und lag seither in der Herberge. In der siebenten Woche nach Passahbeginn wurde er gewiß, es eile nun zum Ende, und am zweiten Tag des Offenbarungsfestes sagte er zum Sohn: »Man muß sich bald bereiten.«

Am frühen Morgen – der »Jude« hatte sich vor kurzem in seine Stube begeben – kam der Rabbi, unmittelbar nach dem Tauchbad, nach dem Kranken zu sehen.

Später am Tag sagte der Rabbi zum »Juden«: »Du hast, wie es scheint, einen Mann gerettet, der dem Tode verfallen war. Womit hast du das bewirkt?« »Ich habe nichts getan«, antwortete der »Jude«, »als daß ich ihm gut zugeredet habe.« – »Zugeredet?« – »Ja. Daß er sich vom Tod nicht zwingen lassen solle.« Der Rabbi blickte ihn groß an. »Wovon sprichst du da?« – »Wovon sonst, Rabbi, als vom Tod und vom Leben?« Der Rabbi betrachtete ihn aufmerksam. »Du siehst erschöpft aus, Jaakob Jizchak«, sagte er, »du hast in der letzten Zeit zu viel und zu vielerlei Arbeit gehabt. Du solltest nun eine Weile feiern.« »Heißt das«, fragte der »Jude«, »daß Ihr mir Urlaub gebt von meinem Amt?« »Das heißt es«, antwortete der Rabbi und fügte lächelnd hinzu: »Ich entlasse dich nicht.« »Ich hoffe zu Gott, daß Ihr mich nie entlassen werdet«, sagte der »Jude«. »Ich werde von Euch nie lassen, Rabbi, wenn Ihr mich nicht entlasset.« Wieder sah ihm der Rabbi in die Augen. Ein Schüler erzählt, wenn man dem »Heiligen Juden« in die Augen sah, habe man ihm ins Herz gesehn.

An diesem Tag, der ein Freitag war, kam am frühen Nachmittag eine Unruhe über den »Juden«. Es hielt ihn nicht zwischen den Mauern eines Hauses, sei es auch das Lehrhaus. Er ging durch die Gassen, die zum Teil schon in sabbatlicher Sauberkeit strahlten, mitten zwischen den Rennenden und Schlendernden hindurch. Er sah alle und keinen. Er bog von der

Breiten Gasse mit ihren hohen Giebelhäusern in die Schloßgasse ein, stand lang am Judentor, durchschritt die lange Schneidergasse, die mit dem Gewirr ihrer mit Altanen geschmückten, krummstiegigen, von der Schwelle bis zum Dach zerbeulten Häuser den Schloßhügel von hinten umzieht, kam in die Fleischergasse, von der einst der Bau der Judenstadt seinen Ausgang genommen hatte, und betrat den Friedhof, der noch älter als sie ist. Er sprach den Segen: »Gesegnet seist du, Herr unser Gott, König der Welt, der euch gebildet hat im Gericht und euch ernährt und erhalten hat im Gericht und euch getötet hat im Gericht, und euer aller Zahl kennt im Gericht, und euch künftig wiederbelebt im Gericht. Gesegnet seist du, Herr, der die Toten belebt.« Dann stieg er zwischen Gesträuch und den sich nach oben hin mehrenden, oft schiefen, oft zerspellten Leichensteinen den schmalen Pfad zum baumbestandenen Kamm hinan und sah auf das Franziskanerkloster tief im Tale nieder. Nun kehrte er, die Fleischergasse an Bet- und Lehrhäusern der Gemeinde vorbei zu Ende gehend, in die Breite Gasse zurück, aber nur noch stärker widerstrebte ihm jedes Haustor und er mußte einen neuen Rundgang beginnen. Jetzt sah er all die sich von der Mühsal der Woche für die Einkehr in den heiligen Tag bereitenden Leute auf eine andere Weise an. »Wie gut«, mußte er in seinem Herzen bedenken, »daß ich euch nicht Urwesen und ewiges Schicksal von euren Gesichtern ablesen kann! Wie gut, daß ich in all meiner Einsamkeit doch nicht über euch stehe!« Aber der Gedanke beschwichtigte sein Herz nicht, die Unruhe trieb ihn weiter, und jetzt konnte er eine Weile lang nicht stehen bleiben. Als er an dem am Schloßberg klebenden Bethaus der »Läufer«, das ist der wandernden Kürschner, vorbeiging, kamen ihm seine eignen Wanderungen in den Sinn. »Wandere ich nicht noch immer?« fragte er sich. Zugleich aber überfiel ihn wieder einmal der Gedanke an die wandernde Schechina, wie sie einst – hatte nicht damals an dem langen Tisch jemand davon gesprochen? – Rabbi Levi Jizchak erschien, gesenkten Hauptes in der Gerbergasse verweilend. Nun erst blieb er selber vor der »Läuferschul« stehen. Plötzlich merkte er mit jäh aussetzendem Herzschlag, daß die eben noch von Getümmel durchzogene Gasse wüst und ohne Laut war. Der Himmel stand in Flammen. Im selben Augenblick kamen sie inmitten einer Pelzduftwolke herangetrabt, die Läufer, sie füllten die Gasse, jeder statt der gewohnten Hasen- und Kaninchenfelle ein Bärenfell über den Schultern, in der Hand den Gebetskapselnbeutel. »Um des Herrn willen, was ist mit euch, Brüder!« rief der »Jude«, »was habt ihr mit den Beuteln, ihr braucht sie doch jetzt nicht mehr, es ist doch bald Sabbat!«* »Kein Sabbat!«, murmelten sie, »es gibt keinen Sabbat mehr!« »Der Sabbat kommt, Brüder«, schluchzte er, »er kommt!« Die Bären umtanzten ihn und schüttelten die Beutel, in denen es wie von Knochen schepperte. »Nie kommt der Sabbat wieder!« brummten sie im Chor und streckten die Hälse auf den »Juden« zu. Er sah in einigen Bärenköpfen Gesichtszüge von Lubliner Schülern – Simon, Meïr, Eisik, jetzt grinste ihn das einfältige Gesicht Jekutiels an. »Höre Israel!« schrie er auf und fiel zu Boden.

* Am Sabbat und an den Festtagen werden die »Gebetkapseln« nicht, wie sonst beim Beten, an Stirn und linken Arm gelegt.

Tags darauf bei der »dritten Mahlzeit« war der Stuhl des »Juden« leer. Als es schon ganz dunkel war, spürte in dem dichten Menschengewühl, das die Tische umgab, ein Mann, daß sein eben erst herzugekommener Nachbar, den er nicht sehen konnte, wie ein Fieberkranker zitterte. »Warum stehst du hier?«, flüsterte er ihm zu, »geh heim und lege dich hin!« Er bekam keine Antwort und der Angeredete blieb an seinem Platz. Als das Licht angesteckt wurde, erkannte der Mann, daß es der »Jude« war, der neben ihm stand. Aber jetzt zitterte er nicht mehr.

Die Gespräche mit Bunam, dem seltenen Besucher, waren dem Rabbi noch lieber als die mit Naftali. Naftali brachte ihm Nachrichten aus der Welt in die Stube, aber Bunam die Welt selber. Über politische Ereignisse war mit diesem freilich nicht zu reden; er suchte sie sogleich in menschliche umzusetzen – es war, als ob er darauf bedacht wäre, eine Tünche, die auf die schlichte Holzfarbe unseres Lebens gestrichen ist, schnell und gründlich abzukratzen. Aber wenn man mit ihm über die menschlichen Tatsachen sprach, war er unerschöpflich an Erinnerungen, Geschichten, Beispielen. Viel später, in seinem Alter erzählte er, er habe einst im Sinn gehabt ein Buch zu schreiben, das sollte »Adam« heißen und es sollte darin stehen der ganze Mensch; dann aber habe er sich besonnen, es sei besser, das Buch nicht zu schreiben. Dieses ungeschriebene Buch schlug sich auf, wenn man ihm zuhörte.

Diesmal hatte der Rabbi jedoch noch etwas Besonderes im Sinn, als er am Abend nach Sabbatausgang aus seiner Haustür und zu Bunam trat, der sich, seine lange Pfeife aus rötlichem Weichselholz rauchend, unter den Ulmen erging. Er ließ ihn nicht rufen, ja er tat etwas ganz Unerhörtes: er schloß sich dem Schüler an und ging, die kleine Meerschaumpfeife im Mund, die er außerhalb des Hauses bevorzugte, mit ihm unter den Bäumen auf und nieder. Die Ulmen waren besonders mißgewachsen; aber jetzt im Juni standen sie in ihrem schönsten Laub.

»Bunam«, sagte der Rabbi, »erinnerst du dich, wie du zum ersten Mal nach Lublin kamst?«

»Wie sollte ich nicht?« antwortete Bunam. »Das war bald nachdem Ihr Euren Wohnsitz hier genommen habt. Ich kam mit Rabbi David, sah Euch einige Tage lang nur von fern und hörte Euch dann am Freitagabend Thora sagen. Ich habe nicht verstanden, was Ihr sagtet, aber das habe ich verstanden: die kommende Welt ist hier in dieser Welt bei diesem Rabbi. Nach dem Tischgebet seid Ihr in Eure Stube gegangen und an mir vorbeigekommen, habt mir die Hände auf die Schultern gelegt und zu mir gesagt: 'Bunam, halte dich an mir fest und der heilige Geist wird über dich geraten und die Menschen werden zu dir gelaufen kommen, um zu hören, was du ihnen von dort zu eröffnen hast.'«

»Du hast mir damals nichts erwidert«, sagte der Seher.

»Wie sollte ich auch?«, sagte Bunam. »Das war ja etwas ganz anderes als um dessen willen ich hierher gefahren war. Für den Heiligen Geist bin ich wahrhaftig kein würdiges Gefäß, und daß die Menschen zu mir gelaufen kommen, ist mir gar nicht erwünscht.«

»Und doch bist du wiedergekehrt?«

»Freilich, und diesmal über Neujahr und Versöhnungstag. Weil ich von Euch ja eben doch das bekam, was ich suchte, das aber, was Ihr mir anbotet, nicht genötigt war anzunehmen.«

»Und was war es, das du suchtest?«

»Den Umfang der Seele kennen zu lernen.«

»Das also hast du hier gefunden?«

»Ja.«

»Und wie war es, als du damals zum zweiten Mal kamst? Da kann es dir doch nicht darum zu tun gewesen sein.«

»Nein.«

»Ich hatte damals vor dem Neujahrsfest gesagt, alle, die das Widderhorn blasen könnten, sollten sich bei mir melden. Weißt du es noch?«

»Ja. Ich habe mich dann gemeldet, obwohl ich nicht blasen konnte.«

»Weißt du auch noch, was ich dann gesagt habe?«

»Ihr habt gesagt: 'Das Widderhornblasen ist eine Weisheit und keine Arbeit. Darum soll der weise Rabbi Bunam blasen.'«

»Und weiter?«

»Da bin ich mit Euch in Eure Stube gegangen und Ihr habt mich die Intentionen gelehrt, auf die der Bläser seine Seele sammeln und ausrichten soll. Dann nahmt Ihr mich wieder ins Lehrhaus mit und sagtet: 'Nimm nun das Horn und übe die Intentionen darauf ein.' Ich aber gestand nun, daß ich überhaupt nicht blasen konnte. Da fragtet Ihr: 'Warum hast du es übernommen?'«

»Und was hast du mir geantwortet?«

»Ich habe gesagt: Mose hat sich zuerst, damit er dem Volk kundtun könne, was es zu hören begehren werde, von Gott das Geheimnis seines Namens erschließen lassen und dann hat er eingestanden, er sei kein Mann von Reden.«

»War denn das eine Antwort auf meine Frage?«

»Nein.«

»So gib mir jetzt die Antwort.«

»Die Antwort, Rabbi, ist auch die Antwort auf Eure Frage, um was es mir damals zu tun war. Ich wollte erfahren, wie hoch der Arm der Seele langt.«

»Und hast du es erfahren?«
»Ja.«
»Du willst wohl immer etwas erfahren, Bunam.«
»Nein, aber bis dahin war es so. Nachdem ich in meiner früheren Jugend in den ungarischen Lehrhäusern gelernt habe, was es da zu lernen gab, habe ich beschlossen, in der Welt zu erfahren, was es in der Welt zu erfahren gibt.«
»Alles?«
»Was mir zugemessen ist. Wieviel das ist, kann man ja erst im Lauf des Erfahrens erfahren.«
»Und ich wäre für dich demnach eben ein Teil der Welt?«
»Ja, Rabbi. Hier ist die Mitte der Welt, ihr mittlerer Teil.«
Der Rabbi schwieg eine Weile und sog an seiner Pfeife. Dann begann er wieder:
»Und weißt du noch, wie es damals am Vortag des Versöhnungstags war?«
»Ja, Rabbi. Ihr rieft mich und fragtet mich um Rat wegen eines Pelzhuts, in den ein Mottenschaden geraten war. Ihr sagtet, nun verderbe er immer mehr. Da riet ich, die schadhaften Haare auszukämmen. Und Ihr antwortetet mit dem Spruch: 'Wer den Brief zu lesen weiß, sei ihm auch der Bote.' Dann kämmte ich die schadhaften Haare aus.«
»Und hast du verstanden?«
»Freilich habe ich verstanden. Ich habe verstanden, daß mir über all dem Erfahrenwollen, wie es um die Seele steht, die Seele zu verderben droht. Daß schon vieler Schaden entstanden ist. Daß ich oft die Menschen beobachtet habe, statt mit ihnen einfach Umgang zu haben und nur eben dabei sie auch wahr-

zunehmen. Daß ich den Schaden, der dadurch in mir entstanden ist, ausrotten muß, damit er nicht um sich greife. Und auch, daß ich keinen neuen aufkommen lassen darf. Daß ich freien Herzens und ohne Absicht mit den Menschen umgehen soll. Seither ist es auch anders geworden, als es war. Und, Rabbi, nicht als Ihr beim ersten Mal den Abschnitt mit mir lerntet, sondern damals, als ich Euch den Pelzhut ausbesserte, bin ich Euer Schüler geworden.«

»Bist du mein Schüler, Bunam?«

»Ich bin Euer Schüler, Rabbi, und will nie aufhören es zu sein.«

»Danach bist du aber lang nicht gekommen.«

»Ja. Da ist es mir schlecht ergangen. Ich bin erst im nächsten Jahr gekommen und dann erst zu Passah.«

»Und als du kamst, habe ich dich gefragt: 'Wie ist es, Bunam?'«

»Und ich habe nichts antworten können als das eine Wort 'Bitter', so bitter war mir zumut. Ihr aber sagtet: 'So ist dir schon geholfen, denn es heißt: Ein gebrochnes und zermalmtes Herz, Gott, du wirst es nicht verachten'.«

»Und war dir geholfen?«

»Mir war geholfen.«

»Und jetzt?«

»Jetzt, Rabbi, mische ich meine Arzneistoffe und hüte meine Gedanken, daß sie unvermischt bleiben.«

»Und was hast du vor?«

»Zu dem halten, der mich braucht, – sobald er mich brauchen will. Von Euch habe ich's gelernt, Rabbi: da sein, wo man gebraucht wird, und so sein, wie man gebraucht wird.«

»Auch wir hier brauchen dich, Bunam.«

»Ich meine, Rabbi: der mich zu dem braucht, was er vorhat.«
»Auch wir brauchen dich, Bunam, zu dem, was wir vorhaben.«
»Rabbi«, sagte Bunam, »dieses Horn zu blasen könnten meine Lunge und mein Mund nie erlernen.«
Zugleich mußte der Mann Bunam, der jetzt an einer der Ulmen lehnte, daran denken, wie er vier Tage zuvor mit dem »Juden« unter der großen Linde gesessen hatte. Diesmal war der ganze Himmel sternenklar, der Mond war zum Halbmond erwachsen. Unwillkürlich hatte Bunam die Augen zu den Himmelslichtern erhoben, und ebenso absichtslos streifte jetzt der sinkende Blick das Antlitz des Rabbi, das hell beleuchtet war: – aus den Wangen war alles Rot gewichen. Nie zuvor und danach hat jemand an dem Antlitz des Sehers von Lublin diese Änderung wahrgenommen.
Jetzt klopfte der Rabbi die Pfeife aus.

Zweiter Teil

Ich entnehme das Folgende den Aufzeichnungen eines Schülers des Rabbi von Lublin, Benjamin mit Namen, der aus Lublin stammte und dort lebte, aus dem Sommer des Jahres 1797. Sie haben nicht den Charakter eines Tagebuchs, sondern berichten in gedrängter Fassung das Wichtigste, das sich dem Rückblick darstellt. Was hier mitgeteilt wird, sind nur die Stellen, die unsern Gegenstand angehn. Rabbi Benjamin schreibt:

Die Gesundheit des Rabbi war im letzten Jahr weit besser als in den beiden vorhergehenden, wo er uns manchmal wie ermüdet erschien. Er hat wieder mehr selber am Unterricht teilgenommen, auch in der Geheimlehre, die er im Vorjahr fast gänzlich Rabbi Meïr und, sooft Rabbi Hirsch in Lublin verweilte, diesem überlassen hatte. Die Tischreden, die eine Zeitlang wie ein kurzer Auszug aus dem was er in sich trug wirkten, haben nun wieder ihre frühere Art angenommen. Mit besonderem Nachdruck hat der Rabbi wiederholt über den Glauben an den Zaddik und das Verhältnis zwischen diesem und dessen Schülern gesprochen. Einmal habe ich mir seine Rede in der Nacht, nachdem sie gesprochen war, aus dem Gedächtnis niedergeschrieben und trage sie nun in dieses Buch ein. Damals legte er die Worte des Propheten Jesaja aus: »Wer ist unter euch des Herrn fürchtig, hörend auf die Stimme seines Knechts, der im Finstern geht, wo nichts ihm strahlt.«

Der Rabbi sprach: »'Wer ist unter euch des Herrn fürchtig?' – wer vermag es Gott zugleich zu fürchten und doch 'unter euch', das heißt: unter die Menschen vermengt zu bleiben und die Gemeinschaft mit ihnen zu pflegen? wer vermag es, sich wahrhaft dem Schöpfer hinzugeben, aber nicht indem er sich von den Geschöpfen absondert, sondern gerade indem er seine Hingabe an Ihn an ihnen erfüllt? Dahin kann gelangen, 'wer auf die Stimme seines Knechts hört': wer auf den Zaddik, den Knecht Gottes, hört und an ihn glaubt. Und warum nennt Gott den Zaddik seinen Knecht? Weil der 'im Finstern geht': er geht durch die Finsternis der Welt, durch all ihre Süchte, durch die sich für ihren Blick das Angesicht Gottes verfinstert hat und ihr unwahrnehmbar geworden ist; er geht da, 'wo nichts ihm strahlt': ihm nämlich strahlt in der Finsternis das göttliche Nichts, das ist die höchste der aus dem Urgrund entsandten Potenzen, die 'Krone', die auch, weil sie allem Etwas entrückt ist, 'Nichts' heißt.«
In diesem Jahr sind seltsame Nachrichten von einem Heerfürsten des Westens, Bonapart mit Namen, der auch den Beinamen Apollyon oder Napollyon führen soll, zu uns gelangt, und Rabbi Naftali überbrachte sie dem Rabbi. Ich weiß das Gespräch, das sie darüber führten, aus Rabbi Naftalis eigenem Mund und habe es sogleich danach aufgeschrieben. Es war an einem Freitag, der Rabbi war wie gewöhnlich mit der Pfeife im Mund ins Lehrhaus gekommen, und es ist ja bekannt, daß die Gabe des Geistes an diesem Tag ihm in besonders reichem Maße zuströmt. Rabbi Naftali berichtete ihm, daß von diesem Bonapart der Papst in Rom besiegt worden ist

und daß sein Abgesandter, einer der obersten Priester, sich dem Heerfürsten zu Füßen warf, um eine Erleichterung der Friedensbedingungen von ihm zu erbitten. »Das ist der Mann«, sagte der Rabbi. Rabbi Naftali hat mir diese Worte nicht erklären wollen, aber ich sagte ihm, sie seien wohl im Zusammenhang mit dem Kommen Gogs zu verstehen, das uns der Rabbi vor vier Jahren als bevorstehend angekündigt hat, und Rabbi Naftali hat das nicht bestritten. Er erzählte weiter, er habe dem Rabbi berichtet, man sage, daß der Heerfürst nun vor den Mauern der Stadt Wien stehe und daß das Heer des Kaisers von Wien und seines Volkes schwanke, wie im Propheten Jesaja geschrieben steht, 'wie die Bäume des Waldes vor dem Winde schwanken'. Darauf habe er, Rabbi Naftali, aus dem Munde des Rabbi, der zum Fenster hinaus in die Ferne zu blicken schien, folgende Worte gehört: »Ich sehe ihn. Er ist klein und dürr, aber er wird mehr und mehr zunehmen. Seine Beine sind kurz und sein Kopf ist groß.« Rabbi Naftali erwähnte, der Mann stamme nicht aus dem Lande, dessen Heer er führe, sondern aus einer fremden Insel. Darauf sagte der Rabbi: 'Er ist ein Sidonier.' Rabbi Naftali versicherte, der Mann stamme weder aus Sidon noch aus Tyrus, sondern von einer Insel des Westens, aber der Rabbi wiederholte, er sei ein Sidonier, und fügte hinzu: 'Er nennt sich den Löwen der Wüste, aber er ist kein Löwe. Er hat das Zeichen des Skorpions auf der Stirn. Er kommt von den sidonischen Inseln. Er kommt aus der Flut des Abgrunds. Er kommt von Abaddon. Er liebt niemand und will von allen geliebt werden. Er will die Welt zur Beute. Er kommt von Abaddon.' So habe ich es aus dem

Munde Rabbi Naftalis gehört. Auch hat er mir erzählt, die Völker der Welt glaubten, aus dem Abgrund würde ein großes Heer von Skorpionenmenschen aufsteigen und die Erde verwüsten, ihr König aber sei der Engel des Abgrunds und heiße Apollyon, das ist auf Hebräisch Abaddon, Verlorenheit. Ich habe mir alles gemerkt, wie es gesagt worden war, und habe es sogleich danach aufgeschrieben.

Ich habe noch nicht erzählt, daß Rabbi Jehuda Löb uns vor einiger Zeit verlassen hat und nach Zakilkow zurückgekehrt ist. Man sagt, das sei nach einem langen Gespräch mit dem Rabbi geschehen. Er habe vom Rabbi verlangt, er solle den »Juden« strafen, weil er in Pžysha, wo er damals schon mehr als zwei Jahre wohnte, eine eigne Gemeinde gegründet habe. Der Rabbi aber habe sich geweigert ihm zu glauben, denn der »Jude« komme doch immer wieder nach Lublin und hätte ihm, wenn er dergleichen getan hätte, selber darüber Bericht erstattet. Als Rabbi Jehuda Löb auf seiner Behauptung bestand, habe der Rabbi zu ihm gesagt: »Ihr werdet früher als er eine eigne Gemeinde gründen. Ihr wähnt ja, meiner Macht nicht mehr untertan zu sein, weil Ihr den Engelsfürsten der Lehre nicht mehr an meiner Seite seht. Aber das könnt ihr nicht verstehn. Er, der 'Jude', hegt keinen solchen Wahn.« Darauf habe sich Rabbi Jehuda Löb schweigend abgewandt und sei aus der Stube gegangen. Man sagt aber, er sei schon damals unwillig gewesen, als der Rabbi dem so viele Jahre jüngeren Rabbi Meïr die zeitweilige Führung der Schüler übertrug.

Was den »Juden« anlangt, so habe ich ja schon in meinen früheren Aufzeichnungen erzählt, wie nach seinem Weggang seine Gegner einen festen Bund geschlossen hatten, an dessen Spitze zunächst Rabbi Jehuda Löb stand und jetzt Rabbi Simon Deutsch steht. Die eigentliche Leitung der Geschäfte hat aber Rabbi Eisik. Er ist es, der Kundschafter bestellt hat, die in Pžysha ermitteln sollen, ob der »Jude« selbständige Lehrvorträge hält, ob Chassidim mit Bittzetteln und Lösegeldern zu ihm kommen, und insbesondre auch, welche Schüler von Lublin dort zu finden sind und was sie dort treiben. Es ist ja bekannt geworden, daß nicht bloß Rabbi David und Rabbi Bunam, sondern auch viele andere im Hause des »Juden« aus- und eingehen. So ist zum Beispiel festgestellt, daß Rabbi Jissachar Bär, der freilich auch zu hundert anderen Zaddikim fährt, dort ein häufiger Besucher ist, und merkwürdigerweise hat man auch den jungen Perez, Rabbi Jekutiels Bruder, in Pžysha gesehen. Alle Nachrichten werden zusammengestellt und in der rechten Auswahl und Anordnung dem Rabbi zugetragen, zumeist durch Rabbi Jekutiel, von dem niemand annehmen kann, daß er etwas anderes als die Wahrheit berichte. Und es wird ja auch wirklich nichts anderes als die Wahrheit dem Rabbi überbracht, nur eben in der richtigen Zubereitung, wie es bei solchen Dingen üblich ist. Es scheint aber, daß nichts ihn bewegen kann, etwas gegen den »Juden« zu unternehmen, an dem offenbar sein Herz immer noch hängt.

Nachtragen muß ich noch, wie es gekommen ist, daß bei Rabbi Simon Deutsch die Abneigung gegen den »Juden«, die er durch ständiges Brummen in seiner Gegenwart zu äußern pflegte, sich zu einem grimmigen Haß gesteigert hat. Als der »Jude« zum erstenmal von Pžysha, nicht lange nachdem er sich dort niedergelassen hatte, hierher fuhr, traf er unterwegs mit Rabbi Simon, der ebenfalls nach Lublin reiste, in einer Herberge zusammen. Sie frühstückten miteinander. Plötzlich sagte Rabbi Simon: »Ich kehre um. Ich sehe, daß der Rabbi nicht daheim ist.« Der »Jude« bestritt es. Nach einigem Hin und Her kamen sie überein, zusammen nach Lublin zu fahren; Rabbi Simon gab seine Zustimmung nur, um den ihm unerträglichen Eigensinn des »Juden« zu brechen. Als sie ins Tor von Lublin einfuhren, riefen ihnen schon Leute, die ihrer ansichtig wurden, entgegen, der Rabbi habe die Stadt vor kurzem in einer andern Richtung verlassen. »Nun, habe ich nicht recht gesehen?« sagte Rabbi Simon. »Es ist nicht wahr«, antwortete der »Jude«. Als sie zum Hause des Rabbi kamen, erfuhren sie, er habe in der Tat abreisen wollen, habe es aber dann verschoben. Darauf fragte Rabbi Simon den »Juden«, woher er es gewußt habe. »Weil Ihr mit Eurem Sehen so großtatet«, sagte der »Jude«. Damals hat sich bei Rabbi Simon der Widerwille in einen großen Haß verwandelt.

Der Segen

Pžysha unterscheidet sich in nichts von unzähligen polnisch-jüdischen Städtchen, in denen es zwar weit mehr Polen als Juden gibt, man aber den umgekehrten Eindruck gewinnt, erstens weil die Juden sich mehr auf den Gassen zu tun machen und zweitens weil sie mit Gliedern und Kehle bekunden, daß sie da sind. Man muß aber hinzufügen, daß die Stärke des jüdischen Anteils dennoch nicht gering ist; das sah man besonders jetzt am Freitag, da sich an dem Städtchen durch die Arbeit einiger Stunden eine Verwandlung vollzog.

In der Radomska genannten Hauptgasse, die so heißt, weil man, wenn man sie zu Ende und auf der sie fortsetzenden Landstraße immer weiter geht, schließlich in die Bezirksstadt Radom kommt, stand eine Apotheke. Man trat in einen gewölbten Raum, der in ein niedrigeres und dunkleres Gewölbe mündete, und dem Auge der Besucher kam es vor, als setze sich das Spiel im Hintergrunde fort. Ein paar schöne alte Gefäße überglänzten die Marktware, aus der der größte Teil der Einrichtung bestand. Hinter dem Quertisch mit der Waage waren inmitten der Arzneibehälter auch einige Flaschen mit hellen und bunten Flüssigkeiten zu sehen, in denen der Blick der Stammkunden sogleich den Ebereschenschnaps vom gebrannten Pflaumengeist und diesen vom Erzeugnis der Weichselkirsche unterschied. Diese Kunden saßen nämlich zuweilen an einem Seitentischchen, tranken dem Apotheker zu, plauderten mit ihm und fochten in stillen Stunden sogar eine Schachpartie gegen ihn aus.

An diesem Freitagmorgen wartete eine Bäuerin vor dem Quertisch auf die Ausführung eines Rezepts. Bunam, der mit den Bauern der Gegend auf gutem Fuße stand und von ihnen oft um Rat in allerhand Dingen angegangen wurde, die mit seinem Beruf nichts zu tun hatten (»er *weiß*«, hieß es von ihm), fragte die Frau nach dem Ergehen ihres jüngsten Kindes aus, fertigte mit der rechten Hand die Arznei an und ließ die Linke über die Saiten einer Gitarre gleiten, die auf der Bank neben ihm lag. Eben trat ein Chassid ein. Eine Weile sah er dem Treiben des Apothekers mit einer mißfälligen Verwunderung zu. Endlich entschloß er sich seinem Gefühl Ausdruck zu geben. »Rabbi Bunam«, sagte er, »das ist ein unheiliges Gebaren!« »Rabbi Jecheskel«, erwiderte Bunam, »Ihr seid ein Narr von einem Chassid!« Der Mann ging hinaus, den Groll im Herzen. Er hat aber später erzählt, in der Nacht danach sei ihm sein toter Großvater erschienen, habe ihm eine Ohrfeige verabreicht und ihn angefahren: »Guck ihm nicht nach, er leuchtet in alle himmlischen Hallen hinein!«

Bald danach saß Bunam vor dem Schachbrett einem verrufenen Wucherer gegenüber. Von seiner Jugend an liebte er mit fragwürdigen Leuten Schach zu spielen. Er tat jeden Zug mit einer heiteren Andacht. Dabei trug er von Weile zu Weile halb singend Verslein vor, wie etwa: ʻMachst du einen Gang, sorg, daß dir nicht werde bang.« Die Sprüche paßten stets zur Lage im Spiel, aber der Ton, in dem sie gesagt wurden, war so, daß die Partner aufhorchen mußten. Sie spürten immer stärker, daß es ihr Leben anging. Sie wollten's nicht wahr haben, sie wehrten sich, sie erlagen – die Umkehr nahm ihre Herzen in Besitz. Auch diesmal ging's wunderlich zu. Bunam machte einen falschen Zug, sogleich zog der Partner und brachte ihn in eine schlimme Lage. Der Apotheker bat, den Zug zurücknehmen zu dürfen, und der Mann gestand es zu. Als das sich aber wiederholte, weigerte er sich, es Bunam nochmals nachzusehen. »Einmal hab ich's Euch hingehn lassen«, sagte er, »aber jetzt muß es gelten.« »Weh dem Menschen«, rief der Apotheker, »wenn er sich so tief ins Böse verkrochen hat, daß ihm kein Gebet mehr hilft, umkehren zu können!« Stumm starrte der Spielpartner ihn an, aber es war zu erkennen, daß in der veraschten Seele ein Feuer aufgeglommen war.

Wieder stand Bunam vor dem Quertisch und zupfte an seiner Gitarre. Da ging die Tür, ein Junge trat ein und bestellte, der Rabbi lasse den Herrn Apotheker bitten, sogleich zu ihm zu kommen. Bunam war es gewohnt, solcherweise gerufen zu werden. Es geschah nicht selten, daß der »Jude«, wenn er unter den bei ihm Heilung ihrer Seele Suchenden – er nahm zwar weder Bittzettel noch »Losegeld« an, wies aber kein Anliegen ab – einen »schweren« Fall hatte, wie Bunam es nannte, nach einer Weile ausrief: »Holt mir den Apotheker zu Hilfe!« Diesmal schien es aber etwas Außergewöhnliches zu sein. Bunam rief seine Frau Riwka aus der Wohnung herbei. Wie immer, wenn sie ihn anblickte, lächelte sie; ihr Mann schien sie immer neu zu belustigen, aber zugleich, und weit mehr noch, zu erfreuen. Er erwiderte das Lächeln – es schien ihm recht zu sein, daß er sie belustigte, wenn er sie nur auch erfreute –, bat sie, ihn zu vertreten, gab ihr einige Weisungen und ging.

Vor dem in einer Seitengasse gelegenen Häuschen, in dem der »Jude« wohnte, sah er einen seltsamen Auflauf. Die Verkrüppelten und Gelähmten der Judenschaft waren hier versammelt, umgeben von Verwandten und Vertrauten. Fast alle gestikulierten heftig und schrien durcheinander. Alle begehrten offenbar Einlaß. Als Bunam kam und vom Fenster aus erkannt wurde, ließ man ihn ein, aber die mit ihm eindringen Wollenden wurden abgewiesen und die Tür wieder verriegelt.

Der »Jude« kam Bunam schon im Vorraum entgegen. »Ratet mir, was ich tun soll, Rabbi Bunam«, sagte er. »Es hat sich etwas ereignet, etwas Gutes, was aber für mich schlimme Folgen hat. Ich habe, wie Ihr wißt, meine Eltern in meiner Heimatstadt besucht und bin vor einer Woche zurückgefahren. Unterwegs habe ich mich versäumt und mußte den Sabbat in einem Gasthof zubringen. Als ich mich wieder auf den Weg machen wollte und den Wirt nach meiner Schuldigkeit fragte, weigerte er sich Geld von mir anzunehmen. Es habe ihm gefallen, sagte er, wie ich betete; auch daß ich damit wartete, bis mein Herz bereit ist, habe er eingesehen; einfachen Leuten wie er stünde dergleichen freilich nicht an, aber er sei froh, daß so gebetet werde; da könne er sich doch das Geringe, das er für mich tun konnte, nicht bezahlen lassen. Wenn ich darauf bestanden hätte, wäre es dem Mann eine Kränkung gewesen; so fragte ich ihn, ob ich ihm meinerseits seine Freundlichkeit irgend vergelten könnte. 'Was sagt ein guter Gast?' führte er zur Antwort an, 'er segnet den Hausherrn'. Frau,

Kinder und Gesind umstanden ihn; ich segnete sie alle, bestieg den Wagen und hieß schnell fahren, denn die Zeit drängte. Da rief der Mann: ‘Ach! Der Rabbi hat vergessen, sich von unserer Tochter zu verabschieden und sie zu segnen.’ ‘Was für eine Tochter?’ fragte ich etwas unwillig, ‘warum ist sie nicht hier? Sie soll nun gleich herauskommen!’ Und da kam sie auch schon, auf noch unsicheren, gleichsam nach dem Boden greifenden Füßen, noch steif, aber aufrecht, stracks auf mich zu und beugte den Kopf unter meinen Segen, und alle schrien und schluchzten über das Wunder: elf Jahre hatte das Mädchen gelähmt gelegen, ohne sich auch nur von der rechten auf die linke Seite drehen zu können. Während sie sich um die Genesene zu schaffen machten, bin ich auf den Wagen gesprungen und eilig von dannen gefahren. Ich war gewiß, daß mich dort niemand kannte. Und nun ist doch die Kunde von dem angeblich von mir getanen Wunder hierher gelangt, und alle Gebresträger der Gegend fordern als ihr gutes Recht von mir, daß ich sie heile. Was soll ich nur tun, Rabbi Bunam?«
Bunam nickte ihm zu. Noch nie hatte er seinen Lehrer und Freund so ratlos gesehen. »Geht nur zu ihnen hinaus und sagt ihnen die Wahrheit, Rabbi«, erklärte er. »Die Wahrheit«, fragte der »Jude« zweifelnd, »wie könnten sie sie verstehen, sie annehmen?« »Sagt sie eben so, daß sie sie fassen und halten können«, antwortete Bunam. Er öffnete die Tür und sie traten beide hinaus. Nun aber zeigte sich, daß inzwischen eine neue Schwierigkeit hinzugekommen war: die kleine Schar hatte sich um eine Anzahl polnischer Leidensgenossen vermehrt, die gesondert standen.

»Die übernehme ich«, sagte Bunam und ging rasch auf die christliche Gruppe zu. In einem festen klaren Polnisch – er war Meister in vielen Sprachen – versicherte er den Leuten, dieser Mann sei kein Wundertäter und Gott habe sich seiner nur wie eines willenlosen Werkzeugs bedient, weil *er* eben heilen wollte, aber ... Hier unterbrachen ihn seine Hörer, jedoch nicht aufbegehrend, sondern durch eine sanfte Klage. »Der Herr Rabbiner *will* uns nicht heilen«, klagten sie. Und sogleich stimmte die jüdische Schar in grellerer, fordernder Tonart ein. Das bedächtige Bauernidiom klang mit der auftrumpfenden Mischsprache der Verbannten zusammen. Der Jammer der Kreatur, Pein, Ohnmacht, bodenlose Hoffnung, zur Stummheit verdammt und doch stammelnd, übermannte den »Juden«. Im Nu war alle Ratlosigkeit von ihm abgefallen. Verwandelt stand er in der Aura der Liebe. »Brüder, Brüder«, rief er, »ihr leidet das Leid des Menschen und die Schechina leidet euer Leid mit euch. Mit euch ist sie lahm und gebresthaft, mit euch klagt sie die Klage. Ich weiß nicht, warum ihr leidet, ich weiß nicht, wie euch zu helfen ist, aber ich weiß, die Erlösung kommt. Ihre, der Schechina, Erlösung kommt. Wenn sie kommt, ist das Leid des Menschen zu Ende, euer Leid ist zu Ende. Gott, der Gott der Leidenden, will euch segnen. Ich segne euch in seinem Namen. Zur Einung des Heiligen, gesegnet sei Er, und seiner Schechina!« Er hob mächtig die Arme über Juden und Polen zugleich. Vereint beugten sie die Köpfe unter den Segen.
Die Juden hatten von der Rede nicht viel mehr als die Polen verstanden, aber jene und diese hatten das wahre Wort aufgenommen, sie nahmen es an. Lang-

sam, doch ohne einen Rest des Widerstands zerstreute sich die Menge. Jetzt erst sah sich Rabbi Jaakob Jizchak nach Bunam um – und merkte, daß er nicht neben ihm, sondern einige Schritte entfernt ihm gegenüber stand, den Kopf noch immer gebeugt, wie er ihn inmitten der Leidenden unter den Segen gebeugt hatte.

Es ist bekannt, daß Rabbi Bunam den »Juden« die goldene Ähre genannt hat. Das Wort will verstanden werden. Daß es, wie jemand meint, auf eine Ähre mit goldenen Körnern zurückzuführen sei, die Bunam auf seinen Reisen in einer königlichen Schatzkammer gesehen habe, ist ein Mißverständnis. Wir wissen, daß Bunam es liebte, das Nachmittagsgebet auf dem Felde zu sprechen, und die Sage erzählt, daß der Erzvater Isaak, der wie die Schrift berichtet »hinausging, auf dem Feld zu sinnen«, ihn dabei in der Erscheinung eines Wanderers aufsuchte und sich mit ihm unterredete. Oft stand er vor reifenden Weizenfeldern, betrachtete sie lang und atmete zuweilen tief ein, wie um den ganzen Duft »des Feldes, das der Herr gesegnet hat«, in sich aufzunehmen. Wenn er »die goldene Ähre« sagte, meinte er dieses Reifen zur Fülle des Segens, das sich in der Farbe des reinen Goldes darstellt. Und wenn man bedenkt, daß er mitunter eine reife Ähre vom Halm brach und die Körner andächtig verzehrte, versteht man, daß in seinem Lob auch das der Nährkraft enthalten war, die diesem lebendigen und wachsenden Golde innewohnt.
Etwas von dieser Freude an dem Menschen, in dem er unter all seinen Lehrern den gefunden hatte, dem er sich auch nah fühlen durfte, war dem Blick anzumerken, mit dem er jetzt, eine Stunde nach der Begebenheit mit den Krüppeln, dem »Juden« zusah, wie er mit einer Gelassenheit, die er früher nicht besessen

hatte, lange Züge aus seiner Pfeife tat, und eine Weile später, wie er mit derselben Gelassenheit von den flachen Zimtküchlein aß, die Schöndel Freude, wenn sie sich auch noch so sehr über ihren Mann ärgerte, nicht anders als köstlich zuzubereiten imstande war. Der Rabbi von Ger, ein berühmter Schüler Bunams, pflegte – dies geht offenbar auf eine Überlieferung von Bunam zurück – zu sagen, wenn der »Jude« die Pfeife rauchte, hätte er seine Seele wie der Hohepriester beim Räuchern ausgerichtet, und wenn er Küchlein aß, wie der Hohepriester beim Opfern.

»Rabbi«, sagte Bunam jetzt, »wie Ihr Euch auch weigert, Bittzettel von den Leuten entgegenzunehmen und am Sabbattisch die Lehre vorzutragen, Ihr könnt dem Schicksal, eine eigne Gemeinde zu gründen, nicht mehr lang entgehn.«

»Sagt Ihr das nun auch, Rabbi Bunam?« erwiderte der »Jude« schmerzlich. »Soll die Lüge der Verleumder zur Wahrheit werden?«

»Was gehn Euch die Verleumder an?«

»Ich fürchte, sie werden mich noch sehr angehn.«

»Aber bedenkt doch, Rabbi: wenn einer zu Euch kommt und von Euch Unterweisung erbittet, versagt Ihr ihm doch nicht ihn zu lehren, und wenn einer zu Euch kommt und Euch fragt, was er zur Rettung seiner Seele tun soll, enthaltet Ihr ihm doch die Hilfe nicht vor. Sind all die Menschen, die zu Euch kommen, von Euch empfangen und Euch anhangen, mitsammen nicht doch schon eine Gemeinde?«

»Ich muß, was mir aufgetragen ist, an jedem zu erfüllen suchen, der zu mir geschickt wird. Aber eine Gemeinde entsteht nicht, solang der Mann, der den Auftrag hat, nicht will, daß sie entstehe.«

»Eine Gemeinde entsteht nicht aus dem Willen eines Menschen, sondern aus seinem Dasein.«
»Aber wenn er nicht will, kann sie nicht entstehn.«
»Ihr werdet gezwungen werden, es zu wollen.«
»Wer sollte mich zwingen?«
»Wer sonst als Gott, gleichviel durch wessen Hand!«
»Er will nicht zwingen.«
Bunam fürchtete, seinen Freund um die schöne Gelassenheit bringen zu müssen, aber es gibt, auch für die Freundschaft, ein höheres Gebot als das der Schonung. Leise sagte er:
»Er hat gesprochen: 'Ich werde da sein als der ich da sein werde'. Er legt sich nicht auf irgendwelche Arten der Erscheinung fest. Er kann, wenn er einen Menschen auf Seinen Weg führen will, auch die Gestalt des Zwanges annehmen.«
»Das wäre grausam!«
»Er ist nicht freundlich. Er ist grausam und gnädig. Hiob bezeugt es.«
»Haben nicht unsere Weisen gesagt: 'Hefte dich an Seine Eigenschaften'? Sollen wir denen nicht nacheifern?«
»Dem Attribut des Erbarmens, das er uns erschließt. Nicht dem des Gerichts, dessen Anblick wir nicht ertragen könnten.«
»Bunam, ich habe etwas von Gottes Gericht kennen gelernt, und es war mir unverständlich, wie es für Hiob war.«
»Es gibt auch eine milde Gestalt des Gerichts. Das ist der Zwang, der einen Menschen nicht straft, sondern führt.«
Sie schwiegen. Bunam sah, daß Jaakob Jizchak zwar litt, aber nichts von seiner Ruhe eingebüßt hatte.

»Es gab eine Zeit«, sagte nach einer Weile der »Jude«, »da ich mich gefragt habe, ob wir denn wirklich notwendig sind.«

»Wie meint Ihr das?«

»Ich meine: ob es wirklich Gemeinden und Führer der Gemeinden geben muß. Ob es nicht doch genügen könnte, daß es die heiligen Bücher gibt. Ob nicht endlich doch ein Geschlecht der wahren Leser entstehen könnte und die lebendige Stimme spräche zu lebendigen Herzen. Und dann habe ich freilich erkannt, daß es so nicht geht. Deshalb nicht, weil jede wahre Gemeinde der Anfang der großen Menschengemeinde ist, die kommen soll. Aber auch deshalb nicht, weil die Menschen so sind, wie sie sind. Und noch mehr deshalb nicht, weil es Gott nicht bloß darum geht, was wir tun und was nicht, sondern auch darum, wie wir das tun was wir tun. Und das steht nicht in den Büchern.«

»Rabbi«, sagte Bunam, »in Danzig haben mich in der Herberge etliche Kaufleute gefragt, warum ich, der im Schrifttum doch so bewandert sei, es mich noch Geld kosten lasse und zu Zaddikim fahre. Was könnten die mich an Weisheit und Sitte lehren, was nicht auch in den Büchern steht? Ich versuchte es ihnen auf allerlei Weise zu erklären, aber sie wollten's nicht einsehn. Einmal forderten sie mich auf, mit ihnen ins Schauspiel zu gehen. Ich lehnte es ab. Als sie am Abend heimkamen, erzählten sie mir, es habe im Theater viele wunderbare Dinge gegeben, derengleichen sie nie zuvor gesehen hätten. 'Die wunderbaren Dinge kenne ich auch', sagte ich, 'ich habe ja den Zettel gelesen, auf dem die Vorgänge und die handelnden Menschen verzeichnet sind.' 'Danach', antworteten sie, 'könnt Ihr Euch gar keine Vorstellung machen, was wir mit unseren Augen gesehen haben.' 'So gesteht Ihr denn selber ein', sagte ich, 'daß ich recht habe. Denn eben so verhält es sich mit den Büchern und den Zaddikim.' Und so –«

Die Tür ging auf. Ein sehr junges Weib trat ein, die hölzerne Wiege, aus der ein munteres Knabengesicht hervorschaute, vor sich herschiebend; offenbar wollte sie das Kind auch nicht für kurze Zeit sich selbst überlassen. Ohne die starken Brüste und Hüften, die sie schon als Mädchen hatte, wäre sie schlank zu nennen gewesen und das Köpfchen liebreizend ohne die große und unruhige Nase, die, wenn sie schwieg – was freilich nicht oft geschah –, ihr stärkstes Ausdrucksorgan war. Wenn sie erregt war – und das war ihr natürlicher Zustand – und sich in Worten zu äußern wünschte, warf sie dieses Köpfchen zur Seite und riß die hübschen grauen Augen mit den braunen Pünktchen darin und den lieblich geschwungenen Mund zu gleicher Zeit weit auf. Das tat sie auch jetzt, sogleich nachdem sie eingetreten war.

»Itzikel«, sagte sie in einem fast sanften Ton, dem aber die Fähigkeit anzumerken war, in ein ausbündiges Kreischen umzuschlagen, »ich muß mit dir reden, und ich will mit dir vor Rabbi Bunam reden, weil er ein kluger Mensch ist.«

»Sie hat den Anfang unseres Gesprächs gehört«, flüsterte Bunam dem »Juden« zu, »aber warum mag sie wohl mit dem Hereinkommen so lang gezögert haben?«

»Ich bitte«, fuhr Schöndel mit strengeren Akzenten fort, »daß ihr die Ohren offen haltet für das, was ich

zu sagen habe. Ich will gehört werden! So geht es nicht weiter!«
Unversehens stand ihr ein Schweißtropfen über dem Nasenrücken, – das Zeichen, daß sie im Begriff war, die gegliederte Rede aufzugeben und zu der Sprachform des Sturzbachs überzugehen.
»Du kümmerst dich selbstverständlich um gar nichts, Itzikel«, begann sie, »du kümmerst dich um gar nichts als um die Träume, die du in dir herumträgst, du meinst, ich weiß es nicht, doch, ich weiß alles, nichts als Träume, wesenlose Träume, du vergißt, daß du eine Frau hast, du vergißt, daß du einen Sohn hast, alles vergißt du, um nichts bist du besorgt als um deine Träume, daß nur denen nichts zustoße, aber wir, was mit uns werden soll geht dich nichts an, wir können umkommen, nicht wahr, dir kann's ja gleich sein, dir bleiben ja die Träume, und dabei brauchtest du dich nicht einmal anzustrengen, die Leute kommen ja gelaufen, versessen sind die Leute auf dich, sie wollen bloß, daß du die Hand ausstreckst, aber du, was machst du, du legst die Hand auf den Rücken, du bist ja viel zu hochmütig, um dich mit den Leuten abzugeben, du machst ihnen ein freundliches Gesicht, aber in deinem Herzen bist du hochmütig, niemand ist so hochmütig wie du, ich kenne dich, mir ist alles offenbar wenn du so ferne Augen machst, ferne Augen an mich wie du ferne Augen an Vögele gemacht hast, meine süße Vögele, was ist mit ihr geschehen, ich frage dich, was ist mit Vögele geschehen? !«
Jaakob Jizchak schwieg.
»Das rührt ja alles nicht an dich«, fuhr sie fort, »du bist über alles erhaben, du hast ja deine Träume, aber

ich, ich werde nicht aufhören mich zu erinnern, wie sie dagesessen ist über der Strickerei und du warst nicht da, nie warst du da, und sie hat nicht weinen wollen, du meinst ich war zu klein, ich habe ihr angesehen, daß sie nicht hat weinen wollen, aber du bist herumgezogen, wohin, deinen Träumen nach, und so willst du's auch mit mir machen, aber mit mir macht man so was nicht, ich werde es mir nicht gefallen lassen, ich werde nicht aufhören dich zu erinnern, mich wirst du nicht los wie Vögele!«
Jaakob Jizchak schwieg.
»Da mag sich eine Menschenseele dir zu Füßen winden«, fuhr Schöndel fort, »was macht's dir aus, du gehst in deine Kammer und betest, ich verstehe nicht, wie du es wagst zu beten, so einer wie du, und dabei glauben noch die Leute an dich, es ist nicht zu fassen, ausgerechnet an dich glauben sie, sie sagen, du kannst Wunder tun, so bring das Wunder fertig Weib und Kind zu ernähren, es ist noch ein Glück, daß meine gute Mutter uns was zukommen läßt, sonst könnten wir ja Hungers sterben, nun ja, ein paar Groschen verdienst du mit Unterricht, aber auch die dürfen wir nicht verbrauchen, über Nacht darf dir kein Heller im Haus bleiben, alles was übriggeblieben ist muß man den Armen hingeben, und wir, sind wir nicht arm, aber nein, du duldest es nicht, und wenn ich nicht weiß wovon ich morgen einen Brei für den Jungen koche, du duldest es nicht, du duldest es nicht!«
Sie schrie es laut. Plötzlich versagte ihr die Stimme, sie rang nach Atem, dann wimmerte sie nur noch leis. Der »Jude« betrachtete sie aufmerksam, danach brach er sein Schweigen. »Schöndel«, sagte er, »ver-

sündige dich nicht! Wir haben ein Dach überm Kopf, wir haben Speise und Kleid, auch für Vögeles Kinder ist gesorgt, was willst du mehr!«
Bunam sah ihn erstaunt an.
Mit den ersten Worten des »Juden« hatte die Frau Atem und Stimme wiedergewonnen. Sie fügte noch einiges hinzu, aber es war ihr offenbar nur noch um den Abschluß zu tun. Sie ging bald, die Wiege heftiger als zuvor vor sich herschiebend, zur Tür hinaus und schlug sie zu.
»Rabbi«, fragte Bunam, »was hat dieser Tag vor den andern voraus? Ihr pflegt ihr doch sonst nichts zu erwidern!«
»Bunam«, antwortete der »Jude«, »hast du nicht gesehen, wie es ihr an die Kehle griff, daß ich mich von ihrem Schelten nicht anfechten ließ? Da mußte ich ihr doch zu fühlen geben, daß mir ihre Worte das Herz zerschlügen. Aber zerschlagen sie es mir etwa nicht?«
In diesem Augenblick drang zu ihnen ein leichtes Geräusch durch das angelehnte Fenster. Schon stand Bunam auf dem Brett und sprang hinaus, anscheinend auf ein draußen stehendes menschliches Wesen, denn der »Jude« vernahm einen Aufschrei. Ehe er etwas tun konnte, war schon der Freund durch die Tür zurückgekehrt, einen widerstrebenden Mann am Arm mitziehend. Es war Eisik. Von Bunam losgelassen, stand er da, schon wieder im Gleichgewicht, und es gelang ihm sogar, diesmal die rechte Schulter statt der linken hochzuziehn.
»Rabbi«, begann er sogleich, zum »Juden« gewendet, »ich sehe Euch an, daß man mich bei Euch verleumdet hat. Man hat Euch offenbar gesagt, ich brächte

üble Gerüchte über Euch auf. Aber das ist nicht wahr. Gewiß, ich habe es übernommen, über den Gang der Dinge in Pžysha Berichte zu erstatten, aber das geschah um zu verhüten, daß Lügenkunden an unsern Rabbi gelangen. Andere hätten alles siebenfältig aufgebauscht. Ich aber erzähle nur die lautere Wahrheit. Und wie groß ist doch die Macht der Wahrheit über die Lüge!«

»Rabbi Eisik«, sagte der »Jude«, »erweist mir die Ehre, mit uns morgen die dritte Mahlzeit einzunehmen.«

Bei dieser dritten Mahlzeit ereignete sich ein hernach vielbesprochener Vorgang. Der »Jude« reichte Eisik über den Tisch ein Stück Hering. Eisik, der vor dem »Bösen Auge« zitterte, wickelte schnell das Taschentuch um die Hand, für die er sonst eine jähe Lähmung befürchten zu müssen glaubte, nahm so das Fischstück entgegen und führte es an den Mund, mit der Absicht, Kauen und Schlucken vortäuschend, es verschwinden zu lassen. Da überfiel ihn ein ungeheuerliches Würgen, das nicht von ihm ließ, bis er in der Verstörung, ohne es zu wollen, den Bissen in den Mund steckte und verschlang; nun hörte das Würgen sogleich auf. Aber es ist überliefert, daß es sich während des nicht kurzen Restes seines Lebens jedesmal wiederholte, wenn er sich anschickte, Hering zu essen, bis er sich endlich entschloß, auf das geliebte Gericht zu verzichten.

Ich teile im Folgenden weitere Aufzeichnungen Rabbi Benjamins von Lublin mit, und zwar aus dem Jahr 1799:

Zu Anfang des Winters hatte der Rabbi, nachdem er lange wie unter einer ziehenden Wolke gegangen war, eine Unterredung mit Rabbi Naftali. Dieser kam mit ernsterem Gesicht heraus als wir an ihm gewohnt sind. Erzählen wollte er nicht, und auf meine inständige Frage, wovon sie gesprochen hätten, antwortete er nur: »Weißt du denn nicht, daß Don Isaak Abarbanel die Weissagung Ezechiels über Gog so deutet, daß die Söhne Edoms zuerst über Ägypten herfallen würden, ehe sie gegen das Land Israel ziehen?« »Nun wohl?« sagte ich, denn ich verstand nicht, um was es ging. »Hast du denn nicht gehört«, rief er, »daß der Bonapart in Ägypten ist?« Da erst wurde mir der Zusammenhang offenbar. »Aber Don Isaak sagt doch«, wandte ich ein, »Gog sei gar nicht der Name einer Person!« »Du Narr«, fuhr er mich an, »was hat denn das damit zu tun?« Aber ich konnte nicht einsehn, daß ich verdient hätte, ein Narr genannt zu werden. Darum ließ ich nicht ab, obgleich er fortwollte, sondern hielt ihn am Arm fest und erinnerte ihn daran, daß nach Abarbanel das Volk, das Gog heißt, in Palästina gegen christliche Völker kämpfen werde, wogegen doch heute wie in Ägypten so im Lande Israel der Türke herrscht. Aber er wurde noch zorniger, schüttelte mich ab und sagte im Weggehen nur noch: »Was soll ich mit einem Menschen reden, der nicht weiß, daß der Bonapart gegen christliche Völker kämpft, auch wenn er gegen den Türken kämpft!« Aber ich bin der Ansicht, daß er meinen Einwand nicht widerlegt hat.

Bald danach hat der Rabbi einen Boten zu Rabbi Hirsch nach Żydatschow geschickt und hat ihm sagen lassen, daß er sogleich zu ihm kommen möge. Alsbald entstand unter uns ein Fragen, was der Gegenstand sei, obgleich doch bekannt ist, daß es unter allen Schülern keinen gibt, der Rabbi Hirsch an Kenntnis der Kabbala, und auch der »werktätigen Kabbala«, gleichkommt; womit ich freilich nicht gesagt haben will, daß er werktätige Kabbala triebe, er bestreitet auch selber, daß er sich damit je befaßt hätte. Als er nun kam, schloß sich der Rabbi mit ihm ein und niemand von uns durfte der Stube nahn. Glücklicherweise hatte Rochele in einem Nebenraum zu tun, und sie hat mir später, als Rabbi Hirsch bereits wieder abgereist war, anvertraut, sie habe den Rabbi eindringlich die Worte sagen hören: »Also darf man hier doch unter dem Norden den Nordwesten verstehen?« Ich habe sogleich gemerkt, daß damit Namen von bösen Gewalten gemeint waren, da ja bekanntlich der Norden die linke Seite bezeichnet. Als ich dies alles aber Rabbi Meïr mitteilte, lachte er mich aus und sagte: »Es handelt sich selbstverständlich darum, daß man die Worte, der Gog werde vom Norden her nach dem Lande Israel kommen, dahin auslegen könne, er werde von Nordwest her kommen, da wir ja für den Nordwesten keine Sonderbezeichnung in der heiligen Schrift haben.« Meines Erachtens ist aber das Lachen unberechtigt gewesen, denn es ist ja offenkundig, daß das Gespräch sich nur um einen Gegenstand der werktätigen Kabbala drehen konnte. Überhaupt finde ich es töricht, daß sie alles auf den Bonapart beziehen. Wie kommen sie dazu anzunehmen, daß ein Mann wie unser Rabbi sich in einem fort mit einem so groben Kerl abgebe? Es ist freilich wahr, daß man jetzt viel von ihm redet, auch bei uns. Aber schließlich gibt es doch noch andere und wichtigere Dinge auf der Welt. Ich muß freilich gestehen, daß sich später etwas begeben hat, was Rabbi Meïr Recht zu geben schien. Aber ich bin gewiß, es wird sich schon noch zeigen, daß es sich im Grunde doch so verhält, wie ich meine.

Ehe ich die Begebenheit berichte, mit der plötzlich der Bonapart in den Mittelpunkt unserer Aufmerksamkeit rückte, muß ich noch einiges andere erzählen, darunter etwas, was uns alle sehr erschreckt hat.

Nach Mitte März, ein paar Tage vor dem Purimfest, kamen, nachdem man sie hier lange nicht gesehen hatte, Rabbi David von Lelow, der »Jude« und Rabbi Bunam nach Lublin. Sie waren so fröhlich gestimmt, als ob der Purim-Mummenschanz schon in vollem Gange wäre, und gaben, nachdem sie den Rabbi besucht hatten, allen, die zu kommen bereit waren, ein großes Gelage. Rabbi Naftali, der die Einladung ebenso wie ich ohne Zögern angenommen hatte, sagte beim Hingehn: »Warum heißt es von König Ahasverus, er habe ein Gelage gerichtet für all seine Fürsten und seine Knechte? Es sind ja dieselben Menschen: seine Fürsten sind sie dem Volke und seine Knechte ihm selber gegenüber. Aber die Schrift will sagen: bis zum Gelage sind sie alle Fürsten und Knechte zugleich, aber beim Wein scheiden sich die Gemüter, – die einen fühlen sich nur noch als Fürsten und die andern nur noch als Knechte.« Wir sind dann alle – und es waren viele Lubliner Chassidim dabei – sehr vergnügt geworden, wir tranken und tranken, sangen heilig-lustige Lieder und tanzten. Ein siebzigjähriger Chassid zog die Schuhe aus, schürzte den Rock, sprang auf den Tisch und tanzte zwischen Kerzen und Gläsern, ohne etwas davon mit den beiden Füßen zu streifen. Dazwischen erzählte man sich Geschichtchen. Der Lelower erzählte von Kindern, Rabbi Bunam von den Kaufleuten in Danzig und Leipzig und Rabbi Naftali Scherzgeschichten von Zaddikim. Nur der »Jude« erzählte nicht, aber er hörte mit einem heiteren Gesicht zu.

Tags darauf wimmelte es in der Herberge von Lubliner Chassidim. Es mengten sich aber auch etliche von den Gegnern des »Juden« darunter, offenbar mit der Absicht, einiges auszusprechen, was man gegen ihn dem Rabbi hinterbringen könnte. Sie wußten dann so vieles zu berichten, daß der Rabbi schließlich ausgerufen haben soll: »Kommt er zu mir, um mir meine Leute wegzunehmen?« Der »Jude« selbst scheint von diesen Beobachtungen und Berichterstattungen nichts bemerkt zu haben, und Rabbi Bunam, der sie sicherlich bemerkt hätte, hatte an diesem Tag eine Fahrt in die Nachbarschaft gemacht; aber Rabbi David erkannte bald, wie die Dinge standen, und sorgte dafür, daß das Gewimmel eingeschränkt wurde. (Um einige Jahre späterer Zusatz: Rabbi David hat mir inzwischen erzählt, der »Jude« sei damals, als er ihn auf die Sachlage aufmerksam machte, sehr erstaunt gewesen. Dann habe er ihm, Rabbi David, mehrmals gedankt, daß er sich seiner angenommen habe, und habe ihn gefragt, ob er nicht einen Wunsch habe, den er ihm zum Dank dafür erfüllen könnte. 'Ehe David drauf kommt', so antwortete Rabbi David wörtlich, 'was für einen Wunsch er hat, wird David schon das Leibchen ausziehn.' Das ist nämlich sein Ausdruck für 'sterben'. Sie scheinen aber an eben jenem Tag übereingekommen zu sein, daß Rabbi Davids Sohn Mosche die zweite Tochter des »Juden« – die erste war schon versprochen – heiraten sollte, wenn sie herangewachsen sein würde.)

Das war am Tag vor dem 'Fasten Esthers'. Am Abend nach dem Fasten aber, am Purimabend, ist das Schreckliche geschehn. Als der Rabbi auf dem Weg nach dem Bethaus war, um die 'Rolle', das Buch Esther zu verlesen, versagten ihm die Füße plötzlich den Dienst. Er stand starr und vermochte keinen Fuß zu rühren. Umsonst versuchte man ihn zu stützen, zu heben – er war unbegreiflich schwer geworden. Der »Jude« trat nun hinzu und wollte ihn auf die Arme nehmen, was ja für einen Mann von seiner Riesenstärke ein Leichtes sein mußte. Aber der Körper des Rabbi schien sich noch versteift zu haben; es gelang dem »Juden« nicht, ihn von der Stelle zu bewegen. Auch als er es mit andern vereint unternahm, war alle Mühe vergeblich. Da aber kam Rabbi Bunam. Sowie der Rabbi ihn sah, sagte er: »Der weise Bunam soll mich tragen«. Im Nu hatte er den Rabbi aufgehoben und trug ihn ins Bethaus. Der Rabbi weigerte sich, sich wie man ihn bat eine Weile hinzusetzen, er stand und entrollte das Buch.

Sowie er aber zu lesen begann, war die Starrheit von ihm gewichen.

(Randbemerkung, mit offenbar schon gealterter Hand geschrieben: Ich möchte hier einschalten, was ich viele Jahre danach, als Rabbi Bunam schon blind und der Rabbi von Pžysha war, aus seinem Mund gehört habe. Er sagte dort zu einigen von uns: »Der Rabbi von Lublin hat größere und bessere Chassidim als ich gehabt, aber niemand hat ihn gekannt wie ich. Einmal kam ich in seine Stube und fand ihn nicht darin. Da hörte ich, wie seine Kleider im Schrank sich flüsternd von ihm erzählten.« Mir scheint, diese Worte helfen verstehen, daß gerade Rabbi Bunam ihn damals hat tragen können.)

Von jenem Tage an ist in dem Verhalten des Rabbi zum »Juden« eine Änderung, die sich wohl schon früher vorbereitet hatte, in die Erscheinung getreten, und zwar am stärksten in dem prüfenden, ja gleichsam untersuchenden Blick, mit dem er ihn betrachtet.

In der vierten Woche danach hat sich dann ereignet, was ich jetzt, so gut ich kann, zu erzählen versuchen will.

Der »Jude« ist bald nach Purim abgereist, und zwar nach Apta, um seine Kinder aus erster Ehe zu besuchen, und Rabbi David hat ihn begleitet. Sie wollten kurz vor Passah wiederkehren, ebenso Rabbi Bunam, der nach Pžysha gefahren ist.

Am vierten Tag vor Passah, als alle drei wieder unterwegs nach Lublin waren, versammelte der Rabbi frühmorgens eine erlesene Schar der Schüler im Bethaus. Mehrere von den Alten waren zum Fest hergekommen, darunter Rabbi Jehuda Löb von Zakil-

kow und Rabbi Kalman von Krakau; sie waren alle in der Versammlung. Von den Jüngsten waren nur wenige herangezogen, darunter auch ich.
Was Rabbi Jehuda Löb betrifft, muß ich hier etwas einschalten. Er ist, nachdem er nach Zakilkow zurückgekehrt war, lange nicht nach Lublin gekommen. Als er endlich hier erschien und den Rabbi begrüßte, soll der zu ihm gesagt haben: »Man hat mir berichtet, daß Ihr wirklich eine eigene Gemeinde gegründet habt.« Darauf habe er nichts weiter erwidert als: »Nun?« Und der Rabbi habe nichts mehr gesagt. Seither scheinen sie über den Gegenstand nicht mehr miteinander geredet zu haben.
Nicht alles, was ich von der Versammlung weiß, kann ich dem Papier anvertrauen, denn es gibt Geheimnisse, die auch nicht aufgeschrieben werden dürfen. Was ich aufschreiben darf, ist dies:
Schon drei Tage vorher hatte der Rabbi uns befohlen, uns diese Zeit lang zu heiligen und von allen irdischen Bindungen streng abzusondern. Jetzt rief er jeden einzeln zu sich heran und sprach leise mit ihm. Die Antworten von zweien waren offenbar nicht befriedigend, denn sie durften nicht bleiben. Dann hieß er uns einen Kreis um ihn bilden und zwar so, daß jeder mit der rechten Hand an die linke eines Gefährten rührte, ohne daß man aber die Hände einander reichen durfte. In der Mitte des Kreises war ein flaches Pult, auf dem ein sehr großes Buch lag, das ich nie vorher gesehen hatte. Es war aufgeschlagen, man sah zwei mit ungleichmäßigen Schriftzeilen und einigen Zeichnungen bedeckte Blätter. Der Rabbi trat nun vor das Pult und trug uns gebieterisch auf, alle störenden Gedanken zu überwinden und die

Seele ganz auf das Werk auszurichten, das wir zu vollbringen hätten. Er wies uns an, wie wir mit jedem einzelnen »Störungsversuch« – so sagte er – seiner Art gemäß zu verfahren hätten. Nichts solle gewaltsam unterdrückt, alles in die Absicht aufgenommen und so verwandelt werden. Dann gab er uns besondere Intentionen ein, die auch die Ältesten unter uns, wie ich später erfuhr, noch nicht kannten. Im unmittelbaren Anschluß daran sprach er einen Vers der Schrift. Es war der Vers aus dem Lied der Debora: »Könige kamen, sie stritten, da stritten Kanaans Könige, bei Taanach, an den Wassern Megiddos, sie holten sich nicht Silbergewinn, – vom Himmel her wurde gestritten, die Sterne aus ihren Bahnen stritten wider Sisera.« Sogleich wurde in mir, und wohl in allen, die die gleiche Erinnerung in sich trugen, die Stunde wach, da, fast fünf Jahre vorher, am Fest der Offenbarung, der Rabbi am Schluß seiner Tischrede einen Vers aus diesem Lied angeführt hatte: »Die Berge zerträufen vor dem Herrn, das ist der Sinai«. Dann sprach der Rabbi etwa das Folgende: »Don Isaak Abarbanel sagt, die Besetzung des Landes Israel durch die Fremdvölker sei von Gott veranlaßt, denn dies sei der Köder am Angelhaken, ausgeworfen um Gog und Magog hinzubringen, gemäß den Worten Deboras an Barak: 'Geh, zieh nach dem Berg Tabor, und ich will ziehen hin zu dir, zum Bach Kison, Sisera, den Heerfürsten Jabins, seine Wagen und seinen Haufen, ich gebe ihn in deine Hand.' Es haben sodann die kanaanäischen Könige, als sie Barak mit einem Teil der Seinen gemächlich, offenbar keiner Gefahr gewärtig, den Tabor niedersteigen sahen, sich verlocken lassen, vom

Paß von Megiddo und den angrenzenden Bergen in die Kisonebene niederzustoßen und über das wasserlose Bachbett zu setzen, als plötzlich der Himmel eingriff, ein Gewitter sich gewaltig entlud, den Bach hochschwemmte, den Lehmboden in einen Morast verwandelte und die Wagenreihen verwirrte, daß sie der nun überraschend nicht bloß vom Tabor, sondern auch von den Kisonquellen her talabwärts rückenden Mannschaft Israels nicht standhalten konnten. Solcherweise also – das ist es, was Don Isaak meint – sind die Völker, die das Land Israels besetzt halten, ein Köder, von Gott ausgeworfen, um Gog, wie geschrieben steht, Haken in die Wangen zu schlagen, und ihn zu den Bergen Israels zu bringen, wo er unter den Schlägen des Himmels auf die Fläche des Feldes fallen soll. Und dem ist so.« Diese Worte »dem ist so« sprach der Rabbi mit so großer Macht, daß wir erschauerten. »Dem ist so«, wiederholte er und legte einen Finger auf eine Stelle des aufgeschlagenen großen Buches, auf der, wie ich erkannte, ein Dreieck gezeichnet stand, aber seine Augen, deren Pupille seltsam vergrößert war, blickten nicht darauf. »In dieser Stunde«, sprach er, »kämpft eins seiner Heere dort, im Tal Megiddo, das ist das Tal Jesreel, auf dem Schlachtfeld der Nationen, gegen Reiterei und Fußvolk aus allen Völkern des Sultans. Das Heer wird vom Feinde eng an den Tabor gepreßt. Ich sehe die kämpfenden Scharen.« Wir sahen sie mit ihm, kämpfende Gespensterscharen vor einem breiten, weiß leuchtenden Bergrücken. »Ihn selbst«, fuhr er fort, »sehe ich nicht, aber er ist nicht fern.« Es war, als ob er seinen Blick verhüllte, da er sich nun an uns wandte, mit seinem Wort an die Wände unsrer Herzen schlagend. »Dies ist noch nicht der eigentliche Kampf«, sprach er. »Das ist erst der Köder, und mit dem wird er fertig, wenn er erst selber da ist. Dann aber greifen die himmlischen Mächte ein, und dann müssen sie hier einen Helfer haben. Dieser Köder kann ihnen kein Helfer sein. Der Helfer kann nur von Israel kommen. Nicht von dort, von dem bezwungenen und entweihten Land, sondern aus den Bewahrten in der Fremde. Wir hier sind der Helfer. Gedenket des Wortes Deboras: 'Fluchet Meros, spricht der Engel des Herrn, fluchet Fluch seinen Siedlern, denn sie kamen dem Herrn nicht zu Hilfe, dem Herrn zu Hilfe unter den Helden'.« Wir wußten, ja, wir sind die Helfer. »Sammelt eure Seele und steht«, rief er, »die Stunde naht.« Er sah auf das Buch, dann hob er die Augen, und wieder waren es die mit der vergrößerten Pupille. »Ihn selbst«, wiederholte er, »sehe ich nicht. Er hat einen Weg zu machen gehabt. Er kommt vom sidonischen Strand. Er ist durch die Schluchten gezogen. Jetzt verdeckt ihn das Weizenfeld. Da, das Feld regt sich! Wartet! Sammelt euch, wartet!« Und plötzlich schrie er auf. »Ich sehe nichts mehr«, schrie er, »ich sehe nichts mehr.« Sein Gesicht war furchtbar verzerrt, die kurzsichtigen Augen, deren Ungleichheit hervortrat, zuckten wie in einem Krampf. »Wartet!«, rief er, »es muß wiederkehren.« Eine ungeheure Anstrengung war zu erkennen. Wir standen, ohne nachzulassen. Aber nach einer Weile senkte er den Kopf. »Es ist vergeblich«, sagte er, »ein böser Einfluß ist zu uns gedrungen.« Er ging zu seiner Bank, die an einem Pfeiler stand, setzte sich und legte den Kopf an den Pfeiler. Er schloß die Augen. Es dauerte lang, bis er sie wieder öffnete. »Seht nach«, sagte er, »wer in jenem Augenblick ins Haus getreten ist.« Im Bethaus war niemand außer uns. Ich ging mit noch einem ins Wohnhaus hinüber. Im Vorraum fanden wir Rabbi David und den »Juden«. Wir fragten sie, wann sie gekommen seien. Die Zeiten stimmten überein. Rabbi David sagte, sie hätten gehört, daß der Rabbi im Bethaus sei, hätten es aber vorgezogen, ihn hier zu erwarten. Ich kehrte zurück, berichtete dem Rabbi und fragte, ob ich die beiden herbeirufen solle. Der Rabbi stand auf und ging ins Wohnhaus. Wir folgten ihm. Er ging an dem zunächst stehenden Rabbi David vorbei ohne ihn zu beachten, trat auf den »Juden« zu und sprach zu ihm: »Was machst du hier?« Der »Jude« starrte ihn an, ohne ein Wort über die Lippen zu bringen. Der Rabbi ging in seine Stube.

Später, als Rabbi David etwas von dem erfahren hatte, was geschehen war, und es nun dem »Juden« zu erklären versuchte, hörte ich diesen zu ihm sagen: »Ich muß die Wahrheit erkämpfen«. Da habe ich mit einer Art von Bestürzung gemerkt, daß ich noch nie einen Menschenmund mit solcher Aufrichtigkeit habe reden hören. Wie immer sonst es um diesen sonderbaren Mann steht, das eine war mir offenbar, daß er die Wahrheit sprach und daß es ihm um die Wahrheit zu tun ist.

Es dauerte mehrere Monate, bis die Kunde zu uns kam, daß der Bonapart damals, von der Belagerung Akkos herbeieilend, die Schlacht am Tabor gewonnen hatte, und wieder einige Monate, bis wir hörten, daß er im Kampf um Ägypten und das Land Israel geschlagen worden und nach Paris zurückgekehrt war. »Das war also nur ein Vorspiel«, sagte der Rabbi

zu Rabbi Naftali, »und das Eigentliche wird erst kommen. Norden ist eben doch Norden.« Rabbi Naftali berichtete mir, er habe nicht begriffen, was der Rabbi mit diesen Worten »Norden ist eben doch Norden« meinte, habe aber nicht fragen wollen. Ich jedoch glaube etwas davon begriffen zu haben, da ich doch belauscht hatte, was der Rabbi damals zu Rabbi Hirsch gesagt hat: »Also darf man hier doch unter dem Norden den Nordwesten verstehen?« Da ich jenes Rabbi Naftali nicht mitgeteilt hatte, habe ich auch jetzt nichts erwidert. Offenbar aber hat der Rabbi mit »Norden« eben jene böse Gewalt gemeint, die in seine Handlung eingegriffen und sein Schauen vereitelt hat. Ich bin gewiß, daß es wirklich eine böse Gewalt gewesen ist. Nur daß der »Jude« etwas damit zu schaffen hätte, kann ich nicht mehr glauben, und ich hoffe, daß auch der Rabbi das erkennen wird. Ich freilich vermag nichts dazu beizutragen – wie sollte auch unsereiner sich da hinein wagen!
Etwa zur gleichen Zeit wie diese Nachrichten ist ein Mann aus dem südlichen Podolien hier angelangt, der mit Pfeffer und anderen Waren aus den Ländern des Sultans Handel treibt. Er erzählte, an eben jenem Tag, als wir mit dem Rabbi gestanden und den Beginn der Schlacht im Tal Megiddo gesehen haben, sei in Konstantinopel ein Aufruf des Bonapart bekannt geworden, in dem er alle Juden der türkischen und arabischen Länder auffordert, sich unter seine Fahnen zu scharen, um Jerusalem wiederherzustellen; er habe auch bereits in Syrien eine große Zahl von Juden bewaffnet, und diese Heeresabteilung bedrohe die Stadt Aleppo. Als Rabbi Naftali dies dem Rabbi meldete, antwortete er: »Es ist nicht wahr.«

Rabbi Naftali versicherte, der Mann, dem er die Nachricht verdanke, sei zuverlässig, aber der Rabbi wiederholte nur: »Es kann nicht wahr sein«. Dann brach er das Gespräch ab.

(Zusatz, datiert vom Ende des Jahres 1804: Seither hat mir Rabbi Naftali häufig erzählt, der Rabbi rede nicht mehr mit ihm über den Bonapart. Als Rabbi Naftali jetzt für längere Zeit abreiste, weil er außer der Gemeinde Ropschitz, in der er Vorsitzer des Gerichtshofs ist, nun auch die Gemeinde Linsk nach dem Tode seines Vaters auf seine Schultern genommen hat, habe ich ihn erneut danach gefragt, und er hat mir erneut bestätigt, daß in dieser ganzen Zeit der Rabbi auf Nachrichten über den Mann nicht mehr eingegangen ist. Es ist also doch so, wie ich angenommen habe, daß nämlich der Rabbi sich nicht auf die Dauer mit dem groben Kerl abgibt.) [Der Zusatz ist durchgestrichen.]

Ich schreibe diese Chronik auf Grund schriftlicher und mündlicher Überlieferung, und wo diese die Zeit der Ereignisse nicht angibt, suche ich sie aus dem Angegebenen zu errechnen. Und Gott sei Dank, wie es Helfer gibt, die von der Überlieferung wußten, was ich nicht gewußt habe, so gibt es auch Helfer, die besser rechnen können als ich. Aber zuweilen ist zum Rechnen kein Anhalt gegeben oder es sind gar Ereignisse von späten Aufzeichnern in einen falschen Zusammenhang eingerückt, und ich muß aus ihrem Inhalt und Charakter vermutungsweise zu folgern versuchen, wann etwa und in welcher Reihenfolge sie sich begeben haben mögen. Von dieser Art sind die Vorgänge, die ich in den nächsten Abschnitten erzähle, wogegen ich nach ihnen wieder sicheren Boden betreten darf.

Nach dem Hüttenfest fuhr der »Jude« über Sabbat nach Kosnitz, wiewohl er wußte, daß der Maggid ihm zürnte, weil er die Zeit des Gebets verzögerte. »Der heilige Maggid«, sagte er vor der Abreise zu Bunam, »ist der Mann, der im Recht ist, wenn er mich verweist. Denn er ist ja in jedem Augenblick wahrhaft zu beten bereit. Aber gerade deshalb wird er, wenn er zu verstehen beginnt, um was es mir geht, es ganz verstehn.«

Der Maggid, der seit einiger Zeit untertags weniger liegen mußte als sonst – er pflegte zu sagen: »Ich merke, daß ich alt werde (er war etwa sechzig) daran, daß es mir immer besser geht« –, empfing den Gast in seiner Stube mit einem noch etwas fremden Blick, der sich aber im Nu erwärmte. »Er kam nicht allein«, sagte er später zu dem jungen Schmelke, Rabbi Jehuda Löbs Sohn, von dem ich noch zu erzählen habe, »ihm zur Rechten ging der Fürst der Lehre und zu seiner Linken war die Lohe des Gebets, – ich habe sie nie zuvor beisammen gesehn.«

Am Sabbatmorgen warteten der Maggid und seine Gemeinde mit dem Beginn des Betens auf den »Juden«, der eine Weile nach der angesetzten Stunde kam. Den Unzufriedenen gegenüber führte der Maggid den Vers des Hohen Lieds an: »Diese deine Haltung gleicht der Tamars.« Er deutete nämlich das Wort tamar nicht als »Dattelpalme«, sondern als den Namen der Schwiegertochter Judas, des Sohns Jakobs. »Hätte«, so fügte er erklärend hinzu, »eine andere Frau so Dreistes getan, sie hätte ihre Strafe gefunden. Tamars Absicht aber war auf himmlische Bestimmung gerichtet, und so war sie unsträflich. Wer jedoch nicht wie Tamar ist, der wage nicht wie sie zu tun!«

Bei dem dritten Mahl, bei dem Jaakob Jizchak an der Seite des Maggids saß, wandte er sich zu ihm und sagte: »Heiliger Jude, könnt Ihr mir wohl sagen, warum ich am zweiten Tag des Hüttenfestes und so auch sonst stets am zweiten Tag eines jeden der drei Wallfahrtsfeste eine größere Heiligung und Erleuchtung verspüre als am ersten? Es bedrückt mich daran zu denken, denn der zweite Tag wird ja doch nur im Exil gefeiert.« »Eben deshalb«, antwortete der »Jude«, ohne zu überlegen. »Wenn ein Mann und eine Frau, die einander lieben, einen Zank miteinander haben und dann versöhnen sie sich, ist die Lie-

be noch gewachsen. Es gibt keine Versöhnung in der Welt, die der Gottes mit Israel im Exil gleichkäme.«
»Ihr habt mich wiederbelebt«, sagte der Maggid.
Tags darauf war eine lange Unterredung zwischen den beiden. Es wurde über vieles gesprochen, was sich in den letzten sechs Jahren ereignet hatte. Der »Jude« beklagte sich nicht und berichtete immer nur so viel, als nötig war, um dem Maggid die von ihm erheischte Antwort zu geben. Zuletzt wollte dieser noch mehr über das Verhalten Rabbi Jehuda Löbs wissen, den er von Lisensk her gut kannte und der von Zeit zu Zeit zu ihm gefahren kam. Jetzt erst erzählte der »Jude« etwas, was ihm offenbar in einer besonderen Weise schmerzlich war. Sein Sohn Jerachmiel, der darauf bestanden hatte, das Uhrmachergewerbe zu erlernen, war auf einer Reise von dem Wohnort seines Meisters nach Pžysha, wo er den Vater besuchen wollte, nach Zakilkow gekommen und über Sabbat dort geblieben. Da der edelgewachsene ernste Jüngling den Chassidim im Bethaus wohlgefiel, erwies man ihm die Ehre, ihn an der Verlesung des Wochenabschnitts der Schrift teilnehmen zu lassen. Als er aber seinen Namen und den des Vaters sagte, hieß ihn Rabbi Jehuda Löb aus dem Hause weisen.
Im Winter danach lud der Maggid für einen Sabbat kurz vor Passah den »Juden« und Rabbi Jehuda Löb ein. Dieser kam mit seinem einzigen Sohn Schmelke, der etwa achtzehnjährig und noch unvermählt war, fast mädchenhaft zart und scheu, ganz in Gedanken der Lehre und des Dienstes Gottes versponnen.
Am Freitagabend trafen der »Jude« und der Rabbi von Zakilkow am Tisch des Maggids zusammen, ohne einander den Gruß zu bieten. Als der Maggid

an den Tisch trat, um den Willkomm an die Engel des Friedens zu sprechen, die an diesem Abend unter das Dach des Menschen kommen, blickte er um sich und sagte: »Die Engel des Friedens sind nicht da, wie soll ich sie begrüßen!« Dann ging er in seine Stube. Nach einer Weile kam er wieder, sah sich um und sprach: »Sie sind noch nicht da!« Das gleiche wiederholte sich zum dritten Mal. Da reichte der »Jude« über den Tisch weg Rabbi Jehuda Löb die Hand und grüßte ihn: »Frieden über Euch!« »Aber nur bis nach Sabbat!«, erklärte jener. Jetzt sprach der Maggid den Willkomm: »Frieden über euch, Boten des Friedens, Boten des Höchsten!«
Bei der dritten Sabbatmahlzeit hob der »Jude« seinem Brauch gemäß an, die Psalmen zu singen. Wie immer, entstiegen sie auch diesmal so neu seinem Munde, als gäbe er in diesem Augenblick einer Bewegung seines eigenen Gemüts den Ausdruck, richtiger: er *sprach* die Psalmen wirklich, auch wenn er sie sang. Als er nun an den Vers gelangt war »Vor argem Gerücht fürchtet er sich nicht, beständig ist sein Herz, gesichert am Herrn«, kam ein so heller und zuversichtlicher Klang aus seiner Kehle, daß alle zu ihm blickten, der Maggid mit einem gütigen Lächeln, der junge Schmelke aber, dessen Augen vom ersten Vers an sich an den Sänger geheftet hatten, mit tränenübergossenem Gesicht. Nur sein Vater blickte nicht auf. Sich über den Tisch lehnend, steckte er den rechten Daumen zwischen die nächsten zwei Finger, hielt diese »Feige« Rabbi Jaakob Jizchak an die Nase und schnarrte: »Da hast du's!« Der Maggid sah ihn groß an, Schmelke schloß die Augen und zitterte am ganzen Leib, der »Jude« aber fuhr mit heiler Stimme

fort: »Gefaßt ist sein Herz, er fürchtet sich nicht, bis er niederschaun darf auf seine Dränger.«
Auf diese Begebenheit geht offenbar ein nur andeutungsweise überlieferter Ausspruch des »Juden« zurück, der etwa so gelautet haben mag: »Wer sich selber eine Feige zu drehen pflegt, ist getrost, wenn ihm die ganze Welt eine dreht.« Sein und Rabbi Bunams Schüler, der übermütige, aber immer mehr verdüsternde Rabbi Mendel von Kozk, hat sich den Ausspruch, freilich in einer recht freien Überarbeitung, zu eigen gemacht; er sagte gern: »Wer sich selber eine Feige zu drehen pflegt, kann auch der ganzen Welt eine drehn.«
Als Rabbi Jehuda Löb aber mit seinem Sohn nach Zakilkow zurückkehrte, sprach der weder unterwegs noch daheim ein Wort bis auf das zur Beantwortung väterlicher Fragen Notwendige. Am nächsten Sabbat bei der dritten Mahlzeit legte Rabbi Jehuda Löb ihm genau dar, was für ein Mensch der »Jude« sei. Schmelke schwieg. Als der Vater aber sagte, der Maggid werde schon merken, daß er sein Wohlwollen an einen unwürdigen Gegenstand verschwende, erwiderte er: »Vater, der heilige Maggid hat mir doch selber erzählt, daß er zur Rechten des Mannes den Fürsten der Lehre und zu seiner Linken die Lohe des Gebets gesehen hat.« »Willst du etwa für ihn einstehen?« fragte ingrimmig der Vater. »Ich stehe für ihn in den Tod ein«, sagte Schmelke. Rabbi Jehuda Löb schnippte mit dem Finger. »Weh um meinen Sohn!« rief er. Und schon sah er dessen Gesicht von einem Vorschatten des Endes überzogen.
In der Nacht schrieb Rabbi Jehuda einen Brief an den Seher und bat ihn, den Spruch zu wenden.

Am Morgen schickte er den Sohn mit dem Brief nach Lublin. Schmelke fuhr nach Lublin, legte sich dort auf das Bett der Herbergstube und starb. Der Seher sagte von ihm, wenn er hätte leben dürfen, wäre er ein Führer des Geschlechts geworden. Rabbi Jehuda Löb war Schmelke nachgefahren; er ging in Sabbatkleidern zur Bestattung. Als er nach Zakilkow zurückkehrte, kam ihm auf dem Weg die Frau entgegen und fragte nach ihrem Sohn. »Ich habe ihn auf das große Lehrhaus gegeben«, antwortete er.

Es wird erzählt, er habe einige Monate danach beim »Seder«, dem häuslichen Weihemahl am Anfangsabend des Passahfestes, seiner Frau angeboten, er wolle ihr eine Überraschung bereiten, aber unter der Bedingung, daß sie nicht weinen werde. Als sie es ihm versprach, sah sie ihren Sohn an der Tafel sitzen. Da brach sie in Tränen aus. »Nun wirst du ihn nicht mehr wiedersehn«, sagte Rabbi Jehuda Löb.

Da ich von diesem gelehrten und tugendhaften Mann nicht mehr zu berichten haben werde, füge ich an dieser Stelle hinzu, was – ebenso wie die Begebenheit beim Seder – von einem mit all diesen Dingen wohlvertrauten Rabbiner unseres Zeitalters, der eine Zeit lang in der Stadt Zakilkow amtiert hat, dort erfahren und uns überliefert worden ist. Danach habe er nach dem Tod des »Juden« laut um ihn geklagt und habe den umstehenden Chassidim versichert, was er gegen ihn geredet habe, sei zu seinem Besten gemeint gewesen, denn wäre es nicht geschehen, so wäre man ihm sogar von den Ländern des Westens zugelaufen, und dann hätte das Böse Auge Macht über ihn bekommen.

Einige Zeit nach jenem Sabbat in Kosnitz kam der Maggid gegen Abend, ohne seinen Besuch vorher angesagt zu haben, nach Lublin. Er saß die Nacht lang in der Stube des Rabbi. Am Morgen reiste er heim. Sie haben einander dann jahrelang nicht wiedergesehn. Beider Freund, Rabbi Menachem Mendel von Rymanow, pflegte seither zu sagen: »Ich bin ein Bauer und hüte die Fenster zweier Königssöhne, daß sie sie einander nicht einschlagen.«

»Was, ich muß mir sagen lassen, wie man Nudeln macht?« schrie Schöndel ihre Schwiegermutter an, eine kleine zarte Frau, von der der Sohn leiblich nichts als die feinen Hände geerbt zu haben schien, – sie war vor kurzem, nach dem Tode ihres Mannes, auf die Bitten Jaakob Jizchaks, der sehr an ihr hing, nach Pžysha übersiedelt. »Nudeln! Wo es doch in ganz Apta niemand gibt, der so wie meine Mutter versteht, was Nudeln sind! Was heißt das, soundso viel Mehl und soundso viel Eier? Kommt es denn auf Mehl und Eier an? Die Hand muß man haben. Wenn man die Hand hat, kann man alles machen!« Und sie patschte mit der Linken auf die Rechte, die kleinen runden Hände wohlgefällig betrachtend.

Die Tür der Küche tat sich auf. Jekutiel trat ein und wandte sich an Schöndel mit einer Frage, die offensichtlich zu dem Zweck erdacht war, um in die Küche eindringen zu können; er ertrug es nicht, daß es einen Raum gab, den er an dem Tag noch nicht in Augenschein genommen hatte. Es waren nun schon vier Monate und mehr, daß Jekutiel in Pžysha weilte; aber den Brauch, unter dem einen oder andern Vorwand täglich den gesamten Hausstand zu mustern, hatte er gleich zu Anfang eingeführt und hielt seither unverbrüchlich daran fest, mit einer Gewandtheit, die dem einfältigen Mann nicht zugetraut werden konnte. Damit man das verstehe, muß ich an dieser Stelle erklären, was es mit der berühmten Einfalt Jekutiels auf sich hatte.

Daß er wirklich einfältig war, ist unbestreitbar; aber er war nicht *nur* einfältig, er war auch schlau. Seine Schlauheit wußte um seine Einfalt, aber seine Einfalt wußte nicht um seine Schlauheit; das war, wie wenn einer ein starres und ein schielendes Auge hat, und das schielende kann das starre sehen, nicht aber umgekehrt. Nur daß das Schielen hier von der Umwelt nicht wahrgenommen wurde; man hielt Jekutiel schlechterdings für einfältig. So hatte er einst, in der ersten Beratung der Gegner, die Frage nach der »über hundertundzwanzig Jahre« drohenden Gefahr stellen können, ohne daß sogar Naftali ahnte, daß hier der schlaue Jekutiel den einfältigen verwendete. Und so konnte er jetzt seinen Späherdienst gewandt mit Einfalt betreiben. Eisik hätte das nicht vermocht; den Dummen zu spielen, dazu war seine Lust an seiner Klugheit und der allgemeinen Anerkennung zu stark, auch hätte er mit einer solchen Unternehmung nie an Jekutiel herangereicht, der sich eben nicht zu verstellen brauchte.

Als Eisik nach Lublin zurückkehrte und erzählte, wie der »Jude« mit der Macht des Bösen Auges ihn fast zum Ersticken gebracht hatte, horchte Jekutiel auf. Da gab es eine Aufgabe, die der Einfalt vorbehalten war! Aber den Entschluß, nach Pžysha zu fahren, faßte er erst eine Weile später. Zunächst ging er auf Eisiks Vorschlag, die Berichterstattung an den Rabbi über das Treiben des »Juden« und der Seinen, die bisher ihm oblag, zu übernehmen, gern ein, ohne zu fragen, warum Eisik sich einer so bedeutsamen Pflicht zu entledigen wünschte. Als er aber damit

– es war einige Zeit nach jenem Nachtgespräch zwischen dem Maggid und dem Seher, das mit der Abreise des Maggids geendet hatte – begann, begegnete er einem unerwarteten Widerstand. Eisiks und der andern Annahme, daß der Rabbi den Worten des Einfältigen sogleich Glauben schenken würde, bewahrheitete sich nicht. »Wie soll ich dir glauben«, erwiderte er auf eine besonders reichhaltige Erzählung, »du hast all das doch nicht selber gesehen und gehört!« Unter dem Eindruck dieser Abweisung nahm Jekutiel bald danach Urlaub und begab sich mit einem Arbeitsplan, den er niemand mitgeteilt hatte, nach Pžysha. Sein Vorhaben war ihm dadurch erleichtert, daß sein jüngerer Bruder Perez, der sich schon vor einigen Jahren dem »Juden« angeschlossen hatte, sich nun fast dauernd dort aufhielt. Dem törichten Schwärmer würde leicht vorzuspiegeln sein, daß er, Jekutiel, bereue und gemeinsam mit ihm der geistigen Segnungen Pžyshas teilhaftig zu werden begehre, und dann war die Brücke geschlagen. In der Tat fiel es Perez, der von je bereit war, dem Menschenwort zu glauben, nicht ein, an der Aufrichtigkeit seines Bruders zu zweifeln. Nun hieß es zusammen mit ihm vor den »Juden« treten und den von der Reinheit der Absichten überzeugen. Da aber machte Jekutiel eine merkwürdige und unangenehme Erfahrung. Er hatte eins von beiden zu finden erwartet: entweder, und das war das Wahrscheinlichere, Vertrauen – denn dieser eitle Mensch würde es für ganz natürlich halten, daß noch einer von der Lubliner Schule seinem Einfluß erliege und nach Pžysha komme –, oder aber Mißtrauen, das man dann eben allmählich mit der richtig benutzten Einfalt zerstreuen mußte. Was er fand, war keins von beiden. Als sie beim »Juden« eintraten, wandte der sich zuerst Perez zu, mit einem vollen und unbefangenen Lächeln; dann erst blickte er, weder vertrauend noch mißtrauend, mit einer schlichten Gelassenheit Jekutiel an und erwiderte gelassen seinen Gruß. Der Gast brachte, unbeschreiblich aufrichtig aussehend – denn seine Einfalt glaubte ja, was seine Schlauheit ihr eingab – sein Anliegen vor: er habe sein Unrecht eingesehen, er bereue, er wolle hier lernen. Auf die beiden ersten Punkte ging der »Jude« in seiner Antwort gar nicht ein; zum dritten sagte er nur: »Ihr werdet bei uns nichts lernen können, Rabbi Jekutiel.« Der Bittsteller gab seine Sache schon verloren; aber zu seinem Erstaunen fügte der »Jude« nach einer Weile hinzu: »Aber selbstverständlich dürft Ihr hier bleiben, solang Ihr wollt.« Jekutiel erging es mit dem Mann, wie es einst Goldele mit dem Jüngling ergangen war: diesem Menschen war nicht beizukommen. Aber es würde schon noch etwas gelingen, dessen war er gewiß.

Nun war er freilich schon mehr als siebzehn Wochen hier und hatte noch nichts Erhebliches zusammengebracht. Was er erspähte und erhorchte, war nicht der Rede wert. Der Beobachtete war offenbar gehörig auf seiner Hut. Es wäre am Ende doch besser gewesen, es wie Eisik zu machen, – freilich, wenn man an den Heringsbissen dachte . . . ! Jedenfalls wollte er noch über den nächsten Sabbat bleiben: da wurden Leute von auswärts erwartet, Rabbi David von Lelow, Rabbi Jeschaja aus Pžedbož, der Heimatstadt des »Juden«, noch etliche; vielleicht würde da, wenn man recht aufpaßte, doch etwas Verstecktes zum Vorschein kommen.

Beim dritten Sabbatmahl waren auch mehrere Hausväter der Stadt zugegen. Es gab, wie an allen Sabbaten so auch diesmal keinen Lehrvortrag, wohl aber auch diesmal ein Gespräch über Lehre und Leben. In dessen Verlauf wandte sich der »Jude« den Hausvätern zu und rief: »Ach ihr Leute! Fragt man einen von euch, weswegen er sich auf Erden mühe, antwortet ein jeder: 'Um meinen Sohn großzuziehen, daß er lerne und Gott diene'. Und ist der Sohn großgewachsen, vergißt er, weswegen sich sein Vater auf Erden mühte, und müht sich gleicherweise, und fragst du ihn nach dem Zweck all der Plage, dann sagt er dir: 'Ich muß doch meinen Sohn zur Lehre und zu guten Werken großziehen'. Und so geht es, Leute, von Geschlecht zu Geschlecht. Aber wann wird man endlich das rechte Kind zu sehen bekommen?«

David von Lelow beugte sich zu Bunam hinüber, der in seiner Nähe saß, und flüsterte ihm zu: »Wenn der Rabbi das gehört hätte, würde er keinem Verleumder mehr Gehör schenken.« Aber bekanntlich vermögen die Ohren der Jekutiele mehr aufzunehmen als die Kehlen der Davide hervorzubringen. Tags darauf reiste Jekutiel befriedigt nach Lublin zurück, und noch am Abend seiner Ankunft hinterbrachte er dem Seher, Rabbi David habe über einen Lehrvortrag des »Juden« geäußert, wenn der Rabbi dabeigewesen wäre, hätte er sich unter dessen Chassidim eingereiht. Nun war aber für jene Stunde ein Kinderlehrer aus einem nahen Dorf zum Rabbi bestellt und wollte gerade zu ihm, als Jekutiel heranstürmte und die Tür auftat. Der Mann trat mit ihm ein, erschrak dann aber vor seiner eigenen Kühnheit und barg sich in der Verwirrung hinter einem Kleiderschrank. Erst

jetzt betrat auch der Rabbi, von innen kommend, die Stube. Wie der Kinderlehrer nun Jekutiel seinen Bericht erstatten hörte, konnte er nicht an sich halten; er sprang aus seinem Versteck, legte die Hand an die Gebetskapseln des Rabbi, die sich, auf dem Tisch liegend, als erstes seinem Blick darboten, und rief: »Ich schwöre, daß das eine ausgepichte Lüge ist!« Jekutiel floh wie irgendein simpler Einfältiger von dannen, der Rabbi aber fragte den noch immer mit der Hand an den Gebetskapseln Dastehenden: »Kennst du die Leute, von denen die Rede ist?« »Ich kenne sie nicht, und ich kenne auch den nicht, der gesprochen hat«, antwortete das Lehrerlein. Etwas belustigt, aber nicht ohne Wohlwollen besah sich der Rabbi die zitternde Gestalt. »Und wie hast du da schwören können?« fragte er. »Weil ich sah und hörte, daß er lügt«, antwortete das Lehrerlein. »Wer einen nicht kennt, sieht und hört ihn gut«, sagte der Rabbi. »Wenn du nicht gewesen wärst, hätte ichs ihm geglaubt. Nicht umsonst hat ihn der Satan achtundzwanzig Jahre so sorgsam vor jeder Anwandlung einer Sünde bewahrt – er ist schrecklich glaubwürdig geworden.«
Einige Wochen danach stand Schöndel in der Stube, während der kleine Ascher ihr zu Füßen auf einem Schemel saß und ein Buch vor sich liegen hatte, und putzte mit heller Wut die Messer; auch als sie schon blitzblank waren, scheuerte sie weiter. Da ging die Gassentür, und ein großer Mann mit einer unter dem Pelzhut hervorschauenden mächtigen Stirn, einem breiten rötlichen Gesicht und einem langen, im Gegensatz zu den noch schwarzen dichten Brauen schon ergrauten Bart trat starken Schrittes ein. Obgleich

sie ihn nie gesehen hatte, erkannte Schöndel im Nu den Rabbi, ein Messer entglitt ihrer Hand und fiel auf das Buch. Der Rabbi bückte sich, nahm es und legte es auf den Tisch. »Was ist es, das du da vor dir hast?« fragte er den sechsjährigen Knaben, der erst als die Hand des Sehers das Buch berührte den Kopf erhoben hatte, dann aber sogleich aufgesprungen war. »Das ist der Prophet Jesaja, Rabbi«, antwortete Ascher. – »So lies, was du aufgeschlagen hast.« Mit klarer gleichmäßiger Stimme las der Knabe, was am Anfang der Seite stand: »Und ich habe nicht widerstrebt, ich bin nicht zurückgewichen, den Schlagenden gab ich hin meinen Nacken, den Raufenden meine Wange, nicht habe ich mein Antlitz verborgen vor Schimpf und Bespeiung.« »Nun, nun«, sagte der Rabbi, »das hast du gut gelesen.« Jetzt erst setzte er sich auf den Stuhl, den Schöndel ihm vorhin zurechtgerückt hatte. »Und was lernt ihr jetzt im Talmud?« fragte er weiter. »Wir lernen den Traktat Joma, Rabbi«, sagte Ascher. – »Wovon handelt der Traktat?« – »Er handelt von den Vorschriften für den Versöhnungstag, Rabbi.« – »Und welches Blatt habt ihr heute gelernt?« – »Das neunte Blatt, Rabbi.« – »Hast du dir etwas daraus gemerkt?« – »Ich habe mir etwas gemerkt, Rabbi.« – »Sag es auf.« – »Der zweite Tempel, wo das Volk sich doch mit der Lehre und der Erfüllung der Gebote und der Erweisung von Wohltaten befaßte, warum ist er zerstört worden? Weil es den grundlosen Haß gab. Daraus kannst du lernen, daß der grundlose Haß drei Übertretungen aufwiegt: Götzendienst, Zuchtlosigkeit und Blutvergießen.« – »Nun, nun, das hast du dir gut gemerkt«, sagte der Rabbi. »Und warum ist gesagt, man könne das daraus lernen?« – »Weil vorher gesagt war, der erste Tempel sei eben wegen dieser drei zerstört worden. Nun aber, in der Zeit des zweiten Tempels gab es diese drei nicht mehr, wohl aber den grundlosen Haß, den es in der Zeit des ersten nicht gab, und der bewirkte allein eben das, was vorher die drei zusammen bewirkt hatten.« Der Rabbi setzte die Brille auf und betrachtete den Knaben.

Er blieb über den Sabbat und sah sich alles an, das Haus und seine Geräte, die Menschen, die drin wohnten, und die Menschen, die es besuchten, die Gasse und das Bethaus. Am Sabbat kamen viel mehr Leute als sonst und der Rabbi erkundigte sich beim »Juden« nach ihrer Absicht.

Tags darauf reiste er heim.

Nach einigen Wochen kam ein Mann nach Pžysha, der vorher in Lublin gewesen war. Er begab sich in das Haus des »Juden« und wollte ihm einen Bittzettel überreichen. Er habe, berichtete er, sich zuerst an den Rabbi von Lublin gewendet, der aber habe ihn hierher gewiesen. Der »Jude« nahm den Zettel nicht an. Aber nach weiteren Wochen kam der Mann wieder zu ihm und überbrachte ihm als ausdrücklichen Auftrag des Rabbi, er solle den Zettel annehmen. Da tat er es. An der Stelle, wo das Anliegen genannt wird, stand: »zur Heilung der Seele«. Der »Jude« ließ sich mit dem Bittsteller in eins jener Gespräche ein, bei denen es nicht auf einen bestimmten Inhalt, sondern allein darauf ankommt, den Partner erkennen zu lassen, daß es Menschen auf der Welt gibt, denen man vertrauen darf. Aber bald begann der Mann aus eignem Antrieb zu erzählen. »Ich hasse meinen Sohn«, sagte er, »und das hat mir die Seele vergiftet.« Der »Jude« sah: hier genügte kein Rat und keine Unterweisung, diesen Mann mußte man, wollte man ihm wirklich »die Seele heilen«, auf die eigne Verantwortung wie auf starke Schultern nehmen und so lange tragen, bis er den Weg selber gehen konnte. Genauer: man mußte seinen ganzen Haß auf sich nehmen, ohne davon selber zersetzt zu werden; denn man mußte die Leidenschaft des Hasses verwandeln, und wie konnte man das anders als indem man ihn auf sich nahm? Das war freilich ein gefährliches Unterfangen; dem »Juden« wurde offenbar, daß er nicht eher als jetzt sich daran hätte wagen dürfen. Und plötzlich durchfuhr ihn die Einsicht, daß er also doch noch beim Rabbi – denn wo sonst? – gelernt hatte, was zu lernen er einst zu ihm gekommen war: das rechte Verhalten zum Bösen. Es auf die eignen Schultern nehmen und tragen, das war das rechte Verhalten.

Am nächsten Sabbat sprach er bei der dritten Mahlzeit den ersten Lehrvortrag, in dessen Mitte das jesajanische Gotteswort stand: »Hört auf mich, Haus Jakobs und aller Überrest vom Hause Israels, ihr vom Mutterleib an Aufgepackten, ihr vom Schoße an Getragenen und bis ins Alter – ich bin derselbe! –, bis ins Greisentum: ich selber schleppe, ich selber hab es getan, ich selber will weiter tragen, ich selber schleppe und lasse entrinnen.« »Gott ist unser Vorbild«, sagte der »Jude«.

Damit war die Gemeinde von Pžysha begründet.

Tila, die Rabbanith, lag im Sterben.

Viele Jahre hatten alle daran gedacht, es könnte am nächsten Tag geschehen, so gebrechlich und doch auch so gefaßt sah sie drein; dennoch war es nun, da es bevorstand, allen unbegreiflich, alle gingen mit angestrengten Gesichtern hin und her, als gälte es, etwas was in der Luft lag zu enträtseln, und wenn zwei zusammentrafen, begegneten einander die verwunderten Blicke. Nur der Rabbi hatte auch diesmal seine besonderen Mienen, die mit zum Unverständlichen gehörten.

Die Meinungen der Chassidim waren geteilt. Die einen sagten, es stehe eindeutig fest, daß der Rabbi längst die Todeszeit der Frau auf den Tag genau gewußt und sie sogar in den Aufzeichnungen über zukünftige Ereignisse, die er dauernd führte (es wird erzählt, man habe sie in seinem Nachlaß vorgefunden), niedergeschrieben hatte. Die andern erklärten, das treffe zwar zu, aber die vorhergesehene Zeit sei noch gar nicht gekommen, und es sei daher nur zweierlei möglich: entweder werde die Rabbanith dem Anschein entgegen noch gar nicht sterben, oder aber es sei, was freilich als höchst seltsam bezeichnet werden müßte, ein übler Einfluß dazwischengekommen und beschleunige das Ende.

Indes lag Tila auf ihrem Sterbebett, den Ordnungen der Wachwelt weit entrückt, und murmelte abgerissene, undeutliche Laute vor sich hin. Nur Israel, der zwar wie gewöhnlich im Fenster stand, aber jeden Laut in sich aufnahm, verstand, daß die Mutter in Räumen und Zeiten ihrer Mädchentage weilte und von dort aus in die fremde Stube hineinsprach. Nun setzte sie sich auf und bewegte die Hände vom Hinterkopf her den Nacken entlang, als kämme sie sorgsam die knielangen Haare, die sie als Mädchen besaß und die ihr vor der Hochzeit den Vorschriften des Gesetzes gemäß abgeschnitten worden waren. Sie streckte sich wieder aus und lag eine Weile still. Dann begann sie mit veränderter, klagender Stimme und fast zusammenhängend zu reden. Wieder verstand von den sie Umgebenden nur Israel, daß sie jetzt ihre Hochzeit zum zweitenmal, Vorgang auf Vorgang, erfuhr und alles sagte, was damals, beim erstenmal, ihr im Herzen aufgestiegen war. Nun bewegte sie die Füße unter der Decke, einen um den andern im Takt, als wähnte sie, sie ginge. Sie hielt inne. Jetzt kommt sie zum Haus ihres Gatten, dachte Israel. Plötzlich regte sie den Arm, schloß die Hand leicht, als legte sie sie um etwas, machte sie aber sogleich mit einem Schrei wieder auf. »Die Klinke brennt!« schrie sie, »sie brennt!« Der Kopf, der sich beim Schrei vom Kissen erhoben hatte, fiel jäh zurück. »Das ist das Ende«, sagte sich Israel, »so muß das Ende sein.«

Der Rabbi weigerte sich, eine Tröstung entgegenzunehmen. Wer damit vor ihn kam, den wies er mit einem Kopfschütteln ab, und nach einem solchen ist ja geboten, von weiteren Versuchen abzustehn. Es war aber damals ein Freund des Rabbi in Lublin, der ging zu ihm hinein und fragte, warum er allen Trost ablehne. »Wie kann ich mich trösten lassen«, sagte der

Rabbi, »heißt es doch im Talmud, ein Mensch, dem die Frau der Jugend stirbt, das sei, als wäre in seinen Tagen der Tempel zerstört worden.« »Ich habe einst«, erwiderte jener, »von Euch selber eine Deutung der Talmudstelle gehört: 'Jeder, in dessen Tagen der Tempel nicht wiedererbaut wird, dem ist als sei er in seinen Tagen zerstört worden.' Das habt Ihr dahin gedeutet, wie einst der gegen das Volk gerichtete Gottesgrimm gemildert wurde, da er sich an dem Heiligtum aus Holz und Stein ausließ, so mildre sich der Grimm, wenn einer dies, daß der Tempel in seinen Tagen nicht wiedererbaut wird, so erleidet, als sei er in seinen Tagen zerstört worden. Nun seid Ihr doch der treue Hirt ganz Israels, und da Euch solches widerfahren ist, wird gewiß durch Euer Leiden das Attribut des Gerichtes gelindert.« »Du hast mich getröstet«, sagte der Rabbi.

Unter denen, die in jenen Tagen nach Lublin kamen, um ihm einen Zuspruch zu sagen, war auch der »Jude«, der überhaupt seit der Gründung seiner Gemeinde wieder öfter zu seinem Lehrer zu fahren pflegte. Über diese ihre Begegnung wird etwas erzählt, zu dessen Verständnis ich einiges hier einschalten muß.

Seit Eisiks Erlebnis mit dem Heringsbissen stand unter den Feinden des »Juden« fest, daß er das Böse Auge hatte; und seit das Lehrerlein gegen Jekutiel geschworen hatte und dann auf Nimmerwiedersehen verschwunden war, waren sie nicht minder gewiß, daß kein andrer als der »Jude« selber das Männchen hinter den Schrank gezaubert hatte. Aber angenommen, daß er ein Böses Auge von jeher hatte, wo und wie hatte er die Gabe des Zauberns erworben? Auch darauf hatte man eine Antwort.

Es gab nämlich unter den Schülern des Sehers einen in einer unfernen Stadt, Itamar mit Namen, der war weithin als ein wahrhaft guter Mann bekannt. In jüngeren Jahren war er ein großer Kaufherr gewesen und hatte ein ansehnliches Vermögen erworben. Er gab aber in solchem Maße den Armen her, daß sein Besitz zusammenschrumpfte. Nun verkaufte er alles was er hatte, um wenigstens den Sabbatbedarf seiner Schützlinge weiter versorgen zu können. Diesem Mann vertraute der Rabbi einmal das Geheimnis der Feindesbezwingung an, und zwar ihm allein, weil er so gut war und man daher sicher sein konnte, er werde keinen unrechten Gebrauch davon machen. Jetzt hatte er es jedoch aus übermäßiger Güte dem »Juden« wenn auch nicht geradezu anvertraut so doch angedeutet, und nun sah man, was der damit anfing.

Aber noch eins ist an dieser Stelle vorauszuschicken: daß der Rabbi selber, wie unanzweifelbare Berichte bezeugen, an das Böse Auge – und zwar nicht bloß von Menschen sondern auch von Engeln – glaubte. Er pflegte sogar bei Mahlzeiten, bei denen die Anwesenheit eines Bösen Auges zu befürchten stand, den Auftrag zu geben, eine »Flüsterung« zu sprechen, die die Wirkung vereitelte. Man wird somit verstehn, daß er den umlaufenden Nachrichten über die schlimmen Gaben des »Juden« in der einen oder andern Weise Glauben zu schenken geneigt war. Freilich werden manche nicht verstehen, wie es möglich war, daß der Rabbi in seinem Geiste einem solchen Glauben Raum gab. Aber meine Aufgabe ist Begebenheiten zu erzählen, und nicht, sie verständlich zu machen.

Als der »Jude« in den sieben Tagen der Trauer den Rabbi aufsuchte und ihm zusprach, entgegnete der:

»Sie hat gegen dich geredet.« »Davon weiß ich kaum etwas«, sagte der »Jude«. – »Und was hast du getan, als du von ihrer Erkrankung erfuhrst?« – »Nichts«. – »Vielleicht doch etwas?« – »Wohl, ich habe Psalmen gesagt.« – »Und das nennst du nichts?« – »Was hätte ich denn tun sollen?« – »Du hättest«, rief der Rabbi, »ihr zürnen sollen, dann hätte sich vielleicht an der Waage ihre Schale gehoben.« »Kann ichs denn?« antwortete der »Jude«. Der Rabbi sah ihm in die Augen, mit noch schärfer prüfendem Blick als damals, da er ihm Urlaub gab und ihm in die Augen und durch die Augen ins Herz sah. Dann wandte er sich ab und brummte mit leicht gesenktem Kopf vor sich hin: »Wahrhaftig, der Jude versteht sich aufs Zürnen nicht.«

Einige Zeit danach schrieb der Rabbi einem seiner Vertrauten, einem vornehmen Mann in Lemberg, der nicht das geringste zu unternehmen pflegte ohne ihn zu befragen, und teilte ihm mit, er wolle seine Schwägerin, die Jungfrau Bejle, zum Weibe nehmen. Bald darauf sandte er Naftali und Simon in die Stadt Brody, wo Bejle mit ihren beiden Schwestern bei ihrem Bruder lebte. In dessen Haus hieß er sie gehen und sich sogleich in die Küche begeben. Dort würden sie drei Jungfrauen finden. Um die in der Mitte Stehende sollten sie werben, denn Gott habe sie ihm zubestimmt. Und so geschah es.

An diese Werbung knüpft sich eine Vorgeschichte, die zwar für mich das Zeichen einer von den Gegnern des chassidischen Wegs aufgebrachten und verbreiteten freien Erfindung auf die Stirn trägt, die aber wunderlicherweise in verschiedene, im übrigen zuverlässige chassidische Aufzeichnungen übergegangen ist und die ich daher hier, wiewohl mit allem ihr gegenüber gebührenden Vorbehalt, wiedergebe. Danach hätte die genannte Jungfrau, von der sonst bekannt ist, daß sie eine wohlbeschaffene Person war, die sich auch neben einem Mann wie der Rabbi nicht übel ausnehmen mochte, nicht mehr in der ersten Jugend gestanden. Ihr Schwager, dem für sie viele und günstige Ehen angeboten wurden, hätte jedesmal beim Rabbi angefragt, aber stets den gleichen Bescheid erhalten, das sei noch nicht der rechte für sie. Als sie aber ungeduldig wurde und zugleich eine besonders günstige Verbindung sich bot, hätte der Rabbi den Bericht darüber mit den Worten beantwortet, es warte Größeres auf sie. Das wäre kurz vor Tilas Tode gewesen.

Aus der Zeit zwischen der Brautwerbung und der Hochzeit wird erzählt, man habe Bejle vor dem Rabbi bezichtigt, sie trage sich in ihrem Wohnort Lemberg in modischen bunten Gewändern. Da sei er ans Fenster getreten, habe den Tau von der Scheibe des Auslugs im Mittelflügel gewischt, habe eine Weile hinausgeschaut, habe dann das Kleid beschrieben, mit dem sie zur Stunde angetan sei, und habe hinzugefügt: »Daran ist nichts zu beanstanden.«

Als aber Bejle die Schwelle des Hauses in der Breiten Gasse zu Lublin betrat und die Hand an die Klinke legte, prallte sie zurück und schüttelte die Finger. »Die Klinke ist ja heiß wie Feuer«, klagte sie. Jemand öffnete die Tür vor ihr.

Später besprach sie den Vorfall mit Rochele, die zwar seit einiger Zeit verheiratet war, aber sich weiter um die Wirtschaft des Rabbi bekümmerte und nun der neuen Frau alles im Hause zeigte. Beide waren einig, das könne nur das Werk einer Hexerei sein, und diese müsse, sagte Rochele, einem bedenklichen Mann aus Pžysha zugeschrieben werden, der unter den Hochzeitsgästen gewesen sei. Man nenne ihn den »Juden«, weil er wie der Rabbi heiße und man ihn daher nicht mit seinem Namen anreden oder bezeichnen wolle.

Bejle vernahm die Kunde mit einem bösen Zug um die halboffnen Lippen, aber nicht ohne sich geschmeichelt zu fühlen.

Seither kam in die Vorstöße, die beim Rabbi gegen den »Juden« unternommen wurden und denen es in der letzten Zeit an der rechten Führung gefehlt hatte, wieder Ordnung und Zusammenhang. Bejle verstand die Kunst, sich erzählen zu lassen, und noch besser die, dem Erzählten die ihm angemessene Form zu verleihen und ihm die ihm zukommende Wirkung zu verschaffen.

Als ein Jahr nach der Hochzeit Bejle noch keine Zeichen eines zu erwartenden Kindessegens wahrnahm, bat sie ihren Mann weinend, um Kinder zu beten. Er aber antwortete nichts als dies: »Um Kinder darf man nur beten, wenn man keine hat.« Als sie merkte, daß sie bei ihm nichts ausrichten würde, fuhr sie zu ihrem Bruder nach Brody und erwirkte von ihm, daß er mit ihr nach Lublin reiste, um ihr beim Rabbi beizustehn. Er nahm eine Flasche des edelsten Weins als Geschenk mit, daß der Rabbi am Freitagabend den Weihebecher davon fülle. Aber seltsamerweise wollte der Seher, als er die noch uneröffnete Flasche erblickte, sie nicht für die Weihe verwenden, und in der Tat stellten die Chassidim dann fest, daß sie nicht Wein, sondern weißen Met enthielt. Das war zwar offenbar auf den Irrtum eines Dieners zurückzuführen, aber der Vorfall erschien Bejles Bruder als kein gutes Zeichen. Dennoch suchte er nach Sabbat den Rabbi auf. Dieser erkannte sogleich, daß er ein Anliegen hatte, und fragte, was es sei. »Mein Anliegen«, sagte jener, »ist, daß ich erfahren möchte, was ich bin.« »Nun, das kann ich dir sagen«, antwortete der Rabbi, »du bist ein frommer und gelehrter Mann.« »Nein, nicht so«, brachte der Schwager vor, »ich will es wirklich erfahren, wie man nur etwas erfahren kann, was man sieht. Und wie soll ich es zu sehen bekommen? Wenn meine Schwester dem Rabbi einen Sohn gebiert. Denn unsere Weisen sagen ja, daß die Mehrheit der Söhne in ihrem Wesen dem Bruder der Mutter nachgeraten. Wenn mir Gott seine Gunst schenkt, werde ich an dem Gebaren des Knaben erfahren, was ich bin.« Der Rabbi ließ sich erbitten und eröffnete ihm, es gebe keinen andern Weg, als daß er mit seiner Schwester nach Kosnitz fahre: kein anderer als der Maggid könne ihr helfen. Als die beiden nun dem Maggid die Sache vorgetragen hatten, hieß er nach einer Weile den Bruder aus der Stube gehn und sprach mit der Frau allein. Zuletzt empfahl er ihr, sie möge am Freitagabend beim Beten in einem bestimmten Augenblick leise zum Rabbi herantreten und ihn am Gebetmantel fassen; wenn er sich dann umdrehe, um nach dem Täter zu sehen, solle sie zu ihm sagen: »Ich will von dir einen Sohn gebären.« Die Frau wollte schon danken und sich verabschieden, aber er ließ sie noch nicht gehen. »Es kann nur dann wirksam sein«, fügte er hinzu, »wenn Friede zwischen Euch und der ganzen Welt ist.« Bejle fragte nach der Bedeutung dieser Worte. »Gibt es niemand«, sagte er, »dem Ihr Unrecht tut?« Sie schwieg. »Gibt es niemand«, fuhr er fort, »gegen den Ihr Übles redet?« Nun mußte sie gestehen, daß sie zuweilen dem Rabbi ein Wörtlein gegen den »Juden« zutrage; aber der heilige Maggid möge nicht glauben, daß sie diesem damit Unrecht tue, sie wiederhole doch nur, was ihr zuverlässige Leute bezeugt hätten, und daß ihm nicht zu trauen sei, gehe doch schon daraus hervor, daß er am Hochzeitstag die Klinke an der Haustür ihres Gatten verhext hatte, – sie habe sich die Hand daran verbrannt. »Ihr seid eine törichte Frau«, sagte der Maggid. »Wenn man einen Mann wie den Rabbi von Lublin heiratet, muß man darauf

gefaßt sein, daß beim Eintritt in sein Haus die Türklinke brennt. Was aber Eure zuverlässigen Leute anbelangt, so sind sie Verleumder. Wenn Ihr dem Rabbi von Pžysha nicht versprecht, daß Ihr keine Verleumdungen mehr gegen ihn vorbringen werdet, wird Euch kein Kind geboren.«
Es blieb Bejle nichts übrig, als beim nächsten Besuch des »Juden« in Lublin die Anweisung auszuführen. Sie trat auf ihn zu und bat ihn leise, ihr zu vergeben. Der »Jude« sah sie erstaunt an. »Ich zürne Euch doch nicht«, sagte er, »wie kann ich Euch da vergeben?« »Ich will aber«, erwiderte sie, »von jetzt an über Euch weder Übles reden noch auch nur Übles anhören.« »Nun, das ist ja ein löblicher Vorsatz«, sagte er und lächelte wider Willen. »So ist denn Friede«, fragte sie, »zwischen mir und Euch?« »Soweit es an mir liegt«, antwortete er, »ist Friede zwischen mir und allen Menschen.« Er lächelte noch immer. Es war an einem Freitag. Am Abend führte sie auch die andere Weisung des Maggids aus. Einige Wochen danach erkannte sie, daß sie schwanger war.
Zur Beschneidung des Knaben kam der Maggid aus Kosnitz und wurde mit der Gevatterschaft beehrt. Der Rabbi ließ ihn fragen, welchen Namen der Knabe bekommen solle. Der Maggid antwortete: »Schalom«, das ist: Friede; und so wurde er genannt. Hernach traten beide beiseite. »Ich sehe an dem Kind kein langes Leben«, sagte der Rabbi. Der Maggid sah ihn unwillig an; ein starker Vorwurf lag in seinem Blick, aber er sprach ihn nicht aus. »In den Freudenstunden soll man sich freuen«, sagte er dann.
Seither mußte Bejle immer wieder mit dem Kinde dem Rabbi gegenüber sitzen. Wenn der Knabe lach-

te, war es eine Zeit der Gnade für die Chassidim, die Abschied nehmen kamen. Wenn er aber weinte, war es keine Zeit der Gnade.

Der Becher

Seit einiger Zeit war Naftali Gemeinderabbiner und »Vater des Gerichtshofs« in der Stadt Ropschitz, brachte aber noch immer einen großen Teil des Jahres in Lublin zu. Nach dem Tode seines Vaters, des berühmten Rabbi von Linsk, bemühte sich auch diese Gemeinde, ihn für ihre Führung zu gewinnen, und nach mancherlei Verhandlungen kam eine Vereinbarung zustand, wonach er an beiden Orten tätig sein sollte. Von da an mußte er seine Besuche in Lublin sehr einschränken.

Als er den entscheidenden Beschluß faßte, erklärte er den Gefährten, er werde, ehe er diesmal Lublin verlasse, aus dem Becher trinken, über dem der Rabbi am Freitagabend den Weihesegen sprach und von dem niemand außer ihm trinken durfte.

Bald danach kam an einem Freitag ein Bauer nach Lublin mit einem Sack Zwiebeln, die er dem Rabbi für das Sabbatmahl zu verkaufen gedachte. Zu jener Zeit waren die Zwiebeln vom Markt verschwunden. Naftali lauerte dem Mann auf und kaufte ihm seinen ganzen Vorrat ab. Sodann fragte er ihn, woher er seinen Rock habe. Als er erfuhr, daß der aus reiner Wolle und von einem Juden genäht sei und daß er ihn daher tragen dürfe, ohne sich gegen das Verbot von Kleidern aus Mischgewebe zu vergehen, kaufte er auch ihn und den Hut dazu. Als Bauer verkleidet und mit verstelltem Gesicht, den Zwiebelsack über die Schulter geworfen, kam er in das Haus des Rabbi und verlangte auf Polnisch ihn zu sprechen: er habe Zwiebeln feil, die er aber nur ihm selber zu übergeben bereit sei. Um des Sabbatmahls willen ließ ihn der Rabbi vor. Der Besucher sah sich in der Stube um, als wäre er noch nie hier gewesen. Er forderte für die Zwiebeln nur die Hälfte des üblichen Preises, wenn er nur ein großes Glas Branntwein bekäme, um seinen großen Durst zu stillen. Alle Becher, die man ihm vorsetzte, waren ihm zu klein. »Das ist der richtige«, sagte er und zeigte auf den Weihebecher. Gebe man ihm nicht von dem zu trinken, dann wolle er die Zwiebeln wieder mitnehmen; und er hob den Sack, den er beim Kommen auf den Boden gestellt hatte, wieder auf die Schulter. Um der Sabbatehrung willen stimmte der Rabbi schließlich zu. Naftali sprach schnell, aber mit lauter Stimme den Segenspruch: ». . . durch dessen Wort alles entstanden ist« und trank. Der Rabbi verzog den Mund. Dann entschloß er sich zu lachen.

Unweit von Kosnitz, auf dem Weg nach Lublin, liegt der Ort Pulawy, Landgut und Städtchen, der Erbsitz der Fürsten Czartoryski. Zu der Zeit, von der ich erzähle, war ihr Schloß noch in solchem Maße der Mittelpunkt des Ortes, daß jedes Haus nach Herkunft und Schicksal irgendwie mit ihm verbunden war, und selbstverständlich war auch jeder Jude als Pächter, Makler, Lieferant oder dergleichen am Gedeihn des Fürstengeschlechts interessiert. Die Czartoryski, dem Königshaus der Jagellonen verwandt und um die Reform des Staates hoch verdient, waren großzügige und gerechte Herren, die damit Ernst machten, Europäer zu sein. Populär waren sie nie, das entsprach ihrer Art nicht, aber jedermann, der einen von ihnen kennen lernte, schenkte sogleich der ganzen Familie sein Vertrauen.

Als der siebzehnjährige Prinz Adam im Frühjahr 1787, ein halbes Jahr etwa nach seiner Rückkehr von der Reise nach Deutschland, auf der er Goethe im intimen Zirkel seine »Iphigenie« vorlesen hörte, von einem in der Kreisstadt zugebrachten Karneval nach Pulawy fuhr, kam ihm unterwegs ein absonderlicher, noch karnevalistischer Gedanke. Er hatte daheim, nicht von den Eltern, aber vom Hausgesind, wiederholt von einem wundertätigen Rabbi reden hören, der in Kosnitz wohnte und zu dem auch Bauern und sogar Edelleute herbeiströmten, um Rat und Weisung in kleinen und großen Angelegenheiten ihres Lebens von ihm zu empfangen. Jetzt erinnerte er sich daran, als er einer Verliebtheit nachsann, die sich in der Kreisstadt entzündet hatte, und der halb scherzhafte halb leidenschaftliche Wunsch ihn überkam, zu erfahren, was wohl daraus werden würde. Kurzerhand stieg er in einem Dorf vor Kosnitz aus der Kutsche, verkleidete sich als Bauernbursch, ging zu Fuß weiter und begab sich in das Haus des Maggids, der, wie er hörte, erst vor kurzem von einer Fahrt (es war die zum Sterbebett des Rabbi Elimelech) heimgekehrt war. Dem Gabbai gab er auf Befragen seinen Namen als »Wojtek Sohn der Stascha« an und bezeichnete sein Anliegen als »Heilung eines Herzleidens«. Er wurde vorgelassen. In der schmalen Stube saß der Maggid allein vor einem Tisch, im Gebetmantel, mit den Gebetskapseln gekrönt. Adam erschrak zu seinem eignen Erstaunen über die schmächtige Gestalt mit dem bleichen Gesicht. Sein Streich reute ihn, aber nun war es zu spät. Schon sprach der Maggid, nachdem er den Gabbai aus der Stube geschickt hatte, zu ihm. »Setz dich mir gegenüber«, sagte er in einem reinen wiewohl etwas schwerfälligen Polnisch. Adam setzte sich; er spürte, ohne es zu begreifen, daß seine Schultern bebten. Der Maggid sah ihn an. Adam versuchte, den Blick auszuhalten, mußte aber sogleich die Augen senken. »Adam Sohn der Jesabel!« sagte jetzt der Maggid. Isabella hieß die Mutter des Fürsten, die schönäugige Gräfin Fleming. »Adam Sohn der Jesabel«, sagte der Maggid, »gaukle nicht, das Gaukeln steht dir nicht an.« Adam fühlte, wie ihm das Blut in die Wangen stieg. »Besinnt Euch darauf, Prinz«, sagte der Maggid, »was Ihr wirklich wissen wollt.« Adam fühlte, wie das

Abenteuer des Karnevals, das ihn eben noch in Flammen gehalten hatte, zu Asche zerfiel; nichts war ihm mehr gegenwärtig als das Schicksal seines unseligen Vaterlands. Er wagte es, erneut die Augen zum Maggid zu erheben, der seinen Blick freundlich erwiderte. »Denkt Ihr nun daran, was ihr wirklich wissen wollt?« fragte Rabbi Israel. »Ich denke daran, Herr Rabbiner«, antwortete Adam. »Denkt noch eine Weile mit der ganzen Seele daran«, fuhr der Maggid fort. Einige Augenblicke herrschte eine vollkommene Stille im Raum. »Ist es möglich«, fuhr es dem Prinzen durch den Sinn, »daß ich vor diesem kleinen Juden wie vor der delphischen Pythia sitze?« Aber im gleichen Nu flog ein anderer Gedanke auf den ersten zu und verjagte ihn. »Und wie war's«, dachte er, »mit jenem Kahlkopf, dem Elisa, von dem geschrieben steht: 'Und als der Spielmann spielte, kam über ihn die Hand des Herrn'?« »Es bedarf nicht einmal eines Spielmanns«, dachte er. Und schon begann der Maggid wieder zu sprechen, ohne ihn anzusehn. »Einer ist im Kommen«, sagte er, »der will alles regieren was unterm Himmelsgewölb ist. Er pfeift den Völkern, daß sie herbeieilen und ihm seinen Thron aufrichten. Er pfeift auch euch. Er beteuert, daß er euch helfen wolle. Glaubt ihm nicht! Er denkt nicht an euch. Er denkt an nichts als an den Thron. Der Thron aber stürzt ein und der Mann fällt zu Boden. Man trägt ihn hinweg.« Der Maggid schwieg. »Und wir?« fragte der Prinz. Der Maggid zögerte mit der Antwort. »Ich weiß nicht mehr«, sagte er nach einer Weile. »In der rechten Stunde werdet Ihr wiederkommen und dann wieder fragen. Vielleicht werde ich dann mehr wissen.« Er schwieg, aber es war zu merken, daß er noch einmal reden würde. »Es steht geschrieben«, sagte er schließlich mit großer Kraft, »verlaßt euch nicht auf die Freigebigen.« Er übersetzte, offenbar mit voller Absicht, so und nicht wie üblich, »auf die Edlen« oder »auf die Fürsten«. Er sprach das Psalmwort fast singend. Adam Czartoryski verneigte sich und ging.

Im Herbst 1805 weilte der Zar Alexander, der den Fürsten Adam Czartoryski zu den Vertrauten seiner weitfliegenden Pläne und zu dem eigentlichen Leiter der russischen Außenpolitik gemacht hatte, als Gast der Eltern seines Freundes in Pulawy. Adam und die ihm nahestehenden Vertreter des hohen polnischen Adels, die hier versammelt waren, erwarteten von Tag zu Tag, daß der Zar, in Erfüllung der Gespräche, die er mit dem Fürsten geführt hatte, die Wiederherstellung des Königreichs Polen verkünden und nach Warschau fahren würde, um sich dort zum König von Polen ausrufen zu lassen und damit das Zeichen zum Beginn des Befreiungskampfes gegen Preußen zu geben. Aber Alexander zog, den Bitten Czartoryskis entgegen, die Entscheidung immer wieder hinaus. Dann reiste er plötzlich, den Fürsten mitnehmend, ab, indem er wiederzukehren versprach, und machte Station in Kosnitz. Hier empfing er einen Abgesandten des Königs von Preußen und schickte diesem einen Brief, in dem er ihm die Leiden klagte, die sein Herz in den letzten Wochen, das heißt in den Verhandlungen mit dem polnischen Adel, habe erdulden müssen.

Es war ein Sabbat, drei Tage nach dem Hüttenfest. Während der Zar sich mit dem preußischen General unterhielt, begab sich Czartoryski in das Haus des

Maggids, bei dem er zuvor hatte anfragen lassen, ob er ihn empfangen wolle. Als er ihm nun, nach mehr als achtzehn Jahren, wieder ins Angesicht sah, erschien es ihm trotz der ergrauten Haare, als habe es sich nicht verändert. »Aber ich, wie ganz anders bin ich geworden!« dachte er. In der Tat hatte nur die hohe Stirn, wiewohl gefurcht, die Klarheit der Jugend bewahrt; von den Augenhöhlen bis zum Kinn hinab hatte die Enttäuschung ihre Zeichen eingegraben.

Der Maggid war auf einem Ruhelager halb ausgestreckt; er wollte sich erheben, um den Gruß des Fürsten zu erwidern, aber der bat ihn fast bestürzt, liegen zu bleiben. »Ich habe Euer Exzellenz erwartet«, sagte der Maggid. »Die Stunde der Frage ist wohl gekommen«, versetzte Czartoryski, »aber ich brauche sie ja gewiß nicht auszusprechen, dürfte es auch nicht mit völliger Deutlichkeit tun.« »Es bedarf keines Wortes, Exzellenz«, bestätigte der Maggid. »Nennt mich nicht Exzellenz«, bat Czartoryski, »nennt mich Adam oder Fürst Adam.« »Ich weiß, Fürst Adam«, sagte der Maggid, »welches Eure große Liebe ist. Aber es ist Euch nicht gewährt, sie mit der ganzen Offenheit zu äußern, die eine große Liebe verlangt. Jakob hat Rahel mit einer großen Liebe geliebt, und als die Jahre seines Dienstes um sie um waren, hat man ihm Lea gegeben; wohl, er wußte, daß er nur noch sieben Jahre zu dienen brauchte, und er würde doch die Geliebte bekommen. Ihr, Fürst Adam, habt mit Wissen um Lea gedient, weil Ihr zu hoffen wagtet, Ihr würdet dann um Rahel dienen können. Aber nun hat man Euch auch die Versprochene nicht gegeben, und Ihr fragt, wohin der Weg Euch führt.« Er hielt inne. »Der Weg führt durch Dorngestrüpp, Fürst Adam«, fuhr er nun fort, »und es ist noch nicht zu sagen, was an seinem Ende steht. Verlaßt Euch nicht auf die Freigebigen, die Euch mit ihren Träumen überschütten. Das Werben um Lea müßt Ihr nun aufgeben, Ihr werdet es bald selber zu erkennen und kundzutun beginnen. Sogleich nachdem Ihr es kundzutun begonnen habt, wird der Mann kommen, der alles was unterm Himmelsgewölb ist regieren will und den Ihr nun kennt, und er wird tun, als sei es in seiner Macht Euch Rahel zu geben. Aber es ist weder in seiner Macht noch in der von jenen, die es ebenfalls wähnen. Was er unternimmt, stürzt mit ihm, und was die andern unternehmen, ist Verderben. In Wahrheit aber haben die Machthaber, die Polen unter sich teilen werden, nicht Macht über es. Niemand hat Macht über es als Gott und es selber.«

»Es selber?« rief der Fürst, »wie kann das sein? Dieses elende, preisgegebene, zerrissene Volk?«

»Kein irdischer Machthaber«, sagte der Maggid, »hat Macht über die Seele eines Volkes, es sei denn, es gebe ihm selber Macht über sie. Und nur die Macht über die Seele ist wirkliche Macht. Darum warnte Jesaja das Volk Juda, ein Bündnis mit Assyrien gegen Ägypten oder mit Ägypten gegen Assyrien zu schließen.«

»Aber wie kann«, fragte Czartoryski, »ein Land wie meines, unter drei Großmächte aufgeteilt, sich die Freiheit anders erkämpfen, als indem es sich mit einer von ihnen verständigt? Was anders versucht wurde, ist fehlgeschlagen und mußte fehlschlagen.«

»Gott«, sagte der Maggid, »führt ein Volk aus der Knechtschaft in die Freiheit, wenn es bereit ist, den Dienst der Mächtigen gegen seinen Dienst einzutauschen. Alles, was man sonst Freiheit nennt, ist nur Schein und Trug. Die Völker, die sich entschließen, nichts mehr zwischen sich und die Herrschaft Gottes treten zu lassen, sie allein können, wie es in unserem Gebet heißt, 'zu Einem Bund werden, Seinen Willen zu tun', zum Anfang seines Reichs auf Erden.«

»Wie aber soll, Herr Rabbiner«, fragte der Fürst wieder, »ein ganzes Volk in den Dienst Gottes treten? Wie kann das ein ganzes Volk?«

»Niemand«, antwortete Rabbi Israel, »kann Gott vollkommen dienen, es sei denn ein Volk. Denn der Dienst Gottes heißt Gerechtigkeit, und alle Gerechtigkeit der Einzelnen kann nur Steine zum Bau liefern, aber ein Volk kann Gerechtigkeit erbauen. Das ist es, was Jesaja meint: Verflechtet nicht euer Los mit der Ungerechtigkeit der Mächtigen, sondern baut mit eurem eignen Leben die Gerechtigkeit auf, und die Liebe der Völker wird euch zufliegen, und ihr werdet ein Segen sein auf Erden.«

»Aber wie sollte es einem unfreien Volk, das nicht selber die Grundlage seines Daseins zu bestimmen hat, möglich sein, Gerechtigkeit aufzubauen?«

»Jeder Mensch, der mit Menschen lebt, und sei er ein Sklave, hat die Wahl, ob er gerecht gegen sie sein will oder ungerecht. Keinem Volk, und sei es noch so sehr dem Willen andrer untertan, ist es unmöglich gemacht, die doppelte Gerechtigkeit zu erbauen: die zwischen seinen Gliedern und die mit den Nachbarn. Das Maß, in dem es zu bauen vermag, ist verschieden, aber was du vermagst, das eben ist das Maß der göttlichen Forderung, nicht mehr – und nicht weniger.«

»Ach, Herr Rabbiner«, wandte Czartoryski ein, »wir verzehren uns, wie wir das zerrissene, zerklüftete Land ganz und frei zu machen vermöchten, und Ihr verlangt von uns, daß wir auch schon Gerechtigkeit aufrichten! Wie furchtbar schwer ist es, auch nur in die Beziehungen der verschiedenen Gruppen seiner Bevölkerung mit ihren verschiedenen Arten und Willensrichtungen Gerechtigkeit zu bringen! Wie viel Gegensatz und Widerspruch ist da erwachsen! Es sei fern von mir die andern allein anzuklagen, gewiß, wir tragen hier manche Schuld, aber da nun alles so ist wie es ist, was wäre anzustreben, wo wäre anzusetzen? Ich sehe in dem wirren Knäuel keinen Faden, den man erfassen könnte, um eine Entwirrung zu versuchen. Gewiß, man kann Rechte erteilen, aber was würde dadurch im Dasein des Ganzen geändert?«

Über das Gesicht des Maggids flog ein Lächeln. Wie der Fürst es sah, verstand er plötzlich etwas, was er bisher nicht verstanden hatte. »Wenn die heiligen Männer dieses Volkes«, dachte er, »noch heute so lächeln können, dann gibt es Israel ja wirklich, dann ist es ja wahr, daß Gott mit ihnen etwas vorhat, und dann ...« Das Herz tat ihm weh; er hätte die Worte gern zurückgenommen, die er eben gesprochen hatte. Aber schon begann der Maggid, sie zu beantworten.

»Wir jedenfalls«, sagte er, »verlangen nicht, was man in der Welt Rechte nennt. Was uns not tut, ist nur das Recht für das Volk Israel, sein Leben nach der

Weisung seines Gottes einzurichten. Uns hat Gott vor langen Zeiten über die Erde verstreut, weil wir darin versagt hatten, und seither läutert er uns im Schmelzofen der Leiden. Euch hat er jetzt unter eure Feinde verteilt, aber ihr dürft, anders als wir, beisammen wohnen bleiben. Immerhin, ihr beginnt zu spüren wie wir, daß es im Leben der Völker ein Leidensgeheimnis gibt, an das das Geheimnis des Messias gebunden ist. In der Tiefe der Leiden wird die Umkehr geboren, und die Umkehr ruft die Erlösung herbei. Die Umkehr aber ist der Anfang der Gerechtigkeit und die Erlösung deren Vollendung.
Ihr sagt, Fürst Adam, Ihr sähet keinen Faden. Ihr könnt keinen sehen, solang Ihr nichts Geringeres versuchen wollt als die Entwirrung des Ganzen. In die Hände des Menschen ist das Anfangen allein gelegt, es aber ist wirklich in sie gelegt. Wollt nur einfach anfangen, und sogleich werdet Ihr rings um Euch, im Umkreis Eures eignen persönlichen Wirkens, allerhand Fäden erblicken, von denen Ihr nur einen zu ergreifen braucht und es wird, wenn Gott will, der rechte sein. Andre werden Euch nachtun, und was sich ergeben wird, wird sich ergeben.«
Der Kopf des Maggids sank mit geschlossenen Augen in das Kissen zurück. Es dauerte eine Weile, bis er sie wieder öffnete und den Besucher fast erstaunt betrachtete. Adam trat zu ihm heran und verneigte sich. »Segnet mich, heiliger Rabbi!« bat er. Der Maggid beugte sich über ihn. »Der Herr segne dich, Adam Sohn der Jesabel«, sprach er, »auf deinen langen schweren Weg«.
Der Fürst war mit seiner großen braunen Dogge gekommen, die sich sogleich zu den Füßen des Maggids

gelagert hatte. Der Maggid, der mit allen Tieren gut stand (man erzählt sich, daß keine Mücke ihn zu stechen wagte) nickte dem Hunde freundlich zu, als er sich jetzt erhob, seinem Herrn zu folgen.

Am nächsten Tag reiste der Zar mit Czartoryski und dem preußischen General aus Kosnitz ab. Mehrere Edelleute, darunter Fürst Josef Poniatowski, der Neffe des letzten polnischen Königs und mit den Czartoryskis verwandt, kamen ihm aus Warschau entgegengeritten, erhielten aber von ihm kein Wort der Verheißung. Ohne sich in Warschau aufzuhalten, fuhr Alexander, Czartoryski mitnehmend, nach Berlin. Zwei Wochen später wurde der Vertrag von Potsdam unterzeichnet und die beiden Herrscher schworen sich auf dem Grabe Friedrichs des Großen ewige Freundschaft. Ein Monat wurde für die Kriegsvorbereitungen Preußens gegen Napoleon angesetzt. Genau einen Monat danach ist die Schlacht von Austerlitz geschlagen worden.

Rabbi Israel war nach dem Besuch des Fürsten in eine tiefe Erschöpfung gesunken, die am Ende der Woche noch andauerte. Man fürchtete um sein Leben, denn so kraftlos wie jetzt hatte man ihn noch nie gesehen. Am Freitag kamen zwei Chassidim aus Pžysha, die erzählten, der heilige Jude habe sie hergeschickt, damit sie an diesem Abend dem heiligen Maggid die Gesänge des Sabbatempfangs vorsängen. Der »Jude« hielt nämlich in seiner Gemeinde Lieder und Sänger in hohen Ehren, und diese zwei waren seine besten Sänger. Man berichtete dem Maggid von ihrem Kommen und er befahl, man solle sie am Abend ihm vorsingen lassen. Als er dann die ersten Klänge hörte, horchte er auf und sein Gesicht erhellte sich. Bald ging sein Atem gleichmäßiger, die Stirn wurde kühler, und er fühlte eine neue Kraft in seinen Leib einkehren. Am Ende blickte er wie erwachend auf und flüsterte: »Der heilige Jude hat in dem Leuchtenden Spiegel gesehen, daß ich durch alle Welten hinweggegangen bin, nur in der Welt der Melodie war ich nicht. Da hat er zwei Boten geschickt, daß sie mich durch diese Welt zurückführen.«

Das Nachfolgende ist wieder den Aufzeichnungen des Rabbi Benjamin, und zwar aus dem Sommer des Jahres 1807, entnommen:
Seit dem vorigen Winter, als der Kaiser Napoleon sich in Warschau aufhielt, habe ich im Sturm der Begebenheiten nichts in dieses Buch eingetragen. Aber ich habe nicht die Absicht, jetzt noch von den Kriegsereignissen zu berichten, die uns allen, mit Ausnahme wohl des Rabbi, das Herz bewegt haben. Ich sage: mit Ausnahme wohl des Rabbi; freilich erfährt jetzt niemand mehr von uns, was er hinsichtlich Napoleons im Sinn hat, aber niemand auch hat beobachtet, daß das, was sich ereignet hat, ihn erregt hätte. Als ihn einer von uns, ich weiß nicht mehr in welchem Zusammenhang, während des Chanukkafestes darauf aufmerksam machte, daß nun, nachdem der Führer der polnischen Legionen, der General Dombrowski, in Warschau eingetroffen sei, man bald auch Napoleon selbst zu erwarten hätte, sah er den Sprecher abweisend an und sagte: »Damals, vor sieben Jahren bei Megiddo, war er in unserer Nähe, jetzt ist er fern.« Dennoch spürte man zuweilen, daß die Begebenheiten für ihn eine besondere Bedeutung hatten. Ich entsinne mich aus seiner Tischrede am Chanukka-Sabbat, einige Tage danach, der Worte: »Warum sprechen wir im Segen beim Entzünden der Chanukkalichte: ‘Gesegnet seist du, Herr unser Gott, König der Welt, der Wunder tat unsern Vä-

tern in jenen Tagen, in dieser Zeit'? Die Tage sind jene Tage, die Tage sind verschieden, aber die Zeit ist diese Zeit, – die Zeit, in der unser Gott Wunder tut, ist immer nicht eine vergangne, sondern die gegenwärtige Zeit. Darum sprechen wir unmittelbar danach den Segen: 'Gesegnet seist du, Herr unser Gott, König der Welt, der uns hat am Leben bewahrt und uns erhalten hat und uns hat gelangen lassen zu dieser Zeit.' Wir danken nicht für das, was einst geschah, wir danken nicht für jene Tage, wir danken für diese Zeit.« Und plötzlich warf er die Arme in die Höhe und rief: »Ich danke dir, Herr der Welt, für diese Zeit.«

Nun muß ich aber das Schmerzliche erzählen, das sich im Frühjahr ereignet hat. Nein, etwas anderes ist noch vorauszuschicken.

Es war uns allen seit langem aufgefallen, daß die Rabbanith, die sich in dem ersten Jahr ihrer Ehe mit Heftigkeit an den Verleumdungen des heiligen Juden beteiligt hatte, im zweiten Jahr davon ließ und sich auch weigerte, den Zuträgereien ein Ohr zu leihen. Ich habe mich besonders über diese Wahrnehmung gefreut, denn seit ich selber nach Pžysha fahre, weiß ich, wie abscheulich verlogen all das Gerede ist, aber ich weiß auch: die Tatsache, daß der Rabbi ihm immer wieder zuhört, trifft den »Juden« immer neu ins Herz. Und warum? Ich meine: weil unter allen Schülern keiner so wirklich der Schüler des Rabbi ist wie er, wiewohl er nur kurze Zeit ohne Unterbrechung hier geweilt hat; weil unter uns allen keiner ist, der so wie er weiß, wer der Rabbi ist; und schließlich, weil er, wenn er – was nur sehr selten und jedesmal mit sehr großer Zurückhaltung geschieht – gegen eine Ansicht oder Haltung des Rabbi einen Einwand erhebt, dies seltsamerweise eigentlich im Namen des Rabbi selber tut, ja, wenn er gegen den Rabbi aufzutreten scheint, tritt er in Wahrheit für ihn ein. Nun wohl, also alle diese Jahre haben wir von der Rabbanith kein böses Wort gegen ihn gehört, und wenn sie merkte, daß jemand etwas gegen ihn vorbringen wollte, brach sie das Gespräch ab. Und plötzlich, eben im vorigen Winter, änderte sich ihr Verhalten wieder. Damit ist es, soweit mir ein Urteil zusteht, so zugegangen. Der »Jude« war einmal über den Neumond nach Lublin gekommen. Er ließ sich bald danach beim Rabbi anmelden, was aber, wie sich dann herausstellte, versäumt worden ist. In der Meinung, sein Besuch sei dem Rabbi angekündigt und von ihm angenommen, trat er in dessen Stube, deren Tür offen stand. Der Rabbi saß ohne ein Buch in der Hand, die Rabbanith mit Schalom ihm gegenüber. Der Rabbi war in den Anblick des Knaben versunken und bemerkte den Eintretenden nicht. Der »Jude« zog sich sogleich zurück und ließ sich auch nicht mehr melden, sondern erschien erst, als der Rabbi, von seiner Ankunft verständigt, ihn rufen ließ. Ich weiß nicht, was an dem Vorgang die Rabbanith verdrossen haben mag; aber gewiß ist, daß sie von da an sich wieder an den mißgünstigen Gesprächen über den »Juden« zu beteiligen begann. Bald danach erkrankte das Kind. Die Mutter kam, während einige von uns beim Rabbi waren, in seine Stube gestürzt und flehte ihn, ohne unsere Gegenwart zu beachten, an für das Leben des Knaben zu beten. Sie sprach mit solcher Verzweiflung, als ob er schon im Sterben läge. Der Rabbi sah auf sie mit einem schwermütigen

Blick. Eine Weile war es, als könne er kein Wort über die Lippen bringen, dann sagte er leise: »Du weißt, an wen du dich zu wenden hast.« Und nun geschah etwas Seltsames. Die Rabbanith trat sogleich zu mir heran und ersuchte mich, mit ihr noch in dieser Stunde nach Pžysha zu fahren. Das ist mir eine Bestätigung gewesen, daß auch der Rabbi um die Gebetskraft des heiligen Juden weiß. Wie wir nun in dessen Haus kamen, warf sie sich ihm zu Füßen und stammelte etwas Unverständliches. Aber offenbar merkte er sogleich, was geschehen war, denn sein Gesicht, das er ihr zuwandte, war von Tränen übergossen; Tränen um Tränen stürzten ihm aus den Augen. Sie sah es nicht, sie war wie von Sinnen. »Helft!« schrie sie. Dem »Juden« fiel der Kopf auf die Knie. »Genug! es ist genug!« hörte ich ihn stöhnen. Die Frau schien zu meinen, er wolle nicht, daß sie weiter rede, denn sie biß sich die Lippen blutig, aber er hatte gar nicht zu ihr gesprochen. Schließlich hieß er sie aufstehn und heimfahren. »Ich will beten und nicht ablassen«, sagte er schluchzend. Dann warf er mir die Hände um den Hals. »Benjamin«, sagte er, »was vermag der Mensch!« Wir fuhren heim. Als wir ins Haus des Rabbi traten, lag das Kind im Sterben.

Einige Wochen danach, als ich in Pžysha war, erkrankte Ascher, der fast zwölfjährige Sohn des »Juden«. Erst sah es nicht nach einem ernsten Übel aus, dann aber verschlimmerte sich der Zustand, die Mutter rannte wie toll herum und heulte, und einmal kam sie in die Stube ihres Mannes gestürzt, während wir mit ihm eine Frage der Lehre besprachen, sie kam ebenso hineingestürzt wie Bejle damals in die

Stube des Rabbi, und brüllte: »Das ist die Rache!« Der »Jude«, so schwer bekümmert er selber um seinen Sohn war, richtete sich auf, blickte sie an, nicht zornig, sondern eher mit einer Mischung aus Mitleid und Befremden, als wundere er sich, daß es so etwas gibt, und sagte: »Verlier dich nicht!« Dann nahm er sie bei der Hand und führte sie sacht hinaus.

Nun verfiel sie auf einen andern Gedanken. Hier muß ich aber etwas einschalten, was ich noch nicht berichtet habe. Bekanntlich pflegt der »Jude« alles Geld wegzugeben, das er jeweils über das im Augenblick Notwendige hinaus unter der Hand hat. Trotzdem gelang es der Frau im Lauf der Jahre, ohne sein Wissen einen ansehnlichen Betrag zusammenzuscharren, zu einem Teil aus Geschenken ihrer Mutter, zum andern aus dem, was sie von Zeit zu Zeit ihrem Mann hinterzog. Als sie genug beisammen hatte, ließ sie insgeheim ein Haus bauen, und nach dessen Fertigstellung – das war im vorigen Herbst – beauftragte sie einige Schüler, ihn hinzuführen, ihm das Haus zu zeigen und ihm zu eröffnen, daß es das seine sei und er fortan darin wohnen solle. Eine Weile starrte er auf das Gebäude ohne zu verstehen, dann lachte er bitter auf, wie wir ihn noch nie hatten lachen hören. »Es steht geschrieben«, sagte er: »'Haus und Vermögen ist Vatererbe, aber vom Herrn her ist eine verständige Frau'. Wie sollte ein Mensch, der sich des Dienstes Gottes befleißigt, sich Haus und Hof erwerben? Darum schickt ihm der Herr eine verständige Frau, die baut ihm ein Haus.«

Wie nun der Knabe krank lag und das Fieber stieg, erklärte Schöndel, sie wolle alle bewegliche Habe den

Armen zuwenden, denn man sagt, dadurch könne man das Leben eines Kindes retten. Der »Jude« war es wohl zufrieden. Als es nicht half, kam sie zu ihm und fragte, was sie noch tun könne. »Verkauf auch noch die Fenster und gib den Erlös den Armen«, sagte er mit einem trostlosen Lächeln auf den Lippen.

In den Tagen danach ging es dem Knaben schlimmer und schlimmer. Nun aber geschah etwas Außergewöhnliches. Ich habe schon früher einmal erzählt, daß Rabbi Jissachar Bär seit mehreren Jahren sowohl nach Lublin als nach Kosnitz als auch nach Pžysha zu fahren pflegt, und zwar teilt er seine Besuche so ein, daß er einen Monat vor dem Neuen Jahr sich an den Hof des Sehers begibt, wo er über die »furchtbaren Tage« bleibt, von da reist er zum Maggid und wieder nach einiger Zeit von da zum »Juden«. Da widerfuhr es ihm plötzlich, zu eben jener Zeit, als der Knabe Ascher von der Krankheit schwer bedrängt wurde, daß er ein übermäßiges Verlangen spürte, sogleich, also ganz außerhalb der regelmäßigen Besuche, nach Pžysha zu fahren. Als der Bauernwagen, dessen Besitzer ihn aus Freundlichkeit (denn er ist sehr arm) aufgenommen hatte, eine Höhe querte, von der aus man das Städtchen unter sich liegen sah, hörte er von unten her das Weinen eines Kindes. Es schien aus dem Hause seines Lehrers zu kommen, aber das war jedoch unmöglich; noch merkwürdiger war, daß es ihm schien, das Kind rufe ihn mit seinem Weinen. Als er das Haus des »Juden« betrat, ergriff der seine Hand und führte ihn zum Bett des röchelnden Knaben, an der am Boden hockenden Frau vorbei. »Ich bin am Ende meiner Kraft«, sagte er, »ich kann nicht mehr beten, du kommst nicht von ungefähr, nimm ihn auf dich, gewiß, du wirst ihn mir gesund wiedergeben.« Er hob die Frau vom Boden auf und ging mit ihr aus der Stube. Rabbi Jissachar Bär war im ersten Augenblick – so hat er mir selbst erzählt – bestürzt wie nie zuvor im Leben. Nie hatte er sich mit einer Heilung befaßt, nie auch nur versucht, auf den Zustand eines andern einzuwirken. Er hatte nie besondere Kräfte in sich vermutet, zumal man in Lublin kaum seiner achtete. Sowie aber nun ihm zugemutet wurde, woran er bei seinen Lehrern, auch beim »Juden«, obwohl der nichts davon wissen wollte, unverbrüchlich glaubte, wagte er nicht zu zweifeln. Im Nu war die Bestürzung überwunden und der ganze Mensch stand im Brand der Notwendigkeit, das zu verrichten, was von ihm gefordert war. Das Werk gelang; was er getan hat, weiß niemand auf Erden außer ihm selbst. (Viel späterer Zusatz: Als ich vor kurzem Rabbi Jissachar Bär, der ja inzwischen der berühmteste unter den wundertätigen Männern des Geschlechts geworden ist, in Radoschitz besuchte, gestand er mir, allen späteren Aufstieg verdanke er jener Stunde.)

Der Knabe war genesen, aber noch so schwach, daß er kaum gehen konnte. Sein Vater wartete nicht, bis er ganz wiederhergestellt war, sondern nahm ihn mit sich nach Kosnitz. Ich weiß nicht, worüber er mit dem heiligen Maggid gesprochen hat; die Krankheit kann es nicht gewesen sein, da sie vorüber war, wohl aber vermute ich aus manchem, daß es darum ging, Ascher solle eine Zeit lang nicht bei seiner Mutter sein. Jedenfalls hat ihn der Maggid für das Jahr, bis er mündig im Sinne der Thora, würde, zu sich genommen; er läßt ihn in seiner Stube schlafen und nimmt ihn an jedem Morgen ins Tauchbad mit. Die Rabbanith hat es geschehen lassen, weil sie darin einen Gegenzauber erblickt.

Seit dem Tode des kleinen Schalom hat sich das Verhältnis von Lublin zu Pžysha ganz sonderbar gestaltet. Schon vorher pflegte es in den letzten Jahren so zu sein, daß, sooft der »Jude« nach Lublin kam, bei der ersten Begegnung mit dem Rabbi der Friede gestiftet schien, sowie er aber abreiste, die Verleumder wieder die Oberhand bekamen. Nun aber ist etwas anderes, Sonderbares hinzugekommen. Wenn die Widersacher mit ihren Beschuldigungen den Rabbi bestürmen und er darauf eingeht und über den »Juden« schilt, wissen sie aus Erfahrung, daß sie nichts ausgerichtet haben; sagt er aber: »Schade um ihn«, dann können sie gewiß sein, daß sie einen frischen Haß in seinem Herzen erregt haben.

Irgendwie, ich weiß selbst nicht wie, muß ich etwas damit in Zusammenhang bringen, das sich vor kurzem begeben hat. Der Rabbi wandte sich unversehens an Rabbi Meïr, der bekanntlich von der ersten Stunde an einer der Führer im Kampf gegen den »Juden« gewesen ist, und sagte ihm, er solle um langes Leben für den »Juden« beten. Einige Zeit danach kam Meïr wieder von Stabnitz, wo er Gemeinderabbiner ist, nach Lublin und saß am Sabbattisch nah beim Rabbi. Da neigte sich dieser zu ihm und fragte ihn, ob er um langes Leben für den »Juden« bete. Meïr antwortete, seit der Rabbi es ihm befohlen habe, bete er an jedem Tag darum. »Gut, gut«, sagte der Rabbi. Ich wüßte gern, was das zu bedeuten hat. Warum heißt der Rabbi darum beten? Bedeutet das etwa gar, – daß er gegen seinen eignen Zorn beten läßt? Aber warum heißt er gerade Meïr darum beten? Rätsel über Rätsel!

Ich habe an mir selber sowohl Nachsicht wie Zorn des Rabbi erfahren. Daß ich schon manches Jahr dem »Juden« zugeneigt bin, hat er gewußt, seit es so war, und hat zuweilen sogar im Gespräch mit mir darüber gescherzt. Er hat mir auch nicht weniger als früher Aufträge erteilt, so zum Beispiel einmal einen besonders wichtigen an Rabbi Hirsch in Žydatschow, obgleich dieser zu den Gegnern des »Juden« gehört; die Reise zu ihm ist mir übrigens durch ein Wort dieses außerordentlichen Mannes besonders unvergeßlich geworden – er sagte damals zu mir: »Ich bin jetzt ein leeres Faß, ich muß bald wieder nach Lublin fahren, um es zu füllen.« Einmal fragte mich der Rabbi sogar, warum ich in der letzten Zeit nicht nach Pžysha gefahren sei. Ich antwortete der Wahrheit gemäß: »Weil ich kein Reisegeld hatte.« Da hat er es mir gegeben, ohne daß jemand davon wußte. Leider habe ich dies, um den Rabbi zu rühmen, einem der Gefährten anvertraut, und dann haben die Gegner des »Juden« es gewagt, dem Rabbi einen Vorwurf daraus zu machen. Nun hat sich aber vor einigen Wochen das Folgende ereignet. An einem Freitagabend – ich habe später erfahren, daß damals Friedensverhandlungen zwischen dem Kaiser Alexander und Napoleon geführt worden sind – sagte der Rabbi nach dem Tischgebet: »Morgen, wenn es sieben schlägt, sollen alle gemeinschaftlich beten.« Er ging in seine Stube, kam aber dann wieder an den Tisch und sagte: »Benjamin auch«. Er wußte ja, daß ich in den letzten Jahren mit dem Beten warte. Am Morgen beeilten sich alle zu kommen und nahmen auch mich mit. Ich hüllte mich in den Gebetmantel. Beim Mahl fragte der Rabbi: »Haben alle gemeinschaftlich gebetet?« Sie sagten: »Ja.« Er fragte: »Auch Benjamin?« Sie antworteten: »Ja.« Aber der zweite Sohn des Rabbi, Rabbi Josef, sagte: »Mir scheint, er hat nicht gebetet.« Nun rief mich der Rabbi heran und fragte: »Hast du in der Gemeinschaft mitgebetet?« Ich antwortete: »Nein.« Da schwieg er eine Weile, dann sagte er: »Ich entschuldige dich.« Ich dankte Gott in meinem Herzen, wußte ich doch: hätte er mich nicht entschuldigt, es wäre von mir nichts übrig geblieben. Würde mich aber einer fragen, warum ich damals nicht mitgebetet habe, so wüßte ich darauf keine Antwort. Warum habe ich nicht mitgebetet, zumal ich doch daran denken mußte, was der Rabbi einmal sagte: wenn alle einmal in wahrer Gemeinschaft mit ihm und miteinander ein einziges Gebet sprächen, so würde etwas Hohes dadurch erreicht werden, – warum habe ich trotzdem nicht mitgebetet? Ich weiß es nicht zu sagen. Ich weiß nur, daß mich damals etwas mit solcher Gewalt vom Beten abhielt, als ginge es um die Rettung eines Menschenlebens. Und nun, vor einigen Tagen, hat mich der Rabbi im Vorbeigehn – sein Sohn Israel ging ihm zur Seite – angesprochen. »Benjamin«, sagte er, »nimm dich in acht, es wird eine Zeit kommen, wo alle sich von dir fernhalten werden.« Da faßte ich mir ein Herz und fragte: »Rabbi, meint Ihr jenes Fernbleiben der Menschen, wo auch Gott von einem nichts wissen will, oder meint Ihr jenes Fernbleiben der Menschen, wo Gott den Vereinsamten besucht?« Er antwortete nicht. Er runzelte nur die Stirn und ging. Rabbi Israel schloß sich ihm nicht an, sondern blieb bei mir und nahm mich an der Hand. So begleitete er mich zu meinem Haus.

Da ich mir vorgenommen habe, alles aufzuzeichnen, was mir hinsichtlich der Beziehungen dieser beiden Männer, unseres Rabbi und des heiligen Juden, bekannt wird, will ich auch eine angebliche Begebenheit nicht übergehen, die man sich hier erzählt hat. Mich dünkt sie in hohem Maße unwahrscheinlich, ja ich vermag sie überhaupt nicht zu glauben, da sie dem Wesen und der Art beider Männer nicht entspricht. Wenn ich sie dennoch hier einfüge, ist mein Hauptgrund dies, daß sie wie kaum ein wirklicher Vorgang die Lage zeigt, wie sie sich herausgebildet hat: eine Lage, in der eben ein solches Gerücht entstehen und als Wahrheit von Mund zu Ohr weitergegeben werden konnte.

Als der »Jude« zum vorletzten Mal hier war, soll er, als der Rabbi ihm Mal um Mal und immer nachdrücklicher die Behauptungen der Verleumder vorhielt, endlich in der Glut seiner Empörung zur heiligen Lade gestürzt sein, die im Haus des Rabbi steht, und geschworen haben, daß all das Lüge sei. Da soll sich der Groll des Rabbi gelegt haben und das Erbarmen in sein Herz eingezogen sein. Als die Verleumder, an ihrer Spitze Rabbi Simon Deutsch, wiederkamen, wies er sie ab und berief sich auf den Schwur des »Juden«. Da sprang Rabbi Simon zur Lade und schwur, daß er die Wahrheit gesprochen habe. Als nun der »Jude« wieder hier war, soll der Rabbi ihm den Schwur der Gegner entgegengehalten haben. Da habe der »Jude« eine Weile geschwiegen, und dann habe er gesagt: »So weiß ich mir nur noch einen Rat.

Wenn jene die Wahrheit sprechen, so heißt das, daß ich von dem Rabbi Übles denke. Und unsere Weisen haben ja gesagt, wer von seinem Lehrer Übles denkt, das sei, als denke er es von der Schechina selber. Wer aber von der Schechina Übles denkt, von dem ist ja bekannt, daß sein Gebet vierzig Tage nicht angenommen wird. So möge der Rabbi mit seinen klaren Augen im Himmel nachschaun, wie es um meine Gebete steht.« Der Rabbi soll da seinen Kopf zurückgeneigt und die Augen eine Weile geschlossen gehalten haben. Dann habe er erklärt: »Es ist, wie Ihr sagt. Aber es könnte sein, Ihr habt eine so große Kraft, daß man sogar im Himmel mich irreführt.«

Ich wollte, ich könnte an etwas zeigen, was »Pžysha« gewesen ist – den Zeigefinger ausstrecken und darauf hinzeigen, wie man an einem alten Prachtgewand die verblichene Zeichnung mit dem Finger vorführt. Aber da ist ja nichts mehr geblieben. Was ist »Pžysha« gewesen? Man sagt: nun eben, eine Stätte des Geistes. Aber was ist das, »Geist«? Was kann er einer Zeit bedeuten, die jeden flinken Schwätzer »geistvoll« nennt und im Grunde nur noch die Wahl zu haben meint, im Geist ein perfektioniertes Kampfmittel oder eine ebensolche Belustigung zu erblikken? Wohl, ich bekenne mich zum Glauben an den Geist, der über der in den Wassern aufkeimenden Kreatur wie der Adler über seinem Neste schwebt; das heißt, ich glaube daran, daß es das noch gibt, die» Wasser« und den flügelspreitenden Vogel darüber, und nur wo das ist, sehe und sage ich, daß Geist ist. So sei denn »Pžysha« doch eine Stätte des Geistes genannt.

Eine größere Überraschung, als sogar damals vor sieben Jahren der Besuch des Rabbi, war es – vielleicht nicht für den »Juden« selbst, aber für seine Freunde und Schüler –, als plötzlich Meïr, im Kreis der Gegner wohl der Mann der sachlichsten Leidenschaft, das Haus betrat. Ihm, und mit ihm seinem älteren Bruder Mordechai, in dem aber die stille Glut seiner Gefühle nie zur Leidenschaft entflammte, diesen beiden erschien der »Jude« als ein fremdes Element, das in das Heiligtum einzudringen sich erdreistete und sich gegen alles erhob, was Geheimnis war: gegen die heilige Majestät des hohen Menschen, der in der Mitte der Welt steht, gegen sein Bündnis mit den obern Mächten, gegen seinen Einfluß auf die Vermählungen der himmlischen Sphären, gegen seinen Kampf mit den dämonischen Gewalten. Dieser leidenschaftliche Ingrimm bei Meïr, diese ruhige Ablehnung bei Mordechai hatten schließlich dazu geführt, daß beide sogar der persönlichen Berührung mit dem Verhaßten auswichen; als der »Jude« vor Jahren einmal in der überfüllten Judenstadt von Lublin keine Unterkunft fand und die Brüder ersuchen ließ, ihn für kurze Zeit in einer ihrer beiden Stuben zu beherbergen, hatten sie seinen Boten mit schnöder Weigerung abgefertigt und der sanfte Mordechai hatte sich sogar zu dem Ausruf verstiegen: »Was soll das heißen: 'der Jude'? Ich bin auch ein Jude!« Es war Meïr dann gewiß sehr schwer geworden, den Auftrag des Rabbi auszuführen und um langes Leben für den »Juden« zu beten. Und nun kam er selber hierher, ohne zwar in Worten eine Versöhnung in die Wege zu leiten, aber mit so verwandelten Mienen, daß das Verlangen nach Versöhnung deutlich davon abzulesen war. Was war geschehen? In Pžysha hat es niemand erfahren – der »Jude« selber begehrte es auch wohl gar nicht zu wissen –, aber durch den Kreis der Menschen, die Mordechai anhingen (eigentliche Schüler hat er nicht gehabt), ist etwas davon bewahrt worden, nur ein weniges, aber doch genug, um den Vorgang uns zu vergegenwärtigen. Die Brüder, die ungeachtet ihrer Verschiedenheit sehr eng miteinander zusammenhingen, hatten, nicht zum ersten Mal, in einer Nacht beide denselben Traum. Sie sahen im Traum jenen koboldischen Mann wieder, Jaakob Jizchak Sohn der Matel mit Namen wie der Rabbi, der einst ein Jahr lang die ganze Schülerschaft und den Meister selbst schwer beunruhigt hatte – Meïr hatte in ihm sogleich den Sendling der Dämonen erkannt – und von dem seit seinem Verschwinden keine Kunde mehr nach Lublin gelangt war. Sie sahen ihn in weit teuflischerer Erscheinung als damals, mit Eberhauern und Fledermausflügeln. Sie sahen, wie der Rabbi und alle Schüler, lange zugespitzte Eisenstäbe in den Händen, auf ihn eindrangen, ohne daß es ihnen gelang ihn zu verjagen. Er wuchs in die Höhe und in die Tiefe – um seinen Kopf war jetzt eine Wetterwolke geschlungen und seine Füße standen unsichtbar im Dunkel des Abgrunds. Da aber erschien ein breitschultriger Mann, der hob die unbewaffneten starken Hände gegen den Unhold und zwang ihn in die Flucht. Jeder der Brüder erkannte sogleich mit einem heftigen Erschrekken den »Juden«. Und nun – als sie am Morgen ihre Träume verglichen, zögerten beide an diesem Punkt weiter zu berichten – stellte sich die Schülerschaft, sie beide, Mordechai und Meïr, voran, dem Sieger entgegen, sie umringten ihn mit ihren Stäben, und unversehens waren ihnen beiden, Mordechai und Meïr, aus ihren Stäben Beile geworden, mit denen hieben sie dem »Juden« seine beiden Hände ab. Am Morgen war Mordechai von seinem Traum so geschändet und geschwächt, daß er nicht aufzustehn und, wie es seinem Gefühl nach ihm als dem Älteren oblag, sogleich nach Pžysha zu fahren vermochte. Meïr tat es an seiner Stelle.

Die Tage, die er in Pžysha zubrachte, waren anders, als er erwartet hatte. Nirgends war eine Feindschaft zu spüren. Der »Jude« behandelte ihn mit einem gleichmäßigen Wohlwollen, und auch alle andern kamen ihm freundlich entgegen. Das war ihm zunächst schwerer zu tragen als das härteste Widerstreben, aber allmählich fühlte er sich in dieser Luft ohne Rückhalt und Vorbehalt selber unbefangen werden.

Als er zum »Juden« kam um Abschied zu nehmen, entschloß er sich zu seiner eignen Verwunderung ihm eine Frage vorzulegen, die schon lange, mit besondrer Kraft aber seit dem Traum ihn peinigte. »Woran liegt es«, fragte er, »daß Menschen, die einigermaßen Herr über die Sünde geworden sind, doch sich von den Einflüsterungen des Bösen Geistes verleiten lassen, zwar nicht grob zu sündigen, aber doch das Falsche zu meinen und das Falsche zu tun?« »Eins ist gewiß«, antwortete der »Jude«, »wenn ein Mensch auch nur einmal die Worte 'Höre Israel, der Herr ist dein Gott, der Herr der Eine!' mit all seiner Kraft spricht, müßte der Böse Geist schon völlig daran verzweifeln ihn zu gewinnen, denn wer sich wahrhaft zu seinem Schöpfer als zu der einen einzigen Macht bekennt, kann keiner andern mehr erliegen, da er doch jede als Schein und Anmaßung durchschaut. Aber was tut der Böse Geist? Er stellt jenem die hohen Stufen vor, die er erreichen kann, und läßt sie ihn erreichen. Denn ist einem der Sinn erst auf die Stufen gerichtet, dann ist er nicht mehr Gott allein ergeben, sondern, ob er sich auch einbildet, er sei es, es gibt nun eine Macht, die er nicht als Schein und Anmaßung durchschaut, und das ist er selber mit seinen Stufen. Ich sage Euch das, Rabbi Meïr, weil ich diese Gefahr aus meinen eignen früheren Jahren, eben der Zeit kenne, in der ich nach Lublin gekommen bin – in Lublin habe ich dann gelernt, den Trug der Stufen zu erkennen. Und was soll der Mensch, der so versucht wird, tun, um sich vor der Falle des Voglers zu schützen? Er geht in den einsamen Wald und steht und schreit, bis man alle Stufen und Grade wieder von ihm nimmt.« Nachdem der »Jude« das gesagt hatte, verabschiedeten sie sich voneinander. Auf der Heimreise nickte Meïr beim Rütteln des Leiterwagens, in dem er saß, sacht ein. Als er aus dem Schlummer auffuhr, bewegte sich der Wagen durch einen Wald, in dessen Bäumen Vögel aller Art ihre Lieder sangen. Aber wie er darauf horchte, da: er verstand, was sie sangen. Bestürzt sprang er aus dem Wagen, lief in den Wald, stand und betete und ließ nicht ab, bis die Vogelstimmen ihm wieder nichts andres zubrachten als zuvor immer. Weinend dankte er Gott. Er sah sich um, der Wagen wartete in der Nähe, er stieg ein, die Pferde zogen an, bald entschlummerte Meïr wieder, bis der Fuhrmann an einer Herberge Halt machte und ihn weckte. Er wußte nicht: war ihm das Wunderbare im Traum oder im Wachen geschehen? Er fragte nicht. Aber in jener Stunde war er ein anderer geworden.

Später einmal ging der »Jude« mit seinem Schüler Perez, der zuhören konnte wie keiner – denn die Ohren waren ihm mit der Seele innig verbunden, so daß er keinen Laut mit ihnen allein und nicht auch mit ihr aufnahm –, über eine Wiese, auf der weidende Rinder brüllten, während aus dem hindurchfließenden Bach eine Gänseschar schnatternd hervorstieg. »Könnte man doch all die Rede verstehen!«, rief Perez. »Wenn du dahinkommst«, erwiderte der »Jude«, »aus dem Grunde zu fassen, was du selber redest, wirst du die Sprache aller Wesen verstehen lernen. Denn so viele Sprachen es gibt, die Sprache der Wesen ist eine.«

Und wieder einmal sagte er zu Jissachar Bär: »Willst du, so lehre ich dich die Rede der Vögel und der andern Tiere verstehen.« »Wenn es mir zugedacht ist«, entgegnete jener, »werde ich schon dahin kommen.« »Eben diese Antwort«, sagte der »Jude«, »habe ich von dir erhofft. Weißt du aber wohl schon, ob die Rede in Worten oder in Gebärden geschieht?« »Ich denke«, antwortete Jissachar Bär, »alle ursprüngliche Rede ist da zu fassen, wo Wort und Gebärde einander in ihren Wurzelfasern begegnen.« »So weißt du schon das Wichtigste«, sagte der »Jude«.

Da sind uns nun drei scheinbar so verschiedene Äußerungen über den einen Gegenstand, zu drei wirklich verschiedenen Menschen gesprochen, überliefert. Aber die Äußerungen sind nicht verschieden. Sie schließen sich zu einer einzigen zusammen. Dies eben ist Pžysha.

Ein anderer Schüler hatte die Kasteiung des Schweigens auf sich genommen und redete nichts mehr außer den Worten der Lehre und des Gebets. Der »Jude« wartete ihm eine Weile zu, dann ließ er ihn aus seinem Wohnsitz herbeirufen. Als er gegen Abend sich der Stadt Pžysha näherte, sah er den »Juden« mit einigen Schülern übers Feld gehen. Er sprang vom Wagen, lief ihm entgegen und begrüßte ihn. »Junger Mann«, sagte der »Jude« zu ihm, »was ist das, daß ich in der Welt der Wahrheit kein Wort von dir vernehme?« »Rabbi«, rechtfertigte sich jener, »wozu soll ich Eitles reden? Frommt es nicht mehr, nur zu lernen und zu beten?« »So kommt«, sprach der »Jude«, »eben kein Wort von dir selber in die Welt der Wahrheit. Wer nur lernt und betet, lernt und betet auch nicht, denn er mordet das Wort in seiner Seele. Was ist das: Eitles reden? Man kann was immer eitel sagen, man kann was immer wahrhaftig sagen . . . Und nun lasse ich dir Tabak und eine Pfeife für die Nacht zurechtlegen, komm nach dem Abendgebet zu mir und ich will dich reden lehren.« Sie saßen die Nacht durch beisammen; am Morgen war die Lehrzeit zu Ende.

Das ist Pžysha.

Auch dies ist den Aufzeichnungen des Rabbi Benjamin von Lublin entnommen, und zwar denen über das Frühjahr 1809:

Groß ist der Rabbi von Lublin! Wohl, es gibt mancherlei an ihm und seinen Handlungen, was einem nicht einleuchten will, und zuweilen lehnt man sich sogar dagegen auf, denn man meint, man habe doch selber sein Quentchen Verstand, aber schließlich beugt man sich, wiewohl man auf der eignen Einsicht beharrt, doch vor der Großmächtigkeit, die einem Wesen von Fleisch und Blut hier von seinem Schöpfer verliehen worden ist.

In den letzten Jahren hat der Rabbi wunderliche Äußerungen getan. So hat er einmal in begeisterter Rede das Kommen des Messias auf Tag und Stunde angesagt; als man ihn aber später darum befragte, erwiderte er, er erinnere sich nicht, derartiges ausgesprochen zu haben. Als ein andermal vom Berechnen des Endzeitanbruchs die Rede war, trug er das folgende Gleichnis vor. Ein Sohn sieht an seinem Vater etwas, was ihn unschicklich dünkt. Kann er sich erdreisten, es ihm vorzuhalten? Aber er kann ihm sagen: »Vater, nicht wahr, so und so steht in der Thora geschrieben?« So ist es auch mit den Zaddikim, die die Erlösung beschleunigen wollen: sie finden in einem Schriftvers die Andeutung, in einem bestimmten Jahr werde der Messias kommen, und zeigen unserem Vater den Vers und sagen:

»Vater, nicht wahr, so steht's in der Thora geschrieben?«

Von da aus ist wohl auch ein Wort zu verstehen, das wir vor etwa einem Jahr aus dem Munde des Rabbi gehört haben und das ich hier noch nicht verzeichnet habe. Ich muß aber einiges über den Anlaß dazu vorausschicken.

Es ist bekannt, daß Rabbi Menachem Mendel, einige Zeit nachdem er sich in Rymanow niedergelassen hatte, aus einer nicht bekanntgewordenen Ursache in die Stadt Prystyk, den Wohnort seines Schwiegervaters, zurückkehrte und dort jahrelang verweilte. Vor mehr als einem Jahr ist er aber wieder mit den Seinen nach Rymanow gekommen, und nun erst hat sein eigentliches Regiment über die Gemeinde begonnen. Es ist ein strenges, wie nicht anders zu erwarten war. Nicht bloß wird aufs genauste die rechtschaffene Führung aller Mitglieder beaufsichtigt, so daß zum Beispiel am letzten Tag jedes Monats in allen jüdischen Läden Maße und Gewichte nachgeprüft werden, sondern auch einer erlaubten Lebenslust werden nachdrückliche Grenzen gezogen. So hat Rabbi Menachem Mendel unter anderm verboten, daß auf den Hochzeiten Musikanten aufspielen. Aber die stärkste Aufmerksamkeit hat er der Kleidung zugewandt. Die Männer sind noch glimpflich davongekommen; ihnen sind Kragen nicht erlaubt und dergleichen mehr. Weit genauere Verfügungen sind über die Gewänder der Frauen erlassen worden, wie sie denn auch besonderen Beschränkungen unterworfen sind, so daß sie etwa zum Melken nicht ohne Aufsicht gehen dürfen, ihre Spaziergänge nicht über die Stadt hinaus erstrecken, und an Sab-

baten und Feiertagen nicht auf der Gasse sitzen dürfen. Die Mädchen sollen keine Schläfenlöckchen und das Haar auch nicht gekräuselt tragen, die Ehefrauen auf der Gasse keine silbergestickten Stirntücher, jene und diese keine modischen Sandalen, keine deutschen Hemdchen, keine bunten und verzierten Kleider. Die Schneider, die modische Gewandung herstellen, werden in Strafe genommen. Rabbi Menachem Mendel hat sich dabei unter anderm auf die Predigt des Propheten Jesaja gegen die Prangekrönlein, die Tropfgehänge, die Flatterschleier, die Knüpfschärpen, die Armspangen und die Schrittkettlein der hochfahrenden Töchter Zions berufen.
Er hat sich aber nicht damit begnügt, die Verordnungen in dem Bezirk von Rymanow bekanntzugeben, sondern weit hinaus in alles Land hat er Boten entsendet, die seinen Protest verbreiten sollten. Als einer von ihnen nach Lublin kam, verdroß unsern Rabbi die Botschaft. »Die Töchter Israels sollen sich schmücken«, sagte er, »zumal jetzt, da die Zeit der großen Freude naht.«
Freilich ist die Hoffnung auf Erlösung im Herzen Rabbi Menachem Mendels kaum weniger stark als in dem unseres Rabbi. Aber während unserem Rabbi der Sinn immer darauf gerichtet ist, daß das in der Finsternis verborgene Licht durch die hemmenden Schalen dringe, sind bei Rabbi Menachem Mendel alle Erwartungen und Entwürfe von der Gewißheit bestimmt, erst müßten die Mächte der Finsternis zu ihrem Sieg gelangen, ehe die Bewegung des Lichtkeims tief im Innern der Finsternis sich vollziehen könne. Es komme, so meint er, darauf an, das heimliche Licht ganz rein zu halten, zugleich aber müsse

die Gewalt des Bösen sich aufs äußerste steigern, bis ihr, der grausam alles niederstampfenden, nichts mehr auf Erden gegenübersteht als das reine Licht in seiner begnadeten Ohnmacht. Dann erst nämlich werde sich ihm das Gotteslicht zuneigen und es zur Tat begaben. So habe ich es aus dem Munde unseres Rabbi Hirsch erfahren, der zuweilen nach Rymanow fährt; ihm hat es dort sein Namensvetter, Rabbi Hirsch der »Diener« anvertraut, der bekanntlich seit langem Rabbi Menachem Mendels Haus verwaltet und ein Großer des chassidischen Wegs ist; dieser hat es von seinem Lehrer selber gehört. Als ich danach in Pžysha war, habe ich es dem »heiligen Juden« berichtet, aber er hat mir darauf kein Wort erwidert. Später sprach ich mit Rabbi Bunam und Rabbi Perez davon. Rabbi Bunam sagte: »Es steht geschrieben: 'Ein Ende hat er der Finsternis gesetzt.' Gott allein bestimmt, wie weit zu jeder Zeit der Bezirk der Finsternis reichen darf.« Rabbi Perez aber sah mit seinen leuchtenden Augen in die meinen und fügte hinzu: »Das Licht ist rein, solang es sich nicht mit sich selber befaßt.«
Etwas aber steht im Zusammenhang mit diesem Glauben Rabbi Menachem Mendels, was hier erwähnt werden muß. Wie unser Rabbi, denkt er bei solchen Vorstellungen an einen Einfluß der Zaddikim auf das Geschehen. Und wie unser Rabbi, so meint auch er, es sei an den Zaddikim, Napoleon zum Gog zu machen. Aber das bedeutet für ihn nicht das gleiche wie für unsern Rabbi. Es bedeutet Beten und Sich-Einsetzen, daß Napoleon alles besiege.
Nun aber will ich erzählen, was sich im Frühjahr dieses Jahres ereignet hat. Es sind wunderbare Dinge, und wenn der Sohn eines kommenden Geschlechts

meine Aufzeichnungen liest, wird es ihm vielleicht schwer fallen zu glauben, daß sie sich wirklich ereignet haben. Darum will ich meine Zeugen namhaft machen, zuverlässige Männer. Der eine ist Rabbi Naftali von Ropschitz, der mir, was er selbst mitangesehen hat, erzählte, als ich in diesem Sommer bei ihm zu Gast war; der andere, Rabbi Schelomo, der Enkel Rabbi Elimelechs, mir seit Jahren befreundet, hat mir über seinen Anteil an den Vorgängen berichtet, als er unserem Rabbi, der ihn nach Rymanow gesandt hatte, Rabbi Menachem Mendels Antwort überbrachte.

Erwähnt muß zunächst noch werden, daß der Glaube an die Bedeutung der ersten Passahnacht für das Kommen der Erlösung in Rabbi Menachem Mendels Seele von je besonders tiefe Wurzeln geschlagen hat. Ich habe gehört, daß er in seiner Jugend weit umher gewandert und bis nach dem Lande Spanien gelangt ist. Da hat er die Passahnacht bei einem Marranen in einer unterirdischen Höhle gefeiert. Wie sie beisammen saßen, fiel plötzlich ein großes Licht in die Höhle, daß sie erschraken, und im gleichen Augenblick hob sich der Becher Weins, der dem Brauch gemäß für den über die Erde wandernden Propheten Elia bereitgestellt war, in die Luft, als hebe ihn jemand an seinen Mund, und als er sich wieder zum Tisch herabgesenkt hatte, war er leer. Seither hat Rabbi Menachem Mendel oft darauf hingewiesen, Elia werde als Herold der Erlösung in eben der Nacht erscheinen, in der einst Israel aus Ägypten befreit worden ist.

Am Vortag des diesjährigen Passahfestes, frühmorgens beim Bereiten der ungesäuerten Brote, stand

Rabbi Menachem Mendel, von den Getreuen umgeben, unter denen Rabbi Naftali war, am Backofen und schob die Brote hinein. Und jedesmal murmelte er mit seiner beharrlichen Stimme: »So schieben wir bis nach Wien, so schieben wir bis nach Wien.« Rabbi Naftali verstand ihn kaum. Sobald er notdürftig erfaßt hatte, um was es ging, fiel er Rabbi Menachem Mendel ins Wort und rief: »Wie kann das Unreine teilhaben an der Bereitung des Reinen!« Und sogleich flüchtete er vor dem Zorn des Zaddiks. Einige Wochen danach erfuhr er, daß am Tag vor jenem Morgen Napoleon sein Heer gegen Österreich in Bewegung gesetzt hatte, und wieder mehrere Wochen danach, daß Napoleon inzwischen – zu eben der Zeit, als in seinem Auftrag der Fürst Josef Poniatowski an der Spitze der polnischen Truppen Lublin besetzte – in Wien eingezogen war.

Rabbi Naftali war alsbald nach dem Passahfest nach Kosnitz gefahren und hatte dem Maggid, von dem er wußte, daß er ein glühender Gegner Napoleons ist, den Vorgang erzählt, doch hat der Maggid ihm nichts erwidert. Von da kam Naftali nach Lublin und berichtete unserem Rabbi. Sogleich schickte dieser in die Stadt Mogielnica, wo Rabbi Jaakob, der Sohn Rabbi Elimelechs, lebt, und ließ dessen Sohn, Rabbi Schelomo, zu sich bringen. Als er erschien, hieß er ihn nach Rymanow fahren und Rabbi Menachem Mendel eine Botschaft mündlich übermitteln. Die Botschaft lautete: »Es steht geschrieben: 'Und Söhne des Höchsten seid ihr alle.' Es darf nicht sein, daß die Söhne des Höchsten gegeneinander wirken. Mir wie Euch ist es ein Zeichen Gottes, daß er diesen Mann hat so mächtig werden lassen. Wie Ihr weiß ich mich verpflichtet, mich einzusetzen, daß er zu dem Gog erwachse, über den geweissagt ist. Aber niemandem ist ein Wissen gegeben, in welcher Weise die Siege und Niederlagen dieses Mannes mit der Erlösung verknüpft sind. Es kann nicht an uns sein, uns auf die eine oder die andere Seite zu stellen. Ich habe vordem auch anders gewähnt, aber ich habe meinen Irrtum erkannt. Nur darüber haben wir zu wachen, daß die Dichte der Begebenheiten sich nicht lockere, daß sie vielmehr größer und größer werde. Darüber aber haben wir gemeinsam zu wachen. Jeder mag sein Gefühl im Herzen bewahren, aber das Werk muß gemeinsam sein. Laßt uns zu solcher Gemeinsamkeit den Bund schließen.« Als Rabbi Menachem Mendel die Botschaft empfangen hatte, hieß er den Abgesandten die folgende Antwort sich merken: »Es soll so sein, wie Ihr vorschlagt, denn es ist offenkundig, daß der heilige Geist auf Euch ruht. Ich kann nicht ändern, was in meinem Herzen ist, aber von meinem Vorhaben will ich ablassen, und es soll nichts mehr geschehen, es sei denn im Einvernehmen mit Euch.«

Für das, was ich nun zu erzählen habe, kann ich keinen Zeugen anführen, aber ich habe es von jemand gehört, dem es der Nächstbeteiligte mitgeteilt hat. Dieser Nächstbeteiligte ist der dritte Sohn des Rabbi, Zwi, der seit dem Beginn des Jahres Soldat im österreichischen Heer ist. Als er sich von seinem Vater verabschiedete, sagte ihm dieser: »Wenn du den Kaiser Napoleon siehst, grüße ihn von mir.« Der Jüngling begriff die Worte nicht, wagte aber nicht zu fragen. Als in Wien die österreichischen Regimenter, die in der Stadt standen, vor Napoleon vorüberzogen, war er dabei. Die Truppen hielten an, er kam vor den Kaiser zu stehen. Der rief ihn heran und hieß ihn fragen, wer er sei. Er antwortete, selbstverständlich ohne es zu wagen, sich des Auftrags zu entledigen: »Ich bin der Sohn des Rabbis von Lublin.« Napoleon lachte. »Dann soll er«, sagte er, »seinem Vater ausrichten, daß ich mich vor ihm nicht fürchte.«

Aber nach einer Woche, am Fest der Offenbarung, an dessen zwei Tagen, hat er an dem Flusse Donau, auf einer Insel des Flusses, seine erste Niederlage erlitten.

In Lublin sind bald danach die Russen eingezogen – Napoleons Verbündete, wie es heißt, aber niemand glaubt es. Der Rabbi ist ihnen entgegen gegangen und hat sie lange betrachtet. »Ich sehe keinen Unfruchtbaren unter ihnen«, sagte er.

Der kleine Vorfall, den ich in diesem Abschnitt zu berichten habe, hat sich bald nach der Rückkehr Rabbi Schelomos von Rymanow nach Lublin ereignet. In den Aufzeichnungen des Rabbi Benjamin finde ich ihn nicht erwähnt. Damit er deutlich wird, muß ich weit ausholen.

Etliche Jahre vorher, ungefähr zur gleichen Zeit, als Fürst Czartoryski den Maggid besuchte, hatte sich am Hof des Sehers ein neuer Schüler eingefunden. Auch er hieß Mendel. Er war etwa achtzehnjährig, von gedrungener Gestalt und hatte eine auffallend dunkle Gesichtsfarbe; die schwarzen Augen sah man nie ihren Ausdruck verändern.

Er hatte zwei Leidenschaften, die eine einzige waren: die Wahrheit zu erfahren und sie auszusprechen. Die erste hat die Arbeit seines Lebens bestimmt, die zweite seine Beziehungen zu den Menschen. Das Lernen der Lehre betrieb er wie ein großes Raubtier seine Beutezüge, und er ist von Kindheit auf sehr gehaßt worden.

Viel später, als er schon der weitberühmte und vielangefeindete Rabbi von Kozk war, kam er einmal in sein Heimatstädtchen. Da besuchte er den Kinderlehrer, der ihm einst das Alphabet beigebracht und noch die fünf Bücher der Thora mit ihm gelesen hatte; aber den Lehrer, dessen Unterricht er hernach empfangen hatte, besuchte er nicht. Bei einer Begegnung fragte ihn dieser, ob er sich seiner denn zu schämen hätte. Er antwortete: »Ihr habt mich Dinge gelehrt, auf die man entgegnen kann, denn die eine Deutung sagt dies und die andere jenes. Er aber hat mich eine wahre Lehre gelehrt, auf die es nichts zu entgegnen gibt, und so ist sie bei mir geblieben. Darum liegt es mir ob, ihn besonders zu ehren.«

Als Knabe wollte er lange nichts von dem chassidischen Weg wissen. Er meinte, er könne dadurch nur vom Lernen abgelenkt werden. Dem Lernen war er so hingegeben, daß er zuweilen stundenlang dastand und einen Talmudfolianten, in Holztafeln mit schweren Kupferklammern gebunden, in den Händen hielt, ohne daß es ihm einfiel sich hinzusetzen.

Ein alter Mann in seiner Heimat pflegte der Jugend Geschichten von Zaddikim zu erzählen. »Er hat erzählt und ich habe gehört«, sagte später der Kozker Rabbi, »er hat Wahres mit Unwahrem vermengt, aber ich habe nur das Wahre behalten, er hat erzählt was er wollte und ich habe gehört was ich brauchte, und so bin ich ein Chassid geworden.«

Er war schon mit fünfzehn Jahren einmal nach Lublin gekommen. Da hatte der Seher einem Mann aus Mendels Heimat den Auftrag gegeben: »In deiner Stadt findet sich ein heiliger Funke. Forsche ihm nach und bringe ihn mir.« Der Mann spürte einigen Knaben nach, wie sie sich hielten; an Mendel dachte er nicht, denn er galt als »verdreht«. Schließlich kam es ihm in den Sinn, in einem Winkel des Lehrhauses zu übernachten, ob er da etwas erforschen könnte. Nach Mitternacht sah er Mendel auf einem Fuß dastehn, den andern an eine Bank gestemmt, und lernen. Das wiederholte sich mehrere Nächte. Schließlich hüstelte der Mann einmal. Sowie Mendel merk-

te, daß jemand im Raum war, ging er an den Ofen, klatschte in die Hände und trieb allerhand Narrenpossen. Jener aber sagte zu ihm: »Gib dir keine Mühe mich zu täuschen, der Rabbi von Lublin heißt dich holen, du mußt mit mir hinfahren.« In Lublin auf dem Weg sah Mendel in einem Laden ein Messerlein, das ihm gefiel, und kaufte es sich. Als er vor dem Seher stand, sagte der zu ihm: »Bist du hergekommen, ein Messerlein zu kaufen?« Mendel sah ihm ins Gesicht. »Ich bin nicht gekommen, Gaben des Geistes zu bewundern«, antwortete er. Bald danach erschien Mendels Vater in Lublin, um ihn zurückzuholen. »Warum verläßt du den Brauch deiner Väter und hangst den Chassidim an!« rief er. »Im Gesang am Schilfmeer«, sagte Mendel, »steht zuerst: 'Dies ist mein Gott, ich preise ihn' und danach erst: 'Meines Vaters Gott, ich erhebe ihn.'« Das wollte der Vater aber nicht einsehn.
Als Mendel geheiratet hatte und in der Stadt Tomaschow im Haus seines Schwiegervaters lebte, erbat er sich, etwa achtzehnjährig, die Erlaubnis, für eine Woche nach Lublin zu fahren. Er erhielt sie und dazu etwas Geld, für eine Woche genug. Er blieb in Lublin mehr als sechs Monate. In den folgenden Jahren kam er ein paarmal wieder, verweilte aber stets nicht lang.
Kurz nachdem der Rabbi nach Rymanow gesandt hatte, kam Mendel wieder einmal nach Lublin. Man sah ihn verdüstert umherziehn, ohne mit jemand zu reden. Als er den Rabbi zu begrüßen kam um ihm seinen Bittzettel zu überreichen, sagte der Rabbi zu ihm: »Dein Weg ist die Schwermut. Das ist kein guter Weg. Gib ihn auf.« Erbittert wandte sich Men-

del zum Gehen. »Es ist mein Weg«, sagte er zwischen den Zähnen. Im Lehrhaus fand er einen Jüngling seines Alters, der unablässig auf und nieder wandelte. »Mit welchem Gedanken trägst du dich?«, fragte er. »Was geht's dich an!« erwiderte jener. »Es geht mich an«, sagte Mendel, »weil du ebenso wie ich dich mit dem Gedanken trägst, zu dem 'Juden' nach Pžysha zu fahren.« Der andere gab es zu und erzählte, seine größte Sorge sei, wie er, um Urlaub zu nehmen, vor dem Rabbi erscheinen sollte, da dieser seine Absicht doch sogleich durchschauen würde. Nun schlug Mendel vor, sie sollten gemeinsam abreisen, ohne sich vom Rabbi zu verabschieden, und so wurde es vereinbart. Doch wollten sie noch eine Woche in Lublin bleiben.

Einen Tag, nachdem der Bote von Rymanow zurückgekehrt war, unterredete sich der Rabbi mit den Schülern über das Kommen des Messias und stellte Fragen an sie. Als die Reihe an Mendel kam, sagte der: »Soviel ich verstehe, müssen sich zwei Dinge ereignen, eins unter uns und eins zwischen Himmel und Erde. Was sich unter uns Menschen ereignen muß, weiß jeder von seiner eignen Seele aus und man braucht darüber nicht viel zu reden. Was sich aber zwischen Himmel und Erde ereignen muß, weiß niemand und man kann darüber überhaupt nicht reden. Seit vielen Geschlechtern hat man sich in jedem gemüht, den Messias zu bringen, und es ist nicht gelungen. Mir will es scheinen, er wird kommen, wenn man sich nicht mit ihm befaßt.« Der Rabbi hörte mit abweisenden Augen, aber schweigend zu.

Auf der Fahrt nach Pžysha erkrankte Mendel. Nach der Ankunft mußte er sich hinlegen. Sein Gefährte

lief zum »Juden« und bat, Mendels im Gebet zu gedenken. »Seid ihr aus Lublin gegangen, ohne vom Rabbi Urlaub zu nehmen?« fragte der »Jude«. Als die Frage bejaht wurde, ging er mit in die Herberge. »Nimm es auf dich«, sagte er zu Mendel, »sobald du gesund wirst nach Lublin zurückzukehren und Urlaub zu erbitten.« Mendel schüttelte den Kopf. »Die Wahrheit«, erwiderte er, »habe ich nie bereut.« Der »Jude« betrachtete ihn lange. »Wenn du so auf deiner Einsicht beharrst«, sagte er dann, »wirst du auch ohne dies gesund werden.« Und so geschah es.
Als Mendel aber nach der Genesung zu ihm kam, sagte der »Jude«: »Gut ist's dem Mann, in der Jugend ein Joch zu tragen.« Da ging dem Jüngling die Bereitschaft zum wahren Dienst in alle Glieder ein.

VISION

Mitten in der Nacht riß es den »Juden« – der, seitdem Schöndel ihren zweiten Knaben nährte, allein in einem Stübchen schlief – aus dem Schlummer. Das Fenster, das er am Abend angelehnt hatte, war trotz der Windstille weit aufgeflogen. Eine Stimme rief: »Hebe deine Augen zur Höhe!« Er trat hin, blickte auf, – nicht der Mond noch ein Stern war zu sehn, das Dunkel war undurchdringlich tief. Da aber, ein sehr heller Ton, das langgezogene Schmettern eines himmlischen Widderhorns, und das Dunkel brach mit einem Mal auf. Milchweiß troff aus roten Eutern das Urlicht. Die Tropfen fielen in eine nun plötzlich irgendwoher grell beleuchtete Pfütze, deren Saum grünlich schillerte. Mitten darin war jetzt eine kleine weiße Lache. Der »Jude« stand nicht mehr im Fenster, sondern vor der Pfütze. Der milchige Glanz drang ihm in die Augen. Schon aber regte es sich in der weißen Lache. Sie wogte auf, sie wölbte und gliederte sich, ein Leib wuchs empor. Der »Jude« schaute eine große Frau, vom Scheitel bis an die Knöchel in einen schwarzen Schleier gehüllt. Nur die Füße waren nackt, und durch den Rest der Lache, in dem sie standen, war zu sehen, daß Staub, wie von einer Wanderschaft auf der Landstraße, sie bedeckte, dazwischen aber erschienen blutende Wunden.

Die Frau sprach:

»Ich bin ermattet, denn ihr habt mich gehetzt. Ich bin siech, denn ihr habt mich gepeinigt. Ich bin beschämt, denn ihr verleugnet mich. Ihr seid der Zwingherr, der mich in der Verbannung hält.

Wenn ihr einander feind seid, hetzet ihr mich. Wenn ihr einander verleumdet, verleugnet ihr mich. Jeder von euch verbannt seine Gefährten, und so verbannt ihr mitsammen mich.

Und du selber, Jaakob Jizchak, weißt du noch, wie du mir nachzufolgen meintest und entferntest dich von mir? Man kann nicht mich lieben und die Kreatur verlassen. Ich bin in Wahrheit bei euch. Wähne nicht, meine Stirn entsende himmlische Strahlen. Die Glorie ist drüben geblieben. Mein Gesicht ist das der Kreatur.«

Sie hob den Schleier vom Gesicht, und er erkannte es.

Sie sprach: »Wann finde ich meine Rast? wann darf ich heimkehren? Willst du mir helfen, Jaakob Jizchak? willst du mir ein wenig helfen?«

Und schon war die Gestalt verschwunden. Auch die Pfütze war nicht mehr zu sehen.

Der »Jude« fand sich im Fenster stehend. Eine Stimme rief: »Nahet mir und meine Erlösung naht.«

Das Dunkel barst. Mit großem rötlichem Hof schwang der weiße Mond am Himmel. Zu beiden Seiten ihm schwebten zwei Flügelwesen, feuerfarben die Flügel des einen, eisfarben die des andern, zur Erde herab und auf den Juden zu.

»Du sollst künden«, sagte der eine.

»Du sollst sterben«, sagte der andre.

Am nächstfolgenden Sabbat, etwas mehr als eine Woche nachdem der Bote aus Rymanow nach Lublin zurückgekehrt war, versammelte der »Jude« seine Schüler, von dem ältesten und ersten, Bunam, bis zum jüngsten und letzten, Mendel. Sie saßen nicht wie in Lublin um einen langen Tisch mit dem Rabbi zuhäupten, sondern auf einigen kreuz und quer gestellten Bänken, ihr Lehrer auf einem beiläufigen Platz mitten unter ihnen, so daß im Raum sich das Bild einer bei allem Ernst der Führung unbefangenen und vertrauten Gemeinschaft darstellte.

Der »Jude« redete sie so an:

»Es steht geschrieben: 'In Hoheit und Herrlichkeit hast du dich gekleidet.' Alle Hoheit und Herrlichkeit, die wir für Gottes Wesen halten, ist nichts als sein Gewand. Er kleidet sich darein, um sich seiner Kreatur zu nähern. Auch das Äußerste an göttlicher Majestät, dessen wir inne werden können, ist nichts als eine Selbsterniedrigung Gottes um unsertwillen. Zwiefach aber hat er ein wahres Knechtsgewand angezogen. Das eine ist, daß er der Welt seine Schechina, seine 'Einwohnung', zugeteilt hat, und hat sie, seine Schechina, in die Geschichte der Welt eintreten und Widerspruch und Leid der Welt mitmachen lassen, und hat sie, seine Schechina, in das Exil des Menschen und in das Exil Israels mitgeschickt. Sie ist nicht gefeit gegen Schläge und Wunden, ganz und gar hat sie sich in unser Schicksal, in unser

Elend, ja, in unsre Schuld selber hineinbegeben, und wenn wir sündigen, erfährt sie unsere Sündigkeit als etwas, was ihr widerfährt. Sie teilt nicht bloß unsre Schmach, sondern auch was wir nicht als Schande wahrhaben wollen, das verkostet sie in all seiner Schändlichkeit.

Das andre ist, daß er die Erlösung seiner Welt der Macht unserer Umkehr überantwortet hat. Es steht geschrieben: 'Kehret um, abgekehrte Söhne, ich will eure Abkehrungen heilen.' Gott will seine Schöpfung nicht anders als mit unserer Hilfe vollenden können. Er will sein Reich nicht offenbaren, ehe wir es gegründet haben. Die Krone des Königs der Welt will er nicht anders sich aufsetzen, als indem er sie aus unserer Hand entgegennimmt. Er will sich mit seiner Schechina nicht eher vereinigen, als bis wir sie ihm zuführen. Mit bestaubten und blutenden Füßen läßt er sie die Landstraße der Welt ziehen, weil wir uns ihrer nicht erbarmen.

Darum sind alle Berechnungen der Endzeit falsch und alle Bemühungen, den Messias zu bringen, müssen mißglücken. Ja, all dies lenkt von dem einen ab, worauf es ankommt: durch unsre Umkehr die Schechina Ihm wieder zuzuführen.

Wohl ist da ein Geheimnis. Aber wer es kennt, kann es nicht kundtun, und wer es kundzutun vorgibt, erweist, daß er es nicht kennt.

Und wohl ist da ein Wunder. Aber wer es vollbringen will, verfehlt es. Nur wer sich seiner nicht unterfängt, darf hoffen, daran teilzuhaben. Die Erlösung ist nah. Es hangt nur noch an unserer Umkehr.«

Nachdem der »Jude« gesprochen hatte, saßen die Schüler noch lange um ihn, ohne daß sie etwas vorzubringen wünschten. Nur Mendel sagte nach einer Weile: »Ich verstehe jetzt etwas, was ich vorher nicht verstanden habe.« »Und was ist das?« fragte der Lehrer. »Es sind«, antwortete Mendel, »die Worte Bileams: ‘Der Herr sein Gott ist bei ihm, Königsjubel in ihm.’« »Und wie verstehst du sie?« fragte der »Jude«. »Gott«, sagte Mendel, »ist bei uns, wo immer wir sind und wie immer wir sind. Aber der Aufbruch seines Königtums kann nur mitten unter uns geschehen, nur in Israel, – nicht eher als bis es dieses ‘in’, diesen Ort gibt.«

Viele Jahre lang war es Sitte gewesen, daß vor dem Offenbarungsfest die auswärts lebenden Chassidim, die Rabbi David anhingen – und es hatten sich ihm trotz seiner Zurückhaltung immer mehr angeschlossen – sich nach Lelow aufmachten, eine Meile vor dem Städtchen sich versammelten und zu Fuß mitsammen weiter zogen, etliche Spielleute voran. Als man zum Wäldchen dicht vor Lelow kam, begannen die ihre Zimbeln zu schlagen und ihre kleinen Geigen zu streichen, daß man sie in der Stadt zu hören bekam, die Chassidim stimmten mit ihrem Gesang ein, und so zog die Schar zu Rabbi Davids Haus. Hier standen sie dann, spielten und sangen, bis Rabbi David in den Hof kam. Da war es stets schon Abend geworden, mit langen brennenden Wachskerzen standen die Leute um ihn, und er, strahlenden Angesichts, legte die Schrift aus. Danach wurde wieder gespielt und gesungen, ein Tänzlein schloß sich an, und so trieben sie's oft bis ans Morgenrot. Zuletzt entbot ihnen Rabbi David den Friedensgruß, wonach alle »zum Leben« tranken, und sie begleiteten ihn jubelnd bis zu seiner Tür. Am Morgen wurde gemeinsam gebetet, dann gab's ein Mahl beim Rabbi, schmal, aber fröhlich, nun aber fuhren sie alle miteinander, in langen vollgepackten Leiterwagen stehend, übers Offenbarungsfest nach Lublin. Das Geld wurde zusammengetan und Rabbi David hielt die Kasse.

In den letzten Jahren hatten immer wieder die Kriegsunruhen die gemeinsame Fahrt verhindert, und Rabbi David mußte jedesmal seinen Chassidim wie einst vor mehr als fünfzehn Jahren dem Seher, die Geschichte von dem langen Tisch erzählen, der von Lublin bis Lelow reicht. Nun aber war, nachdem Fürst Poniatowski mit seinen Truppen von Lublin südwärts gezogen war um Galizien zu erobern, eine wunderliche Stimmung über die Leute gekommen. Nicht als ob sie den Zustand für gesichert angesehen hätten, man war längst gewitzigt genug, dergleichen Vorstellungen keinen Einlaß zu gewähren; aber man hatte jetzt – niemand wußte warum – allgemein das Bedürfnis, sich in wachsenden Scharen zusammenzufinden, und so war nicht bloß ein großer Chassidimzug nach Lelow gekommen, sondern es geschah, ohne daß man etwas vereinbart hatte, wie selbstverständlich, daß am Frühmorgen alle Leiterwagen versammelt wurden und, der Wagen Rabbi Davids voran, die Fahrt nach Lublin ging.

Obgleich er nun schon seit drei Jahren in den Sechzigern stand, hatte David von Lelow noch immer fast keine grauen Haare und sein großes klares Gesicht hatte sich eher geglättet als gefurcht. Und wiewohl er sich nach wie vor in allem mit der äußersten Bescheidenheit hielt und zudem immer lachte und scherzte, hatte seine Erscheinung eine fürstliche Mächtigkeit gewonnen. Es gab Jünglinge, die allen Ernstes das Wort auf ihn anwandten: »David, der König Israels, lebt fort und besteht.«

An dem Sabbat, der in diesem Jahr dem Offenbarungsfest unmittelbar vorausging, bei der dritten Mahlzeit, saßen und standen die Chassidim, darunter die aus Lelow Herbeigekommenen mit ihrem Führer und auch etliche aus Pžysha mit dem ihren, um die Tische im Lehrhaus des Sehers. Auch Jeschaja war aus Pžedbož gekommen.

David von Lelow betrachtete von Zeit zu Zeit seinen Lehrer. Das Verhältnis zu ihm war durch nichts, was sich in all den Jahren ereignet hatte, in seinem Herzen verändert worden; er wunderte sich, aber er urteilte nicht. Er würde gewiß immer noch, wenn man ihm vom Seher gesagt hätte, er sei furchtbar, geantwortet haben: »Das ist der wahre Mensch«; nur daß er inzwischen mehr davon erfahren hatte, was der Mensch ist. Auch jetzt, am Tische sitzend, blickte er den Rabbi mit einem leichten Staunen an. Da bemerkte er, daß auch die Augen des Rabbi auf einen Gegenstand gerichtet waren: er sah unverwandt auf den »Juden«. Den Ausdruck der Augen vermochte David nicht zu enträtseln; am ehesten hätte er sagen mögen, sie hätten keinen. Nun aber hoben sie sich vom Gesicht des »Juden« hinweg, nicht etwa zu einem andern Gegenstand hin, sondern weit fort, in unausdenkliche Höhen oder Tiefen. Und jetzt schienen sie David doch einen Ausdruck anzunehmen; was war es doch für einer? Er traute seinem eignen Blick nicht, und dennoch – eben so hatte der Knabe dreingeschaut, den er einmal dabei betraf, wie er sich anschickte, einem Falter die bunten Flügel auszureißen. Was hatte er, David, wohl damals getan, um die Untat zu verhindern? Er erinnerte sich: er hatte den schrillen Schrei des Habichts ausgestoßen (die Kehle des Lelowers verfügte über alle ihm bekannten Tierstimmen), und der Knabe war zusammengefahren, die grausame Hand hatte sich geöffnet, der Gefangene war entflohn. Und plötzlich schlug David von Lelow mit geballter Faust auf den Sabbattisch. Eine Weinflasche fiel klirrend zu Boden. Der Seher fuhr auf. »Wer hat das getan?« fragte er. »Ich war's, David Sohn Isais«, antwortete Rabbi David. Der Seher stutzte, sprach aber kein Wort. Erst nach einer Weile wandte er sich wieder zum Lelower und fragte mit einem Lächeln auf den widerstrebenden Lippen: »Hat dein Vater Isai geheißen?« »Mein Vater?« sagte David, wie aus einem Traum geweckt, »nein, Schlomo, Salomo hat mein seliger Vater geheißen.«

Bei dieser Tafel ereignete sich nichts Besonderes mehr. Als Bunam hernach den Lelower fragte, warum er auf den Tisch geschlagen hätte, gab er Auskunft: »Ich sah den Rabbi in den Hallen des Firmaments suchen, wo die Halle meines Gevatters steht, um ihm die Gaben des Geistes zu nehmen. Da mußte ich ihn aufstören und auf die Erde zurückholen. Das genügt. Zum zweitenmal unternimmt man dergleichen nicht.« »Warum aber habt Ihr«, fragte Bunam, »auf seine Frage geantwortet: 'Ich David Sohn Isais?'« »Ja, wenn ich das wüßte!« sagte David und lachte. – »Und habt Ihr daran gedacht, daß Ihr den Sabbat verletzt?« – »Freilich habe ich daran gedacht. Aber Lebensrettung geht eben über Sabbatgebot. Und hat nicht der heilige Baalschem gesagt, bei den Zaddikim sei der Abstieg von der geistigen Stufe eine Art von Tod?«

Auch die beiden Tage des Offenbarungsfestes verliefen ohne besondere Ereignisse. In einer großen Tischrede sprach der Seher über die Zeichen, die Gott in der Geschichte den Menschen gibt.

Als am Morgen nach dem Fest die Freunde kamen, sich von dem Rabbi zu verabschieden, empfing er sie mit der alten Freundlichkeit, und sie saßen eine Weile bei ihm. Dann wandte er sich an den »Juden« und sagte: »Ihr wißt, wie Eure Gegner mich bedrängen. Und Ihr wißt auch, daß ich Euch liebe und an der Gemeinschaft mit Euch Gefallen finde. Aber ich habe einst selber, als es mir bei meinem Lehrer, Rabbi Elimelech, so erging, erkannt, daß der Macht des Hasses nicht zu steuern ist, und bin von Rabbi Elimelech weg in ein anderes Land gezogen. So ist denn mein guter Rat, daß Ihr nicht mehr nach Lublin kommt.« Der »Jude« schwieg. Danach gab der Rabbi ihnen den Abschiedsgruß.

Als sie hinausgingen, fragte Bunam: »Was werdet Ihr tun?« Und David: »Ist es nicht in der Tat das Beste, du kommst nicht mehr her?« Aber der »Jude« antwortete: »Der Rabbi hat von Rabbi Elimelech nicht empfangen, was ich von ihm empfangen habe. Sein Einfluß ist in mich gefallen und kann sich nicht mehr von mir lösen. Wohl muß ich seinem Wort und seiner Handlung entgegentreten, wenn es gilt, Zeugnis für Gott abzulegen ohne eines Menschen zu achten. Aber keine irdische Macht kann mich von ihm scheiden, sondern der Tod wird scheiden zwischen mir und ihm.« Dann fügte er noch leise hinzu: »Zudem ist die Stunde schon spät.« Die Freunde brachten kein Wort mehr hervor.

Die Frau an der Wiege

Einige Monate danach saß Schöndel einmal an der Wiege des kleinen Nechemja und wiegte ihn. In der anliegenden Stube hatte sich der »Jude«, wie es zuweilen sein Brauch war, wenn er von niemand gestört werden wollte, eingeschlossen. Plötzlich fuhr das Kind aus dem Schlaf und brach in ein unbändiges Weinen aus. Umsonst versuchte die Mutter es mit Spiel und Liebkosung zu beschwichtigen, es weinte nur noch mehr, nicht nach Kindesart, sondern wie ein Mensch, der sich keinen Trost mehr weiß. Da öffnete sich die Tür und Jaakob Jizchak fragte: »Schöndel, weißt du, warum er weint?« Sie schwieg, durch die seltsame Frage verwirrt. »Ich will's dir sagen«, fuhr er fort. »Seine Stimme beim Weinen ist die Stimme einer Waise.« Er ging in seine Stube zurück und verschloß die Tür hinter sich. Schöndel saß etwas betroffen an der Wiege. Da sie aber an Seltsamkeiten von ihrem Mann gewöhnt war, achtete sie nicht weiter darauf, sondern begann von neuem das Kind, das eine Weile still geworden war und nun wieder heftig weinte, zu beruhigen, ohne daß es ihr gelang. Wieder trat der »Jude« ein und wieder fragte er: »Schöndel, weißt du, warum er jetzt weint?« Sie zuckte nur die Achseln. »Er weint«, sagte er, »weil zeitlebens die Menschen ihn verfolgen werden und er den grundlosen Haß wird bis auf die Neige zu schlürfen bekommen.« Und noch einmal brach der Knabe in Weinen aus, und wieder fragte der »Jude« seine Frage. »Ach laß mich in Frieden!« fauchte Schöndel ihn an. Aber er ließ sich nicht beirren. »Er weint«, sagte er, »weil man auch seine Söhne verfolgen wird.« Er ging in seine Stube und schloß die Tür hinter sich. Das Kind hörte sogleich zu weinen auf und schlief ein.

Die Überlieferung dieser Begebenheit stammt aus Schöndels eigenem Munde.

Es war unverkennbar: Pžysha, von dem man jetzt überall redete, vor allem freilich in den Familien, in denen Söhne oder Ehegatten gegen den Willen ihrer Angehörigen zum »heiligen Juden« gezogen waren, lag im Kampf mit der übrigen chassidischen Welt – einem Kampf, der oft innerhalb der Gemeinschaft, als Erziehung, begann, dann aber sich weit drüber hinaus, und nun eben in der Gestalt des Angriffs, ausbreitete. Von seinem Wesen kann man etwas aus zwei Beispielen erfahren, die aus dem nun folgenden Jahr, Frühling und Sommer, stammen.

Rabbi Baruch, der Enkel des Baalschem, pflegte der Gewißheit, daß er allen Zaddikim seiner Zeit unvergleichlich überlegen sei, kräftigen Ausdruck zu verleihen. Er sei berufen, sagte er, ihrer aller Aufseher zu sein, und so benahm er sich. Auch erzählte er, der Urmeister der geheimen Lehre aus der Frühzeit des Talmuds, Rabbi Simon ben Jochai, sei ihm erschienen und habe ihm bestätigt, er sei der »vollkommene Mensch«. »Nach meinem Tod«, sagte er einmal, »werden mir die Zaddikim die Tore des Paradieses verrammeln. Was werde ich tun? Ich werde mich vor dem Tor niedersetzen und aus dem Buch des Glanzes so vortragen, daß sich die Lebenskraft in alle Welten ergießt und die Zaddikim die Tore aufmachen und herbeikommen, um mir zu lauschen. Dann gehe ich ins Paradies und sperre es zu und die Zaddikim bleiben draußen.«

Ein Schüler Rabbi Baruchs weilte einmal in Pžysha und war Tischgast des »Juden«. Der wandte sich an ihn und sagte: »Überbringt Eurem Lehrer als meinen Gruß das Wort aus dem Prediger Salomos: 'Am Ende der Sache wird das Ganze vernommen.' Am Ende gelten alle Stufen und geheimen Kunden und wundersamen Künste nichts, nur das Ganze gilt. Und was ist das Ganze? Das ist das schlichte Leben. 'Denn dies', so heißt es weiter im Prediger, 'ist der ganze Mensch.' Nicht mehr als ein Mensch, nur ein Mensch und nichts als ein Mensch soll man sein – ein schlichter Mensch, ein schlichter Jud. Ich gebe diese und jene Welt um ein Quentchen Jüdischkeit her.«
Bald danach brachte ein Chassid aus Lublin dem »Juden« einen Brief des Sehers, den, seit er Rabbi Baruch vor langer Zeit einmal besucht hatte, keine Freundschaft mit ihm verband. In dem Brief stand: »Ihr habt recht getan.« Der »Jude« mußte sich besinnen, ehe er verstand, worauf sich die Worte bezogen. Dann schrieb er die Antwort: »Ich habe nichts gesagt, als was ich bei Euch, Rabbi, gelernt habe. Ihr habt einst mit großer Zuversicht erwartet, daß die Erlösung in einem bestimmten Jahre käme. Als das Jahr um war, spracht Ihr zu mir: 'Die einfachen Menschen haben bereits die völlige Umkehr vollzogen, von ihrer Seite besteht kein Hindernis, daß die Erlösung komme. Das Hemmende rührt von den gehobenen Menschen her. Ihrer hohen Eigenschaften wegen gelangen sie nicht zur Demut und somit auch nicht zur Umkehr.'« Der Rabbi von Lublin konnte sich, als er dies las, durchaus nicht erinnern, je dergleichen gesagt zu haben. Im Gedächtnis hatte er vielmehr, der »Jude« hätte ihn einmal gefragt, ob es

sich so verhalte, und er habe zustimmend geantwortet, wie er ja die Demut in der Tat über alles stellte. Aber es war eben bekannt, daß der »Jude« nicht bloß, was er wirklich von seinem Lehrer gehört hatte, sondern auch, was von diesem nur zugegeben worden war, in dessen Namen anzuführen pflegte.

Das andre Beispiel ist eine Erzählung, die Rabbi Bunam in späterer Zeit gern den neueren Schülern zu hören gab, damit sie verstünden, was die Lehre seines Meisters war:

»Der heilige Jude trug mir einst an einem Morgen auf, mit einigen seiner Chassidim eine kleine Reise zu unternehmen, gab aber Ziel und Zweck nicht an. Ich fragte nicht, sondern holte die Leute zusammen, und wir gingen zur Stadt hinaus. Gegen Mittag kamen wir in ein Dorf und kehrten beim Schankpächter ein. Ich setzte mich allein in einen Vorraum, die andern gingen aber aus und ein und forschten wegen des Fleisches nach, das ihnen vorgesetzt werden sollte; sie fragten nach der Fehlerfreiheit des Tiers, nach der Person des Schlächters und nach der Genauigkeit des Salzens und Spülens. Da hob ein Mann in zerrissenen Kleidern, der in der Wirtsstube hinter dem Ofen saß und den Wanderstecken noch in der Hand hielt, so zu reden an: 'Oh ihr Chassidim! Ihr macht viel Aufhebens, ob auch rein genug sei, was ihr in den Mund tut. Aber was euch aus dem Munde geht, um dessen Lauterkeit tragt ihr mindere Sorge.' Ich ging hinüber, um mir den Mann anzusehn, aber schon war er verschwunden, wie es Elias Sitte auf seinen Wanderungen ist, wenn er ein Werk getan hat. Wir verstanden alle, zu welchem Ende uns unser Lehrer auf den Weg geschickt hatte, und kehrten nach Pžysha zurück.«

An einem Novembertag jenes Jahres hat Rabbi Benjamin das Folgende in sein Buch eingetragen:
Seit der Rabbi mir jenen Verweis erteilt hat – das sind nun drei Jahre und etliche Monate her –, habe ich ihm nicht mehr Schreiberdienste leisten dürfen, wie ich's, weil er an meiner Handschrift Gefallen fand, früher so oft durfte. Gestern spät abends aber bin ich zu ihm gerufen worden: es gebe etwas zu schreiben.
Als ich in die Stube des Rabbi trat, saß er an seinem Tisch, auf dem drei Kerzen standen. Er bemerkte mich offenbar nicht. Seine beiden Hände lagen auf dem Tisch. Ich blickte auf sie und erschrak: sie zitterten. Nie zuvor hatte ich an ihm dergleichen gesehen. Die Hände lagen da und zitterten ohne Unterlaß. Plötzlich sah der Rabbi selber darauf. Im selben Augenblick hielten die Hände inne und zitterten nicht mehr. Nun erst merkte er, daß ich vor ihm stand. Er starrte mich eine Weile an, als kennte er mich nicht. Dann zeigte er auf zwei große weiße Blätter, die auf einem Tischchen zurechtgelegt waren, reichte mir eine frisch zugeschnittene Feder und hieß mich zuerst auf das eine, dann auf das andre Blatt schreiben, was er mir vorsagen würde.
Auf das erste Blatt hatte ich etwa das Folgende zu schreiben:
»An (hier hieß er mich den Raum für einen langen Namen freilassen) im Norden.

Dem Kaiser des Nordens im Traum einzugeben: Die Stunde ist gekommen, wo du dich offen trennen mußt von dem Manne, der, wenn er die Herrschaft über die Meere erlangte, all deine Pläne vereiteln würde. Nur im Kampf kannst gegen ihn du die Ziele erreichen, die du dir gesetzt hast: deinem Reich die Oberhoheit auf dem Festland erringen, die den deinen verwandten Nationen vereinigen, die Würde der Völker und der Throne wiederherstellen, das zu Boden geworfene Recht unter deinem Schutze neu aufrichten. An seiner Seite wirst du schrumpfen und schwinden, ihm entgegen wirst du der Herr der Zukunft.«

Auf das zweite Blatt hatte ich etwa das Folgende zu schreiben:

»An (wieder hieß er mich einen ebenso großen Raum freigeben) im Westen.

Dem Sidonier, dem Heerfürsten, jetzt Herrscher im Westen, im Traum einzugeben:

Die Stunde ist gekommen, wo du den Mann in seine Grenzen weisen mußt, der sich deinen Freund nennt und die Länder gegen dich aufwiegelt. Du kannst die Herrschaft über die Meere nur erlangen, wenn er es nicht mehr wagen kann, sich mit deinem Feind zu verschwören. Dein großer Traum, die Erneuerung des Ostens im Schatten deiner Hand, kann nicht in Erfüllung gehen, solang dein Nebenbuhle in der Maske deines Bundesgenossen seine Ränke spinnt. Aber auch das Werk, das du schon vollbracht hast, mußt du gegen seine Anschläge sichern. Wenn du es nicht tust, wird nach deinem Tode dein Reich zerbröckeln.«

Als ich fertig war, ließ der Rabbi sich die Blätter reichen und las sie. Dann nahm er selber eine Feder zur

Hand, tauchte sie in eine andere Tinte und füllte die für die Namen freigelassenen Räume aus, hielt die Blätter zum Trocknen über die Mittelkerze und faltete sie. Dann hieß er mich das erste Blatt in die Hand nehmen, es an der rechts von ihm entzündeten Kerze verbrennen und die Asche in eine bereitstehende Zinnschale einsammeln. Als ich das seiner Vorschrift gemäß getan hatte, hieß er mich das zweite Blatt nehmen, es an der linken Kerze verbrennen und die Asche in eine Kupferschale einsammeln. Beide Schalen waren mit Deckeln versehen. Nun sagte er zu mir: »Nimm die Zinnschale in die Rechte und die Kupferschale in die Linke und geh durch die Tür, die ich dir öffnen werde, und durch das Tor, das ich dir öffnen werde, auf die Gasse.« Ich sagte: »Rabbi, wohin soll ich dann gehen und was soll ich tun?« »Ich gehe mit dir«, sagte er. Wir traten hinaus. Vor dem Tor stand der Rabbi eine Weile still. Im vollen Mondlicht sah ich, daß er den Kopf ruckweise nach rechts und nach links wandte. »Wo ist Osten?« fragte er plötzlich. »Hat denn der Rabbi noch nicht das Abendgebet gesprochen?«, sagte ich bestürzt, denn ich konnte mir seine Worte nicht anders deuten, als daß er nach der Gebetsrichtung frage. »Zeige!« rief er ungeduldig. Ich zeigte. Nun ging er mir voran, aber nicht in dieser Richtung, sondern nach Nordwesten. Ich folgte ihm. Er ging schnell, mit einem schlurrenden und ungleichmäßigen Schritt. Wir wanderten zur Stadt hinaus nach Nordwesten bis an den Tschechower Teich. Hier blieb er stehen und ich mit ihm. Er beugte sich über das Wasser. »Benjamin!« rief er dann, als sähe er mich nicht. »Hier bin ich, Rabbi«, sagte ich. »Benjamin«, sagte er, »stelle die

Schalen zu Boden.« Ich tat es. »Nimm jetzt die Zinnschale«, fuhr er fort, »und schütte die Asche daraus ins Wasser.« Ich tat es. Im nächsten Augenblick glitt der Rabbi an dem schlüpfrigen Ufer aus, und er wäre wohl gefallen, wenn ich ihn nicht gehalten hätte. Er starrte mich wieder eine Weile an. »Wo ist der Osten?«, fragte er von neuem. Ich mußte mich selber erst besinnen, ehe ich hinzeigte, so verwirrt war ich von alledem. »Nimm die Schalen auf, die volle und die leere«, sagte er. Nun ging er mir voran nach Süden, bis wir in die Krakauer Vorstadt gelangten. Hier wandte er sich nach Westen, und wir gingen, bis wir an den großen grauen Stein kamen, der von Moos überwachsen ist. Da blieb er stehen und ich mit ihm. Er bückte sich, legte die Hand auf das feuchte Moos und ließ sie eine Weile darauf liegen. Ich sah, daß sie wieder zitterte, aber diesmal achtete er ihrer nicht. Nun richtete er sich auf. »Benjamin!« rief er. »Hier bin ich, Rabbi«, sagte ich. »Benjamin«, sagte er, »stelle die Schalen zu Boden.« Ich tat es. »Nimm die Kupferschale«, sagte er, »und streue die Asche auf den Stein.« Ich tat es. In diesem Augenblick war plötzlich – bis dahin war alles windstill gewesen – ein Wirbelwind über uns und trug die Asche im Nu davon. Den Rabbi fröstelte es. »Benjamin«, sagte er, »nimm die leeren Schalen und komm.« Er ging mir zu seinem Haus voran, sein Schritt war zeitweilig fester, dann schlurrte er wieder. Wir traten ins Haus und in sein Zimmer. Auf sein Geheiß stellte ich die Schalen an ihren Platz zurück. »Wisse, Benjamin«, sagte der Rabbi gelassen, »du bist von Stund an in das Geheimnis genommen und darfst keinem Menschen offenbaren, was du erfahren und getan hast.«

Ich nahm Abschied und ging. Daß ich aber dies hier eingetragen habe, erachte ich für keinen Verrat, denn ich gebe ja mein Buch keinem Menschen zu lesen.

Von jener Nacht an, da ihn die Schechina und die zwei Geflügelten heimgesucht hatten, war in die Sprache des »Juden« ein neues Wort getreten. Das hieß: »Die Erlösung ist nah.« Aber er unterließ nie, ihm den Ruf »Kehret um« oder »Es hangt nur noch an unserer Umkehr« vorauszuschicken oder nachfolgen zu lassen. Wie ist das zu verstehn? Auch jetzt widersetzte er sich jeder Festlegung der Endzeit; und doch sagte er, die Erlösung sei nah. Er verkündigte die Nähe der Erlösung; und doch versicherte er zugleich, daß es an der Umkehr hange. Nur im Geheimnis ist es miteinander zu verstehen; aber das wahre Geheimnis kann der Mensch nicht anders als mit seinem Leben und Sterben offenbaren. Was ich notdürftig zur Deutung beitragen kann, ist dies, eine Stunde sei angebrochen, in der die Erlösung der Welt uns nah kommt, und nun tut not, daß sie ergriffen werde, ergriffen aber werde sie nicht anders als durch jene vollständige Wendung des Menschenwesens, von dem Menschenweg auf den Weg Gottes, die wir als Umkehr bezeichnen.

Dem scheint der Anruf entgegenzustehn, der seit jener Nacht immer wieder aus dem Mund des »Juden« kam. »Kehret um«, rief er, »kehret eilig um, denn die Zeit ist kurz, und nicht Muße ist mehr in neue Wandlungen einzugehn, denn die Erlösung ist nah.« Der Widerspruch ist nur scheinbar. Die Menschen sollen sich in ihrer tiefen Mangelhaftigkeit und Gottesferne nicht damit vertrösten, sie könnten sich in den künftigen Wanderungen ihrer Seele noch zur Vollkommenheit bringen. Die Zeit ist kurz, die Entscheidung steht bevor. Hier sprach der »Jude« von der Not und Bedürftigkeit der einzelnen Menschenseelen aus, zu denen er sprach, auch wenn er sich an viele zugleich wendete. Zu erwägen ist überdies, daß die Worte »die Zeit ist kurz« seit jener Nacht noch einen besonderen Sinn für den Mann hatten, der sie dachte und sprach.

Und nun habe ich über die merkwürdige Fahrt zu berichten, die er im Sommer nach jenen Botschaften des Rabbi von Lublin unternahm.

Im Frühjahr davor besuchte er wieder einmal den Maggid von Kosnitz. Bei seinem Anblick sagte sich der »Jude«: »Jetzt sieht er aus wie ein alter Engel – wenn ein Engel altern könnte. Wir stellen uns das Gesicht der Engel glatt vor, aber bei denen, die mit Botenaufträgen auf die Erde gesandt werden, ist es vielleicht gar nicht glatt, denn sie nehmen gewiß an unseren Nöten teil, und unser Leiden mag auch in *ihre* Wangen Furchen graben. Und er?« Im gleichen Augenblick sagte der Maggid zu ihm: »Wisset, heiliger Jude, ich stehe jetzt vor Gott, bereit wie ein Botenknabe. Aber es gibt einen Zorn, den ich aus meinem Herzen nicht tilgen kann.« Nach einer Weile begann er wieder: »Jetzt wendet es sich.« Sogleich erriet er, daß der »Jude« die Worte messianisch verstand, und fügte hinzu: »Man redet jetzt viel von den Wehen des Messias. Ich rede nicht mehr davon. Wovon man nichts wissen kann, davon ziemt es zu schweigen.« Er wartete einen Augenblick zu, dann fuhr er fort: »Ich rede von dem ruchlosen Mann.

Man sagt, daß er Gog sei oder werden könne. Ich weiß nichts davon und will nichts damit zu tun haben. Gott allein weiß, ob die Zeit reif ist. Mir will es scheinen, sie sei's noch nicht. Jedenfalls ist es nicht an uns, das Ruchlose noch stärker zu machen als es ist. Sondern an uns ist es, ihm entgegenzutreten. Wenn ein Drachen wie dieser die Völker erwürgt und die Seelen vergiftet, muß man ihm zurufen: Fallen wirst du, fallen! Und jetzt wendet es sich. Er will wieder einmal das Volk, in dessen Mitte wir leben, ausnutzen, indem er dessen Hoffnungen schmeichelt, die er nicht erfüllen will. Aber es wird sich nicht noch einmal von ihm ausnutzen lassen, es wird sich ihm nicht hergeben, und daran wird er scheitern. Es werden viele auch vom Lande Polen mit ihm gehen, ich kenne Männer, die sich ihm nun anschließen werden, aber das Volk wird sich nicht hergeben. Das Volk glaubt ihm nicht mehr. In allen Völkern gibt es nun Volk, das ihm nicht mehr glaubt. Jetzt wendet sich sein Schicksal.« Nach einer Weile begann er wieder: »Man muß den Versuchen von unserer Seite, das Ende des Ruchlosen aufzuhalten, ein Ende machen, sonst wird alles, was wir hier errichtet haben, in dessen Sturz mitgerissen. Wer in seinen Gedanken und in seinen Absichten dem Ruchlosen mehr Gewicht verleiht als er hat, versucht dessen Ende aufzuhalten. Wer das versucht, wird dem Fallenden nachfallen. Wir alle werden fallen, denn wir sind verbunden. Das Werk des heiligen Baal-schem-tow wird fallen, wenn seine Schüler ihn verleugnen. Denn er ist gekommen, um das Böse in den Seelen zu überwinden; wer aber diesem Mann noch Kraft einflößen will, hilft ihm das Böse in den Seelen und in der

Welt mächtig machen.« Wieder schwieg er, er schien vom Sprechen ermüdet, aber bald schien eine neue Kraft in ihn eingeströmt zu sein. Er fuhr fort: »Der Rabbi von Lublin wird aus freien Stücken von seinem Vorhaben nicht ablassen. Er muß erkennen, daß seine Freunde nicht bereit sind, das letzte Stück des Wegs mit ihm zu gehen. Von mir weiß er es. Aber ich kann nicht mehr tun als ihm die Wahrheit sagen. Vielleicht könnt Ihr, was ich nicht kann. Fahrt zu Rabbi Menachem Mendel nach Rymanow und sagt ihm, was zu sagen ist.«

Zweifelnd sah der »Jude« ihn an, aber er konnte ihm nicht widersprechen, denn er empfand zwischen sich und dem kleinen siebzigjährigen Mann mit dem Gesicht eines in Leiden gealterten Engels, der ihm gegenüber saß, ein Einvernehmen, das größer war als die Worte der Menschensprache. »Seid Ihr willens zu fahren?« fragte der Maggid. »Ich bin willens«, antwortete er. »Gott segne dich, mein Sohn«, sagte der Maggid. »Ich möchte dir noch etwas auf deinen Weg mitgeben«, fügte er später hinzu, »aber ich weiß nicht, ob du es annehmen kannst. Es steht geschrieben: »Kehret euch zu mir und ich will mich zu euch kehren.« Der Prophet warnt die zu Gott Umkehrenden, daß ihr Streben nicht darauf gehe, bloß ihre eigene Seele oder deren Wurzel heilzumachen, denn auch das gehört in den Bereich des Selbstdienstes. Der wahre Dienst ist, um des Exils der Schechina und der Gemeinschaft Israels im besonderen willen zu Gott umzukehren. Darum heißt es: 'Kehret euch zu mir', – wendet euch nicht zu eurer eignen Heilmachung, sondern zu der Heilmachung für mich, dann werde ich auch eure Seele, Geist und Lebenskraft heilmachen, 'und will mich zu euch kehren.'« »Das kann ich wohl annehmen«, sagte der »Jude«, »nur daß ich nicht darauf verzichten darf, den Leuten, so gut ich vermag, den Weg zu weisen, den sie von selber und ihrer selber wegen suchen.«

Einige Zeit nach der Rückkehr aus Kosnitz rüstete sich der »Jude« zur Reise nach Rymanow. Sie war etwas Seltsames für ihn. Die Wanderschaften seiner Jugend waren notwendig gewesen, gerade weil sie kein Ziel hatten, sondern eine rechte Irrfahrt waren; die späteren Reisen zu seinen Lehrern und die er sonst machte hatten stets ihr sinnreiches Ziel; nun aber hatte er die für seine Vorstellung weite Strecke nach dem westgalizischen Rymanow zu einem Ziel zurückzulegen, das er nicht als solches fassen konnte. Aber der Weg selber war ihm Ziels genug. Er reiste mit Bunam, Perez und Jerachmiel, nicht in einem Zug, sondern in Ort um Ort verweilend. Man hat mit Recht gesagt, daß die Fahrt ein Triumphzug war und wie kaum eine frühere Begebenheit bewies, daß die Bewegung der Lebensfrömmigkeit, die man die chassidische nennt, das Volk erfaßt hatte. Aber man muß hinzufügen, was an dieser Reise für den »Juden« selber das Wichtige war. Für Triumphe hatte sein Herz noch weniger als je vorher übrig. Ihm war jede Judenstadt, durch die er kam, ein Pžysha, in dem er nicht in siebzehn Jahren, sondern in wenigen Tagen, ja Stunden, etwas von der gleichen Art wie in seiner Gemeinde auszurichten hatte. Und das gelang ihm. Eine große Welle der messianischen Sehnsucht und des Wollens zur Umkehr in einem erhob sich, wohin immer er kam. Sein Wort wirkte es – aber auch sein Schweigen; seine Eindringlichkeit – aber auch seine

Zurückhaltung. Noch Geschlechter danach ist an jenen Orten nicht bloß die Erinnerung (die bis heute nicht abgebrochen ist), sondern auch die lebendige Spur jener Tage zu finden. Er aber war gar nicht zufrieden. »Wohl, ich rühre die Menschen auf«, sagte er zu Bunam, »aber ich kann sie doch nicht auf meine Schultern nehmen. Die Stunde ist spät. Und es sind auch so viele. Ich müßte viele aussenden können. Aber wenn ich es auch könnte, man würde nicht auf sie hören wie auf mich. Warum nicht? Weil sie nicht 'berühmt' sind. Ach, was für ein jämmerliches Ding ist doch dieser Ruhm! Wie gut verstehe ich den heiligen Maggid von Mesritsch, der, als er der Welt bekannt geworden war, Gott bat, ihm kundzutun, durch welche Sünde er sich schuldig gemacht habe!«

Auch in Ropschitz wurde Halt gemacht. Rabbi Naftali, der vielbekannte Mann, ging dem »Juden« nicht bloß meilenweit entgegen, sondern befahl auch seinen Leuten aufs strengste, ihm selber während des Aufenthalts des Gastes keinerlei Ehre zu erweisen, sondern er wollte ganz diesem untergeordnet sein. Auch was ihn dazu bewog ist überliefert. Man wird sich erinnern, daß Rabbi Naftali durch seinen Verstand und Witz nicht behindert wurde, das ganze Dasein um Wunder und Gegenwunder – wenn es sich nicht um heilige Männer handelte, würde man sagen: um Zauber und Gegenzauber – kreisen zu sehen. Man hatte es in Lublin erlebt und aus Pžysha gehört, daß der »Jude« der Gegentäter war. Inzwischen war er immer mächtiger geworden, und nun war er offenbar ausgezogen, um mit seinen alten Widersachern abzurechnen. Aber zu solchen Handlungen ist es bekanntlich erforderlich, daß einem das Opfer einen Angriffspunkt liefert. Das mußte nun sogleich vermieden werden. Naftali unterwand sich nicht in sein eigenes Haus zu treten ohne die Erlaubnis des »Juden« eingeholt zu haben. Er benahm sich ganz, als sei er einer von dessen Chassidim und hier mit ihm zu Gast. Der »Jude« sah ihm befremdet zu, ohne sein Gebaren zu verstehen. Ehe er weiterreiste, erstattete er der Mutter Naftalis einen Besuch und unterhielt sich mit ihr über allerhand Angelegenheiten des Hausstands. Naftali hörte ängstlich zu, ob nicht die Mutter durch ihre Antworten nun doch noch den Angriffspunkt liefern würde. Aber auch dies lief gut ab und die Gäste nahmen Abschied. Naftali sagte ihnen noch, er habe selber vor, am nächsten Tag nach Rymanow zu fahren, und da er ohne Aufenthalt reise, würde er jedenfalls noch vor ihnen dort sein.

Vor Rymanow konnte der Wagen des »Juden« kaum durchkommen, so dicht war die Straße von Fuhrwerken der um ihn zu sehen aus der nahen und fernen Umgebung Gekommenen und dem zu seinem Empfang zu Fuß ausgezogenen Stadtvolk besetzt. In der Stadt waren Mauern und Dächer der Schaulustigen voll. Ein sechsjähriger Sohn Rabbi Menachem Mendels kam zum Vater gelaufen und rief: »Messias ist gekommen!« Der strenge Mann, dem schon jede kleine Unordnung zuwider war, konnte nicht umhin das Getümmel als eine Art von Aufruhr zu empfinden, in dem sich der Aufruhr der Zeit spiegelte. Als er aus dem Fenster blickte, äußerte er seinen Unwillen unverhohlen, dann aber ging er zum Haus hinaus und den Gästen entgegen. Er begrüßte sie mit der gemessenen Freundlichkeit, die ihm

eigen war; aber seine Gesinnung stellte sich in dem Verhalten Rabbi Hirschs, des »Dieners«, dar, der einst als Schneidergesell begonnen, aber der Lehre obgelegen hatte, nun schon seit langem den Rabbi zugleich vorbildlich bediente und bei ihm wie kein anderer lernte und der später sein Nachfolger geworden ist. Er stand an der Tür von Rabbi Mendels Haus, an dem sie vorbeikamen, und wandte vor den Augen seines Lehrers an den »Juden« einen herablassenden Gruß, nicht mehr als er etwa einem Fuhrmann zuteil werden ließ.
Rabbi Menachem Mendel sandte danach in die Herberge und ließ die Gäste zu seinem Tische laden. Als der Bote von dort gegangen war, sprach Bunam: »Ihr sagt zuweilen, Rabbi, Ihr ließet mich manchmal bei einem schweren Fall, dem der Arzt nicht leicht beikommt, holen, um die Meinung des Apothekers zu hören. So hört denn heute darauf, was der Apotheker Euch sagt! Wohl verhält er sich zum Arzt nur wie ein Gehilfe zum Kaufherrn. Aber ich habe mir in Deutschland sagen lassen, ein Gehilfe, der sich an seinem Platz in das Geschäft vertieft hat, wisse oft besser als der Kaufherr selber, was frommt und was nicht. So hört denn auf mich! Er wird Euch bei Tisch auffordern, die Schrift auszulegen. Hört auf mich und sagt kein halbes Wort! Das ist kein Geschäft für Euch!«
Der »Jude« wunderte sich über die Dringlichkeit, mit der Bunam sprach, aber er verstand ihn: wenn Rabbi Menachem Mendel seinen Lehrworten geringes Gewicht beimäße, würde er sich gegen ihn erheben, weil er Falsches oder Belangloses spreche, wenn sie ihm aber gewichtig erschienen, würde er sich gegen ihn erheben, weil er sich unterfinge, Größeres zu reden

als ihm zukomme. Er verstand, daß auch hier »Lublin« war. Freilich, das wußte gewiß auch der Maggid, und doch hatte er ihn hergehen heißen.
Bei Tisch kam es so, wie Bunam vorausgesehen hatte. Aber der »Jude« begründete seine Ablehnung nicht mit einem Vorwand, sondern sagte: »Ich kann nicht an Eurem Tische Worte der Lehre sprechen, denn ich sehe, daß ein Groll gegen mich auf Eurem Herzen liegt.« Verwundert sah Rabbi Menachem Mendel ihn an, und seine etwas gespannten Züge lösten sich. »Wohl«, sagte er, »ich kann Euch freilich nicht vergeben, wie Ihr an Eurem Lehrer, dem Rabbi von Lublin, gehandelt habt.« »Welche Handlung ist es«, fragte der »Jude«, »die Ihr mir nicht vergeben könnt?« »Ihr seid«, sagte Rabbi Menachem Mendel, »gegen ihn aufgestanden, habt Menschen von ihm abgezogen und überheblich von ihm geredet.« »Wer zeugt gegen mich?« fragte der »Jude«. Rabbi Mendel sah sich unter den Tischgenossen um. Da saßen drei oder vier von den als Gegner des »Juden« bekannten Männern, aber auf keinem Gesicht nahm er eine Bereitschaft zur Äußerung wahr. Jissachar Bär, der auch zugegen war, wollte sprechen, aber Rabbi Mendel wies ihn ab und blickte wieder auf jene. Schließlich blieben seine Augen auf Naftalis Gesicht haften. »Rabbi Naftali soll Zeugnis ablegen«, sagte er. Naftali erschrak: da war es nun doch gekommen, was er befürchtet hatte! Aber schon im nächsten Augenblick geschah etwas mit ihm, worauf er nicht gefaßt war, eins von jenen Dingen, die der Verehrer des Wunders von Jugend auf unter die Zeichen göttlicher Gegenwart zählte, ohne daß ihm je in den Sinn gekommen wäre, ihm selber könnte dergleichen wi-

derfahren. Spürbar als ein gewaltiges Drängen vom Rückenmark zum Hinterkopf hin stieg ein Befehl in ihm auf, wortlos und eindeutig: »Die Wahrheit!« »Ich muß die Wahrheit sagen«, stellte es sich ihm jetzt sprachlich im Gehirne dar, »ich darf mich nicht fürchten und muß die Wahrheit sagen.« Nun aber, als ihm die Klarheit des Denkens, freilich seltsam befeuert vom Befehl, wiederkehrte, merkte er erst plötzlich, daß die Wahrheit ja gar nicht das war, was er all die Jahre lang als selbstverständlich zum Rabbi von Lublin geredet hatte – gar nicht das? vielmehr: das Gegenteil! Wenn er zu fürchten hatte, dann nur von der anderen Seite, nicht vom »Juden«, – aber alle Furcht war von ihm abgefallen. Eine große Freiheit zog in ihn ein, eine andere als jene des selbständigen Verstandes, auf die er so stolz gewesen war, weil es sein eigner Verstand war. Diese Freiheit goß sich in ihn ein, und doch, er selber war's, er selber war frei. Er hob den Kopf – all das hatte nur einen Nu gewährt – und sagte: »Nach meinem Wissen hat sich der Rabbi von Pžysha an dem Rabbi von Lublin nicht schuldig gemacht.« Von ungefähr blickte er auf den ihm gegenüber sitzenden Bunam und sah dessen große gelbliche Augen, deren Sehkraft schon gestört war, voll auf sich gerichtet; dann senkte er den Kopf wieder. Am Tisch herrschte ein tiefes Schweigen. Auch Rabbi Menachem Mendel sagte kein Wort mehr, bis man nach einer Weile von anderem zu reden begann.

Nach Tisch bat der »Jude«, in seine Herberge zurückkehren zu dürfen, doch blieben die Seinen noch auf Rabbi Mendels Bitte. »Habt ihr gesehen?«, sagte er zu den ihn Umgebenden, als der Gast hinausgegangen war, »wie Rabbi Seïra! ganz wie Rabbi Seïra!« Die Chassidim verstanden natürlich, daß er meinte, die Seele jenes talmudischen Meisters, der von Babylon nach Palästina ging und hundert Fasten fastete, um die Lehre der babylonischen Lehrhäuser zu vergessen, sei in dem »Juden« wieder auf Erden erschienen; aber was war's, das die beiden gemein hatten? Jissachar Bär dachte daran, wie er einmal in die Stube des »Juden« getreten war und ihn fast entkleidet an dem brennenden Kamin hatte lehnen sehen: er schien der Leiblichkeit völlig entrückt zu sein; und erzählt man nicht von Rabbi Seïra, daß er auf dem brennenden Ofen saß und so lang nicht versengt wurde als man ihn nicht aufstörte? Naftali aber dachte an jene andere Geschichte: wie Rabbi Seïra sich von einem den aus Babylon Gekommenen übelwollenden Metzger, bei dem er Fleisch kaufen wollte, schlagen ließ, ohne ihm zu fluchen oder auch nur ihn zu schelten, sondern meinte, so sei es der Brauch. Und wieder an anderes dachten die Schüler von Pžysha. War es nicht überliefert, Rabbi Seïra habe mit einer Bande von wilden und zügellosen Kerlen, die in seiner Nachbarschaft hausten, freundlichen Umgang gepflogen, um sie zur Umkehr zu bringen? war's nicht das, was in Pžysha gelehrt und geübt wurde: man solle das Böse auf seine Schultern nehmen?

Am nächsten Tage hatte der »Jude« eine Unterredung mit Rabbi Menachem Mendel. »Die große Feuersbrunst«, sagte er, »deren roten Widerschein wir seit einer Weile am Himmelskreise sehen, nähert sich nun uns selber, und ihr, Ihr und der Rabbi von Lublin, denkt nur daran das Feuer anzufachen. Was soll aus uns werden! Die andern Völker können sich zu schützen versuchen, wir aber stehen gebunden und dem Brande preisgegeben, den unsre Führer nur noch zu verstärken sinnen.« »Es ist gut«, rief Rabbi Mendel, »daß jüdisches Blut vergossen werde, bis man von Prystyk bis Rymanow bis an die Knie im Blute watet, wenn nur das Exil endet und unsere Erlösung anbricht.« »Und wenn das Feuer«, sagte der »Jude«, »nichts andres ist als das Feuer der Zerstörung? Gott kann eins entzünden und schüren und weiß was er tut, aber wir? Wer gibt uns das Recht, dem Bösen eine Steigerung seiner Kraft zu wünschen und, wenn wir's können, zu verleihen? wer sagt uns, wem wir damit dienen, dem Erlöser, oder dem Hinderer? darf heute jemand sich erkühnen wie die Propheten zu sprechen: 'Es geschah zu mir die Rede des Herrn'?« Rabbi Mendel schwieg. »Erlösung, sagt Ihr«, fuhr der »Jude« fort. »Tut sich denn nicht dicht vor uns eine unabsehbare Möglichkeit auf, der Erlösung zu dienen? Seht, Rabbi, wie da vor Euch ein großer Baum aus der dunklen Tiefe der Erde in die Höhe wächst, von jungem Laub überdeckt, Blatt um Blatt eine Seele von Israel, Tausende, Zehntausende von Seelen, und jede wartet auf Euch, Rabbi, sie heilzumachen, daß der Baum in die Erlösung eingehe!« »Es ist nicht mehr an der Zeit«, sagte Rabbi Mendel, »an die einzelne Seele zu denken.« »Nie«, entgegnete der »Jude«, »wird ein Menschenwerk glücken, wenn wir nicht an die Seelen denken, denen beizustehn uns gegeben ist, und an das Leben zwischen Seele und Seele, an unser Leben mit ihnen, an ihr Leben miteinander. Wir können nicht zum Kommen der Erlösung helfen, wenn Leben nicht Leben erlöst.« Rabbi Mendel schwieg. Wenn er so schwieg

wie jetzt, pflegte er seinen Blick zu senken, und dieses Senken des Blicks verschlug dem Sprecher die Stimme. Das Gespräch dauerte nicht mehr lange. Sie nahmen Abschied voneinander.
Hirsch, der »Diener«, der dem »Juden« in Rabbi Menachem Mendels Haus keine Ehre erwiesen und ihn auch nicht heimbegleitet hatte, ging nach dem Abendgebet, als sein Lehrer sich wie gewöhnlich – um zu Mitternacht aufstehen zu können – früh zur Ruhe begeben hatte, in die Herberge, obgleich man ihm unterwegs sagte, die Gäste seien bereits abgereist. Immerhin, dachte er, würde man ihm etwas von ihrem Tun und Treiben erzählen. Als er kam, war die Reihe der Wagen mit den den »Juden« zur Stadt hinaus Begleitenden nicht mehr da, da der vorderste Fuhrmann wähnte, der Wagen der Gäste sei ihnen schon vorausgefahren; in Wahrheit aber war der »Jude« mit den Seinen noch zurückgeblieben. Sie gingen zu zweien vors Haus und auf der Gasse auf und nieder, der »Jude«, wie er zu tun liebte, die Hand im Gürtel des Gefährten, und redeten miteinander. Wenn Hirsch später davon erzählte, pflegte er am Schluß zu sagen: »Er hat von mir nichts erfahren, ich aber habe von ihm alles erfahren was ich zu wissen begehrte.« Nach dem Gespräch bat Hirsch den »Juden« ihn zu segnen, daß er wahrhaft beten könne. »Was wollt Ihr mehr!«, antwortete der »Jude«, »alle Größe und Ehre erwartet Euch.« Danach fuhren die Gäste von dannen.

Rabbi Benjamin schreibt:
Als im Sommer hierher Nachricht aus Rymanow über die Reise des heiligen Juden kam, ließ mich der Rabbi rufen. Bei meinem Eintritt sagte er zu mir ohne Gruß: »Ich verbiete dir fortan mein Haus zu betreten.« Ich sagte: »So erklärt mir nur noch, warum Ihr das tut.« Er sagte: »Du hast meine Botschaften verraten, die du meinem Munde nachgeschrieben hast.« Ich sagte: »Ich habe nicht verraten. Und wohl seid Ihr der Führer des Geschlechts und ich bin ein Garnichts, aber Gott der Herr der Geister richte zwischen mir und Euch!« Und ich ging.
Was ich jetzt noch in dieses Buch über Ereignisse im Hause des Rabbi schreiben werde, weiß ich nur aus fremdem Munde. So denn auch das Folgende.
Rabbi David hat mir erzählt, am Spätnachmittag vor dem Versöhnungstag, der in diesem Jahr auf einen Sabbat fiel, habe der Rabbi zwei Kerzen entzündet und habe sie in zwei Leuchter gesteckt. Dann habe er das Fenster geöffnet und habe die Leuchter mit den Kerzen ins Fenster gestellt. Da seien die Leuchter gestanden und gestanden und die Kerzen seien nicht erloschen. Rabbi David war damals wie in jedem Jahr über die Furchtbaren Tage in Lublin. Als er nach dem Ausgang des Festes wie alljährlich ins Haus des Rabbi trat um Abschied zu nehmen, kam ihm der Rabbi entgegen und sagte: »Gut Woch, lieber Rabbi David! Ich hatte mich gestern gegürtet,

zwei Berge auszureißen, aber es ist mir nicht gelungen.« Rabbi David nahm Abschied und reiste, wie in jedem Jahr zum Hüttenfest, nach Pžysha. Der heilige Jude kam ihm an der Schwelle seines Hauses entgegen. »Rabbi David, mein lieber Gevatter«, rief er, »hört was mir geträumt hat! Der Sturmwind wehte durch die Welt. Zwei Kerzen standen in dem großen Wind und brannten. Die eine wart Ihr und die andre war ich.«

Kosnitz und Napoleon

Am Vorabend des Purimfestes 1812, als der Maggid von Kosnitz im Vortrag des Buches Esther an die Worte »nafol tippol«, »fallen, fallen wirst du« kam, die das Weib und die Freunde Hamans ihm sagen, unterbrach er sich und rief: »Napoleon tippol«, »Napoleon, du wirst fallen.« Er hielt eine Weile inne, dann nahm er den Vortrag wieder auf.

Zu eben der Zeit entwarf Napoleon die Einteilung der Großen Armee zum Feldzug gegen Rußland, die eine Woche danach bekanntgegeben wurde. Zuvorderst war das polnische Korps genannt, das dem Fürsten Poniatowski, dem Neffen des letzten Königs von Polen, unterstellt wurde. »Poniatowski«, hat Napoleon später auf St. Helena geäußert, »war der wirkliche König, er vereinigte alle Ansprüche und alle Gaben hiefür, und dennoch hat er geschwiegen.« Das heißt: er blieb bis an sein Ende dem Manne, dem er zu folgen beschlossen hatte, treu, ohne für sich zu fordern, was er fordern durfte.

Ende März erreichte ihn in Warschau die Nachricht vom kaiserlichen Befehl. Er hatte eben eine schwere Krankheit durchgemacht, von der er sich nur langsam erholte. Als die Nachricht kam, schrieb er sogleich »für den Fall eines plötzlichen Todes« sein Testament nieder. Dann verreiste er, ehe er mit der Mobilisierungsarbeit begann, für kurze Zeit. Man erzählt sich, daß er nur seinen jüdischen Leibgardisten mitnahm und mit ihm nach Kosnitz fuhr. Es war nicht das erste Mal, daß er den Maggid besuchte. Was er mit ihm besprach, hat er niemandem anvertraut. Es wird aber, anscheinend auf Grund einer Äußerung des Leibgardisten, erzählt, der Maggid habe dem Fürsten nicht bloß den Ausgang des Feldzugs vorausgesagt, sondern auch, daß er bald danach fallen würde, und dabei habe er ihn als Marschall angeredet, – einen Titel, den Poniatowski erst einen Tag ehe er fiel, erhielt, nach der Schlacht bei Leipzig, in der er sich ausgezeichnet hatte. Gewiß ist, daß der bis zu jenem Gespräch lebensfreudige Mann die Zeit bis zu seinem Tode in einer düsteren Entschlossenheit verbrachte. Wie in der Erzählung vom Besuche Czartoryskis ein brauner Hund, so kommt in dieser eine dunkelgraue Stute des Fürsten vor, der der Maggid angesehen hätte, daß sie ein völlig weißes Füllen gebären würde. Man erzählt sich ferner, daß es dieses weiße Pferd war, von dem der Marschall etwa anderthalb Jahre später, zu Tode verwundet, in den Fluß Elster glitt.

Einige Wochen nachdem Poniatowski in Warschau den kaiserlichen Befehl erhalten hatte, am Abend des 16. Mai, langte Napoleon, von dem sich die Volksmenge, aber auch die Soldaten erzählten, er ziehe über Rußland nach Indien, zwischen Scheiterhaufen, die auf den Straßen entzündet worden waren, um seiner Fahrt zu leuchten, in Dresden an, um hier, ehe er sich zur Armee begab, mit den Monarchen von Österreich und Preußen zusammenzutreffen. »Nach einer Schlacht oder zweien«, äußerte er dort, »werde ich in Moskau sein und Alexander wird vor mir auf den Knien liegen.«

Am Morgen eben jenes Tags, der der Vortag des

Offenbarungsfestes war, war Rabbi Abraham Jehoschua Heschel nach Kosnitz gekommen, um seinen Jugendfreund, den Maggid, zu besuchen. Eine Überlieferung nennt diesen Mann neben jenen Drei als einen, dem Rabbi Elimelech vor dem Sterben eine seiner Kräfte zugeteilt habe, und zwar habe er die Kraft des Mundes, die der schlichtenden und urteilenden Sprache erhalten; man sagte von ihm, er habe eine Goldwaage im Mund. Das schließt schon ein, daß er nicht Unnötiges redete, – wiewohl zum Nötigen für ihn seltsame und geheimnisvolle Fabeleien gehörten. Mit dem Maggid konnte er sich freilich auch ohne viel Rede verständigen.

Beim Eintritt in die Stube, in der der Maggid lag, blickten sie einander wortlos an. Dann fragte Rabbi Heschel immerhin nach seinem Ergehen. »Gegenwärtig«, antwortete der Maggid, »bin ich ein Kriegsmann. Jene fünf Bachkiesel, die der junge David für seine Schleuder genommen hatte, als er gegen Goliat den Philister auszog, halte ich bei mir im Bett.«

In der Nacht nach jenem Tag, die mit Lernen und Beten verbracht wird, blieben die Freunde beieinander. Zwei Stunden nach Mitternacht sagte der Maggid zu Rabbi Heschel: »Betet mit mir.« Dreizehn Stunden, so wird erzählt, stand der Maggid vor dem Betpult, er betete in der Frühe das Morgengebet, er betete das Zusatzgebet des Festes, und stand wieder im Gebet, von zwei Uhr nachts bis drei Uhr nachmittags. Wenn man ihn dazwischen aufforderte, sich hinzulegen und zu ruhen, antwortete er nur mit seinem Lieblingsvers: »Die auf Gott harren, tauschen Kraft ein.« Und er erklärte: »Ich tausche mit Ihm.«

Tags darauf, am zweiten Tag des Offenbarungsfestes, empfing Alexander den Abgesandten Napoleons. Er zeigte auf einer Karte auf die äußerste Grenze seines asiatischen Reiches, wo eine Meerenge die Kontinente trennt, und sagte mit sanftem Stolz: »Wenn der Kaiser Napoleon zum Krieg entschlossen ist und das Glück nicht die gerechte Sache begünstigt, wird er bis hierher gehen müssen um den Frieden zu finden.« »Würde ohne Großsprecherei«, so kennzeichnete der Franzose die Haltung der Russen; sie sei ganz anders gewesen als die bei ähnlichen Verhandlungen in den früheren Kriegsjahren.

Vier Monate danach, in der Nacht vor dem Versöhnungstag, stand ein Enkel des Maggids, der junge Chaim Jechiel, auf der Straße vor dem Hause seines Großvaters. Er war ein Schüler des Sehers, aber in seinem Herzen dem »Juden« ergeben; beim ersten Blick, erzählt er, habe er erkannt, »was das für ein Vogel sei«. Der Gedanke an den unversöhnlichen Widerstreit zwischen Lublin und Pžysha setzte seinem Herzen in dieser Nacht besonders schwer zu. Aus dem Bethaus heimgekommen saß er stundenlang im weißen Sterbekittel, in den er der Vorschrift gemäß gekleidet war, in seiner Stube und sann sehr traurig diesen Dingen nach, die seinem guten Willen so ganz unzugänglich blieben. Schließlich hielt es ihn nicht in der Stube, und so wie er war, im Kittel, ging er in die Septembernacht hinaus und wandelte stundenlang auf und nieder. Als er nun wieder heimging und vor dem Hause des Maggids stand, sah er in dessen Schlafraum, der im oberen Stockwerke lag, einen breiten hellroten Streifen sich vom Boden zur Decke erheben, allzu gerade und unbeweglich, um für Feuer gehalten zu werden, aber dem Widerschein eines Feuers gleichend. Er eilte hinauf und öffnete die Tür: drin war es völlig dunkel. Der Großvater schlief offenbar. Jechiel ging hinaus und schloß leise die Tür. Am Morgen erzählte er den Vorfall dem Maggid. »So hast du etwas von meinem Traum gesehen«, sagte der. Ohne zu verstehen, starrte der Jüngling ihn an. »Ich habe vom Fürsten des Feuers geträumt«, fügte der Alte hinzu. Mehr als dies äußerte er nicht.

Das war die Nacht, da in der Stadt Moskau, in die Napoleon eben mit seinem Heer eingezogen war, der gewaltige Äquinoktialwind die Feuersbrunst von Gasse zu Gasse und von Viertel zu Viertel zu treiben begann.

Etwa drei Monate danach reiste Rabbi Naftali wieder wie 1809 nach Rymanow, Lublin und Kosnitz, in der gleichen Reihenfolge wie damals. Als die Nachricht von der Schlacht an der Beresina zu ihm gelangt war, wurde das Gefühl, nun sei des Bluts genug geflossen, überstark in dem seit jenem Tischgespräch im Vorjahr wie verwandelten Mann. Da er aber zugleich seine eigene Ohnmacht fühlte, machte er sich nach Rymanow auf. Rabbi Menachem Mendel war vor dem Seher sein Lehrer gewesen, und er konnte auch jetzt nicht anders als mit ihm beginnen. Auch meinte er, Rabbi Mendel habe nun gewiß seinen Irrtum erkannt, und nun werde gerade er am ehesten zu bewegen sein sich einzusetzen, um dem wütenden Verderben ein Ende machen zu helfen. Als er aber vor dem Rymanower stand, erschrak er. Das Gesicht, das einst den Frieden des Himmels widerzuspiegeln schien, war grausam verzerrt. Bei diesem Anblick wagte er kaum noch sein Anliegen vorzubringen. Und in der Tat fiel ihm Rabbi Menachem Mendel bald ins Wort. »Er wird wieder obenauf kommen und es ihnen vergelten !« rief er. »Aber, Rabbi«, wandte Naftali ein, »kann denn seine Sache zu unserer werden? Steht denn nicht geschrieben: 'Nicht mit Heereskraft und nicht mit Gewalt, sondern mit meinem Geist' ! Dürfen wir denn einen andern Kampf führen oder fördern als den des Geistes gegen die Gewalt?« Da erschrak er von neuem: er merkte, daß Rabbi Mendel ihm nicht zuhörte; es war, als lausche er in die Ferne.

Nun fuhr Naftali nach Lublin. Hier wurde er ganz anders empfangen. Der Rabbi kam ihm mit einer so großen Bereitwilligkeit entgegen, als hätte er ihn erwartet. Bald nach der Begrüßung ging er mit ihm in seine Stube hinauf. Und nun nahm er, nicht anders als wäre es vor wenigen Wochen geführt worden, ein Gespräch von vor mehr als dreizehn Jahren auf. »Ich habe es Euch ja gesagt, Rabbi Naftali«, erinnerte er, »daß der Norden in der Weissagung Ezechiels auf Gog doch wirklich als Norden zu verstehen ist. Erst mußte er dahin, ehe er zu den Bergen Israels gebracht wird, wo ihm der Bogen aus der Linken geschlagen und die Pfeile aus der Rechten zu Boden geworfen werden.« »Es will mir scheinen, Rabbi«, antwortete Naftali vorsichtig, »als hätte er schon jetzt Bogen und Pfeile verloren.« »Ihr irrt Euch«, sagte der Rabbi, »er wird sich wieder zu seiner Macht erheben.« »Soll's denn immer noch nicht zu Ende gehen?« fragte Naftali. Sein Herz zog sich zusammen, und er wunderte sich wieder einmal, als ihm das zu Bewußtsein kam, denn es war ein hartes Herz gewesen; und nun wunderte er sich immer wieder über dessen Regungen. Schon aber brach der Rabbi das Schweigen, das einige Augenblicke gedauert hatte. »Kein Wort vom Ende«, rief er, »ehe das Ende kommt!« Da tat Naftali etwas, was er noch kurz vorher sich nicht zugetraut hätte: er sprach, zum Rabbi gewandt, das Wort aus, das niemand bisher gewagt hatte. »Haben unsere Weisen nicht gewarnt?« sagte er, »haben sie nicht gewarnt: 'Bedränget nicht das Ende!'« Unter den emporgezogenen Brauen entsandten die Augen des Rabbi einen strafenden Blick. Aber Naftali war jetzt gefeit.

Nun fuhr er nach Kosnitz. »Wie oft bin ich nun schon nach Kosnitz gefahren«, dachte er unterwegs, »aber niemals gelange ich hin. Bis Rymanow komme ich wirklich und auch bis Lublin komme ich wirklich, aber bis Kosnitz nie!« Als er aber vor den Maggid trat, begrüßte ihn der mit den Worten: »Was ist's mit Euch, Rabbi Naftali? Eure Stirn leuchtet wie reines Silber.« Naftali verstand, daß er angenommen war, und wieder wunderte er sich. Und noch eins war ihm offenbar: hier gab es nichts zu reden wie bei den beiden andern. Dennoch empfand er es als gut und richtig, daß er hier war.

Am Freitagabend sprach der Maggid, ehe er den Sabbatpsalm »Gut ist es dem Herrn zu danken« sang: »Man redet in der Welt noch immer davon, wie die Franzosen über die Beresina zurückgegangen sind. Wir aber reden nicht davon, wir sagen« – und nun stimmte er den Psalm an. Mit großer Macht trug er die Verse vor: »Wann die Frevler sprossen wie Kraut und alle Harmwirkenden blühn, ist's um vertilgt zu werden auf ewig, du aber, Herr, bist in Weltzeit erhaben. Denn hier deine Feinde, Herr, denn hier deine Feinde schwinden, es zerstreun sich alle Harmwirkenden.« Später bei Tisch sprach er: »Wir haben es nicht mit Franzosen und nicht mit Russen zu tun, wir fragen nur danach, wer frevelt, wer Harm wirkt, wer Gottes Feind ist. Wir stehen gegen die Gewalt auf, die Frevel und Gottesfeindschaft in den Seelen der Menschen erweckt und ernährt. Denn Frevel und Harm sind in den Seelen aller Menschen, in unsern wie in ihren. Der Kampf gegen Gottes Feinde gilt der Gewalt, die Frevel und Harm in den Seelen groß macht. Wenn wir sie sprossen und blühen sehn, sollen wir eben darin die Ansage ihres Falls erkennen. Mit ihrem Schwinden muß sich alles zerstreuen, was sie an Kräften des Bösen zusammengeholt hat. Du aber, Herr, bist in Weltzeit erhaben. Es gibt keinen Bund zwischen Gott und der Ruchlosigkeit.«

Der Sabbat danach war der, an dem der Abschnitt der Schrift verlesen wird, der von Jethros Besuch bei Mose handelt. Als der Maggid beim Verlesen der Schrift zu den Worten kam »nawol tibbol, welken, welken wirst du und all dieses Volk das bei dir ist«, wiederholte er sie dreimal, dann erst las er weiter. Die Tischrede bei der dritten Sabbatmahlzeit aber beschloß er so: »Es steht geschrieben: ‘Welken, welken wirst du und all dieses Volk das bei dir ist.’ Das ist zu uns selber gesagt: Welken wird das chassidische Volk, wenn wir über dem Bedrängen des Endes es versäumen, den Kampf gegen Gottes Feinde, jeder in seiner eigenen Seele und in seinem eigenen Leben, wir miteinander in unsrer Seele und unserm Leben, zu kämpfen, bis der Sieg erfochten ist.«

»Ich bin wirklich nach Kosnitz gelangt«, dachte Naftali.

Als er Abschied nehmen kam, stand in der Stube ein Bote aus Lublin. Naftali wollte zurücktreten, aber der Maggid hieß ihn verweilen. Vor ihm lag ein entfalteter Brief, in dem er las. Er las sehr langsam; es war zu merken, daß er manchen Satz zwei- oder dreimal las. Sein Gesicht hatte einen Ausdruck von Betrübnis, aber ohne ein Aufwallen. Endlich faltete er den Brief wieder und schloß ihn ein. »Richte dem Rabbi von Lublin, meinem Freunde, aus«, sagte er zum Boten, »daß es einem Geschöpf wie unsereinem nicht zusteht, eine Antwort auf solch eine Frage zu geben. Die muß ein andrer beantworten.«

Nach der Heimkehr des »Juden« aus Rymanow hatte sich die Gemeinschaft von Pžysha enger zusammengeschlossen. Es war, als hätte sie sich ihrem Gefühle nach allzuweit hinausgewagt und müsse nun wieder bei sich selber einkehren. Und dieses innere Leben steigerte sich noch in der Zeit danach. Nie war der Zusammenhang zwischen dem Lehrer und den Schülern, nie zwischen den Schülern untereinander so stark und innig gewesen wie in dem Jahr, da der Kosnitzer Maggid seinen Kampf gegen Napoleon ausfocht. Man hatte offenbar tiefer als je zuvor erkannt, daß nichts in der Welt zu verwirklichen ist, was man nicht in der Gemeinde verwirklicht hat.

Eins hatte Pžysha gewiß von Lublin übernommen: das Geschichtenerzählen in der auf den Sabbat folgenden Nacht, nach dem »Geleitmahl der Königin«. Nur daß in Pžysha nicht der Rabbi allein erzählte, sondern alle. So saßen sie in einer Winternacht, bald nach jenem Besuch Naftalis in Kosnitz, und erzählten einander Gleichnisse. Auch David von Lelow war damals bei seinem Gevatter zu Gast. Diesmal fing die Reihe mit den Jüngsten an. Die Gleichnisse waren wirkliche Gleichnisse, das heißt: jedes meinte etwas, was die Gemeinschaft anging, alle ihre Mitglieder oder einzelne, aber sie waren so beschaffen, daß das, was einzelne im Kern ihres Daseins anging, die Gemeinschaft anging.

Mendel von Tomaschow schickte voraus, daß er das

Gleichnis, das er erzählen wolle, von einem Wanderprediger gehört habe. »Zwei Kaufleute«, sagte er in seiner knappen Weise, nach je ein paar Worten innehaltend, »hatten gemeinsam in einem Wagen ihre Waren in die Stadt gebracht, jeder in einer Kiste. Die Kisten waren etwa von gleicher Größe. In der einen befand sich, sorgsam in Tücher gewickelt und in Stroh gebettet, eine kleine Truhe mit kostbaren Juwelen, die andre war mit Eisengerät vollbepackt. In der Stadt angelangt hieß der Juwelenhändler einen Lastträger seine Kiste zu seinem Hause bringen. Als er ihm da den Lohn zahlen wollte, widersprach der Träger: für eine so schwere und ermüdende Last gebühre ihm ein größerer. 'Dann sind die Kisten verwechselt', antwortete der Kaufmann. 'Wenn es eine schwere Kiste ist, ist es nicht die meine.' Das ist's, was geschrieben steht: 'Nicht mich hast du gerufen, Jakob, daß du dich um mich gemüht hättest, Israel': wenn du müd wirst, sagt Gott, hast du nicht mich im Sinn gehabt, – von meiner Ware wird man nicht müd.«
Alle sahen, mit Sorge und Beglückung zugleich, auf den »Juden«. Ein ruhiger, mehr heiterer als strenger Ernst lag auf seinem Gesicht, der Blick war der eines Wissenden geworden, aber nein, müde war er nicht. Und von ihnen allen war keiner müd.
Schüler um Schüler erzählte. Als letzter der Schüler kam Bunam dran. Sachte hob er die vom Erblinden bedrohten Augen und sah sich in der Runde um. »Ein großer Herr«, erzählte er dann, »hatte einmal ein Rennpferd im Stall stehen, das war ihm über alles wert und er ließ es wohl bewachen. Die Stalltür war mit Sperrhaken verschlossen und ein Wächter saß be-

ständig davor. In einer Nacht war der Herr von einer Unruhe befallen. Er ging zum Stall; da saß der Wächter und grübelte sichtlich angestrengt einer Sache nach. 'Was gibt dir so zu denken?' fragte er ihn. 'Ich überlege', antwortete der Mann. 'Wenn ein Nagel in die Wand geschlagen wird, wo kommt der Lehm hin?' 'Das überlegst du schön', sagte der Herr. Er ging ins Haus zurück und legte sich hin. Aber er konnte nicht schlafen. Nach einer Weile hielt er's nicht aus und ging wieder zum Stall. Wieder saß der Wächter vorm Tor und grübelte. 'Worüber denkst du nach?' fragte ihn der Herr. 'Ich überlege', sagte er. 'Wenn ein Hohlbeugel gebacken wird, wo kommt der Teig hin?' 'Schön überlegst du das', bestätigte ihm der Herr. Wieder ging er zur Ruhe, wieder duldete es ihn nicht auf dem Lager und er mußte sich zum dritten Mal zum Stall begeben. Der Wächter saß an seinem Platz und grübelte. 'Was beschäftigt dich jetzt?' fragte der Herr. 'Ich überlege', antwortete jener. 'Da ist das Tor, mit Sperrhaken wohl verschlossen, da sitze ich davor und wache, und das Pferd ist gestohlen, wie geht das zu?'«

Jubelnd vernahmen alle die Geschichte. Ja, das war sie, ganz zu Bild geworden, die Lehre von Pžysha: Wahn ist jeder Gedanke, der dich vom Dienst am Lebendigen ablenkt.

Zuletzt erzählte der Lelower. Wie immer, wenn er erzählte, empfanden die Hörer, es gebe gar keine andere Möglichkeit das auszusprechen, was er aussprechen wolle, als eben durch diese Erzählung. »Wie Mendel«, begann er, »so weiß auch ich nur zu sagen, was mir gesagt worden ist. Ich ging einmal, wie Jahr um Jahr, den langen Weg von Lelow nach Lisensk zu Rabbi Elimelech, zwei Mehlschaufeln über die Schultern gelegt, die ich ihm zum Geschenk für Passah bringen wollte, für's Backen der ungesäuerten Brote aus dem von der Ernte her wohlbehüteten Weizen. Wie ich schon nah dem Ziel bin, komme ich in einen Wald, den ich gut kannte, bin ich doch stets denselben Weg gegangen. Aber was meint ihr – ich verirre mich! Ich laufe hin, ich laufe her, kein Ende und kein Ausblick! Stunden um Stunden vergehen, und ich irre so herum. Und was, meint ihr, hat David schließlich getan? Geweint hat er! Und wie ich so weine, kommt ein Mann daher und fragt: 'Was weinst du, mein lieber Sohn?' 'Ach', klage ich ihm und höre nicht auf zu weinen, 'da gehe ich doch Jahr um Jahr diesen selben Weg zu meinem Lehrer und kenne mich in jedem Wegstück aus, und auch diesen Wald kenne ich wie die Gasse in der ich wohne, und auf einmal verirre ich mich und weiß nicht aus noch ein – das geht doch nicht mit rechten Dingen zu, und offenbar ist an mir selber etwas nicht so wie es sein soll!' 'Sei nun getrost', sagte der Mann, 'und komm mit mir, mitsammen finden wir schon hinaus.' Und kaum waren wir mitsammen einige Schritte gegangen, merkte ich, daß wir dem Waldrand nahe waren. 'Weißt du nun', fragte der Mann, 'was das heißt: mitsammen?' 'Ich weiß es', antwortete ich. 'So gebe ich dir noch etwas auf den Weg', fügte er hinzu. 'Will man zwei Holzstücke fest aneinander schließen, daß sie wie eines werden, muß man erst beider Unebnes abhauen. Wenn aber die Vorsprünge des einen sich in die Höhlungen des andern fügen und umgekehrt, ist kein Abhauen not. Dies ist das wahre Mitsammen!'«

»Ja, dies ist das wahre Mitsammen!« riefen alle.
Aber Jissachar Bär setzte hinzu: »Das ist der Prophet Elia gewesen!«
Man redete, man schwieg, man redete wieder. Dann baten alle den »Juden«, auch er möge etwas erzählen.
»Ich will gern erzählen«, sagte er lächelnd, »aber es ist kein Gleichnis, was ich heute zu erzählen habe.
Ein Chassid kam nach dem Tode vor das himmlische Gericht. Er hatte starke Fürsprecher, und eine günstige Entscheidung schien schon gesichert zu sein, als ein großer Engel auftrat und ihn einer Unterlassungssünde anklagte. 'Warum hast du das dir Gebotene unterlassen?' fragte man ihn. Der Chassid fand keine Antwort als: 'Meine Frau war der Anlaß dazu'. Da lachte der Engel hoch auf: 'Wahrhaftig, eine treffliche Rechtfertigung!' Das Urteil wurde gefällt: dem Mann eine Strafe für sein Vergehen, dem Engel aber die Probe, in irdischen Leib einzugehen und eines Weibes Ehemann zu werden'.«
Der »Jude« lachte selber über seine Geschichte. Das Lachen war klar und mild.

Der missglückte Seder

Einige Wochen vor Passah war eine große Bewegung im Haus des Sehers. Vertraute Boten wurden zu allen großen Zaddikim der Zeit ausgesandt, die mit ihm in der Schule des Maggids von Mesritsch oder in der des Rabbi Schmelke von Nikolsburg oder in der Rabbi Elimelechs gewesen waren. Von seinen eigenen Schülern sandte er nur an einen einzigen, und das war der »Jude«. Die Botschaft war eine gemeinsame. Alle ihre Empfänger wurden aufgefordert, während des »Seder«, der häuslichen Feier der Passahnacht, bei jedem ihrer Bräuche und ihrer Sprüche, die ganze Seele auf das Kommen der Erlösung zu richten, und zwar in einer besonderen Weise, mit ganz besonderen Intentionen, für die der Seher genaue Angaben machte. In der Kundgebung war nach Stunden und Minuten bestimmt, wann die Feier beginnen und welches Zeitmaß für jeden ihrer Teile gelten sollte. Mit einem sich zum beschwörenden Aufruf des gemeinsamen Willens steigernden Nachdruck wurde erbeten oder geboten, daß trotz der räumlichen Trennung alles mitsammen geschehen sollte, so daß nirgends eine persönliche Äußerung oder Gebärde sich vordrängen könnte. War sonst die Gestaltung dieser Nacht zum großen Teil den Eingebungen des Hausvaters überlassen, so sollte diesmal ein in Haltung, Handlung und Rede völlig geeinter Kreis die Fernen umschließen. Was unser Erzähler, Rabbi Benjamin, zweimal sieben Jahre vor-

her, am Tag der Schlacht bei Megiddo, wahrgenommen hatte, daß nämlich die Seelen der versammelten Chassidim zu einer einzigen, mit mächtigen Händen ins Dunkel der Entscheidungen langenden verschmolzen, das sollte nun mit den Häusern der großen Zaddikim geschehen. Aber diesmal konnte der gemeinschaftliche Sinn nicht auf ein gleichzeitiges Ereignis sich richten: ein allen Empfängern Gemeinsames konnte nur erfaßt werden, wenn man als den Blickpunkt, auf den sich die Geister zu sammeln hatten, eben das von vornherein allen in ihrem leidenschaftlichen Verlangen Gemeinsame bestimmte: das Kommen der Erlösung, wie immer sie kommen mag. Auch wurde im Grunde nichts weiter auferlegt, als was man stets von selber in dieser Nacht zu versuchen pflegte: mit der Gewalt des Verlangens die Brücke zu schlagen von jener Tat Gottes im Auszug von Ägypten zu seiner erwarteten namenlosen Tat. Nur so war es ja für den Rabbi möglich, sich an alle, sogar an den »Juden« zu wenden. Welch ein Verzicht, sei es auch nur für die eine Nacht, in dieser Art der Aufforderung eingeschlossen war, konnten manche der Empfänger ahnen; alle aber spürten, daß kein andrer solche Botschaft hätte ausgehen lassen können, als der anerkannte Führer des Geschlechts.
Von den zurückkehrenden Boten brachte keiner eine ablehnende Antwort. Zwar hatte der Maggid von Kosnitz die Mitteilungen schweigend empfangen, aber er hatte keinen Einwand erhoben. Der »Jude« hatte nichts gesagt als: »Gott sei Dank, daß ich gehorchen darf.« Nur einer hatte in einer fast unverständlichen Weise erwidert. Dies war der Rabbi von »Kalew«, das ist das nordungarische Städtchen Nagy-

Kálló. Während ihm die Botschaft kundgetan wurde, hatte er seiner Gewohnheit nach, anscheinend ohne recht hinzuhören, ein Liedlein vor sich hingesummt. In das ihm überreichte Schriftstück, das die besonderen Intentionen enthielt, warf er nur einen flüchtigen Blick. »Nun ja, ungefähr so halten wir's auch!« sagte er dann. Damit mußte sich der Bote zufrieden geben.

Rabbi Jizchak Eisik von Kalew war ein Sänger von Liebesliedern. Sie handelten alle von der Liebe und Sehnsucht der Getrennten. Er lauschte sie den ungarischen Hirten ab, in deren Nähe er gern weilte, war er doch selber als Kind Gänsehirt gewesen. Dann bearbeitete er die Lieder mit behutsamer Hand; es ging ihm doch nicht darum, ihnen etwas Fremdes beizufügen, sondern ihren ursprünglichen großen Sinn wiederherzustellen, der unter das Hirtenvolk gefallen war: aller Liebe Ursprung ist in Gottes Liebe zu seiner Schechina, alle Liebe weist auf diese hin und kann in ihr ihre Heiligung erfahren. Die Hirten sangen von dem fernen Liebchen. Bald war ein großer dichter Wald, der sich zwischen den Liebenden breitete, bald ein hoher steiler Berg, der sich zwischen ihnen erhob; immer aber endete das Lied damit, daß das Hindernis beseitigt wurde und die Zusammengehörigen zusammenkamen. So brauchte man nicht viel daran zu ändern. War das Exil nicht in Wahrheit ein dunkler Wald, in dem man irrte und irrte und kein Ende wollte sich zeigen, war es nicht ein unermeßlicher Berg, den man mit wunden Füßen erklomm, um immer neue, immer zackigere Felsen vor sich aufsteigen zu sehen? »Würd' ich doch endlich aus der Verbannung genommen, daß wir zwei möchten zusammenkommen!« sang der Kalewer Rabbi. Aber nicht sein Singen allein – jede Bewegung hatte die innige Absicht, daß die Getrennten wiedervereinigt werden. Unter allen Zeiten des Jahres aber war die Passahnacht ihm die teuerste, denn es war offenbar, daß diese vor allen andern die Zeit der befreienden Gnade war. Die Tochter Rabbi Hirschs von Żydatschow, des Schülers des Sehers, die mit einem Sohn des Kalewers vermählt war, erzählte einmal ihrem Vater, der Kalewer habe in der ersten Passahnacht mit dem Beginn des Seder bis elf Uhr gewartet, dann habe er das Fenster geöffnet, »und da«, erzählte sie, »kam ein Wagen vorgefahren, mit silberweißen Pferden bespannt, darin saßen drei alte Männer und vier alte Frauen, fürstlichen Ansehns, in fürstlichen Gewändern, und der Rabbi ging hinaus, und ich sah, wie sie ihn umarmten und küßten, dann gab's einen Peitschenknall und der Wagen sauste davon, und der Rabbi schloß das Fenster und setzte sich an den Sedertisch. Ich habe mich nicht zu fragen getraut.« »Das sind die Erzväter und die Erzmütter gewesen«, erklärte Rabbi Hirsch seiner Tochter. »Der Heilige von Kalew hat sich nicht zum Seder setzen wollen, ehe die Erlösung anbricht, und hat mit seinem Gebet die höchsten Welten bestürmt. Da mußten die Väter und Mütter kommen und ihm kundtun, es sei noch nicht an der Zeit.« Der Seher selber pflegte zu sagen, es gebe in der ganzen Welt kein solches Licht mehr wie beim Seder des Kalewer Rabbis.

In der Passahnacht hielt der Rabbi von Lublin den Seder in großer Weihe mit allen Intentionen, die er bekanntgegeben hatte. Beim Mahl erörterte er sodann dem Brauch gemäß das Essen des Passahopfers und beschloß die Lehre mit dem herkömmlichen Spruch: »Das ist das Gebot des Essens des Passahopfers. Der Erbarmer würdige uns es in der Stadt unsres Heiligtums bald, in unseren Tagen zu essen, und es erfülle sich an uns das Schriftwort, wie es heißt: 'Denn nicht in Hast werdet ihr ausziehn, nicht in einer Flucht werdet ihr gehn. Denn euch voran geht der Herr, und eure Nachhut ist der Gott Israels.' Wie in den Tagen unseres Auszugs vom Land Ägypten wird er uns Wunderbares sehen lassen. Das Wort unseres Gottes wird in Wahrheit bestehn. Seine Rechte ist erhoben, Furchtbares tut sie.« Kaum aber hatte er das letzte Wort gesprochen, schrie er auf, so gewaltsam, daß aller Kehlen, ehe noch einer wußte um was es ging, von dem gleichen Schrei bedrängt wurden. »Verfehlt!« rief er. »Der Seder ist gestört! Der Seder ist verstört! Vom Anbeginn ist der Seder verstört!« Keuchend fiel er in seinen Sitz zurück. Worauf seine Worte sich bezogen, verstand niemand. Nach einer Weile flüsterte er: »Pžysha!« Und dann wieder: »Die Sache ist verloren!« Lange blieb er unbeweglich im Sitz zurückgelehnt. Es war nah an Mitternacht. Er holte der Vorschrift gemäß die zu Beginn der Feier für den Nachtisch zurückgelegte Hälfte eines ungesäuerten Brotes, das »Afikoman«, und sprach, ehe er davon aß und austeilte, mit noch bebender Stimme den Spruch: »Da bin ich bereit und bestellt das Gebot des Afikoman-Essens zu erfüllen, zur Einigung des Heiligen, gesegnet sei Er, und Seiner Schechina, durch Ihn den Verborgenen und Verhohlenen, im Namen ganz Israels.« Nun sprach er, immer wieder zum Innehalten gezwungen, das Tischgebet, lehnte sich auf die linke Seite, wie es geboten ist, um die vom Joch Ägyptens Befreiten zu kennzeichnen, faßte mit einer noch bebenden Hand den Becher, sprach den Segen, trank, sang, gegen seine Gewohnheit nur halblaut, die Lobgesänge, vollendete den Seder. Bei alledem war den Umsitzenden offenbar, daß er, was er sprach und tat, im Gegensatz zu seinem alljährlichen Brauch und besonders zu seiner vorherigen Haltung in dieser Nacht, ohne Intentionen sprach und tat. Als er sich erhob und langsam von dannen ging, sah man, daß seine Schritte mühselig waren, aber er ließ nicht zu, daß man ihn stützte.

Sogleich nach den zwei Festtagen sandte der Seher wieder die Boten aus und nach denselben Orten. Sie sollten forschen, wie überall der Seder verlaufen war.

Die erste Nachricht kam aus Pžysha. Sie kreuzte sich mit dem dorthin gesandten Boten. Und dies ist, was sich in der Sedernacht in Pžysha ereignet hatte:

Als die Mutter des »Juden« sich anschickte, wie alljährlich sich obenan an seine Seite zu setzen, begehrte Schöndel auf. »Das ist mein Platz!«, rief sie, »ich lasse mich nicht länger von meinem Platz verdrängen!« »Was redest du da, Tochter!«, sagte die alte Frau, »willst du mich in dieser Nacht nicht neben meinem Sohn sitzen lassen?« »Ich fordere«, keifte Schöndel, »was mir gebührt!« »Wenn dein Herz meint, daß es dir gebühre«, antwortete die Mutter, »sei es dir aus einem friedwilligen Herzen überlassen!« »Zu spät«, kam es kreischend aus Schöndels Mund, »jetzt müßt Ihr vom Tisch weg, eher setze ich mich nicht dran!« Alle starrten sie an, ohne ein Wort zu sprechen. Sie sprang herzu, riß die Kissen und Dekken rings um die Tafel von den Sitzen, warf sie in die anliegende Kammer, stürzte ihnen nach und riegelte sich ein. Da sah man den »Juden« weinen. Schon zogen die Chassidim die Obergewänder aus, um die Sitze wieder zurechtzumachen, als Mendel von Tomaschow zu der verschlossenen Kammertür eilte. »Rabbanith«, rief er, »seht das Kind an!« Im gleichen Augenblick hörte man den Riegel gehen und Schöndel stürzte hervor. Sie blickte auf den Knaben Nechemja, der totenbleich, am ganzen Leibe zitternd, auf den weinenden Vater sah. Sein neben ihm stehender Bruder Ascher, um zwölf Jahre älter als der Sechsjährige, versuchte vergeblich, ihn zu beruhigen. Nechemja stieß kleine Schreie des Schreckens aus – man mochte an ein Vogeljunges denken, auf dessen Nest ein Räuber niederfährt. Schöndel war auf ihn zugelaufen. Sowie sie ihn aber bei der Hand nahm, riß er sich los, warf ihr einen bösen Angstblick zu und schlug, als sie sich noch einmal ihm zu nähern versuchte, wild um sich. Einen Augenblick stand Schöndel still, dann rannte sie in die Kammer, zerrte die Kissen und Decken hervor und begann sie von neuem auf die Sitze zu stopfen. Die Chassidim halfen ihr. Man setzte sich. Dabei gab es noch einen kurzen Aufenthalt, da Schöndel nun die Mutter bat, den Ehrenplatz einzunehmen, die alte Frau aber auf ihrem einmal ausgesprochenen Zugeständnis beharrte; schließlich ließ sie sich doch überreden. Nun wurde der Seder gehalten. Der »Jude« erfüllte alles, wie ihn die Botschaft aus Lublin geheißen hatte. Nur die Zeit war nicht mehr einzuholen.

Die nach Lublin zurückkehrenden Boten brachten eine sonderbare Nachricht über die andere. Überall waren Störungen vorgefallen. In einem einzigen Haus, an dem weitberühmten Hof des Zaddiks von Tschernobil, war alles geglückt, – bis zum Augenblick, wo man das »Afikoman« essen wollte: es war nicht aufzufinden. Aber das Seltsamste von allem kam, der langen Fahrt wegen zuletzt, aus Kalew.

Der Kalewer Rabbi hatte, so flüchtig er auch hingehört und hingesehn hatte, alles genau so gehalten, wie der Seher es wollte, aber jedes Wort, das zu sprechen ist, hatte er auf Ungarisch gesprochen, wie er es gewohnt war. »Nicht umsonst«, pflegte er zu sagen, »heißt die Gesamtheit dessen, was in dieser Nacht zu sagen ist, Haggada, das ist: Bericht. Einen Bericht muß man so erstatten, daß ihn alle, die ihn hören, verstehen. Ich erstatte meinen Bericht allen, auch dem bedürftigen Gast, der an diesem Abend, um zu essen und zu trinken, über meine Schwelle getreten ist, auch dem Hausgesind, das sich in der Feier mit mir und den Meinen vereinigt. Alle sollen sie ihn verstehen, wie sie ja alle mit uns aus Ägypten gezogen sind.« In Lublin hatte man von dieser Gepflogenheit anscheinend nicht gewußt oder hatte nicht dran gedacht. Erst als die Nachricht ins Haus des Sehers kam, entsann sich ein alter Chassid und raunte einem andern zu: »Wißt Ihr, daß Rabbi Schmelke von Nikolsburg, der Lehrer des Kalewers, am Sederabend in alle Orte hin hörte, wo Schüler von ihm die Haggada sprachen? Im Jahr, nachdem sein Schüler Jizchak Eisik der Rabbi von Kalew geworden war, sagte Rabbi Schmelke beim Seder: 'Wie geht das zu, daß ich den Kalewer Rabbi keine Haggada sagen höre? Sollte er sie etwa gar auf Ungarisch sagen?'«

Der Seher hatte die Nachricht aus Pžysha mit einem sonderbar gespannten Gesichtsausdruck empfangen. »Er sah aus«, erzählte der Überbringer der Nachricht später, »wie ein Löwe, der auf dem Sprung steht seine Beute zu packen.« »Weißt du denn«, wurde ihm vorgehalten, »wie ein Löwe aussieht?« »Jetzt weiß ich's«, erklärte jener, und dabei mußte es sein Bewenden haben. Alle späteren Nachrichten nahm der Rabbi mit großem Gleichmut entgegen.

Am Tag nach der Passahnacht hat Napoleon Bonaparte Paris verlassen, um sich in jenen entscheidenden Feldzug zu begeben, der ihn um seine Herrschaft bringen sollte.

Von dem Neumondfest des Monats Siwan jenes Jahres (das war Ende Mai), wie es in Lublin gefeiert worden ist, hat lange Zeit danach Rabbi Chaim Jechiel von Mogielnica, jener Enkel des Kosnitzer Maggids, der in der Nacht vor dem Brand von Moskau den roten Schein im Schlafraum seines Großvaters gesehen hatte, seinen Chassidim erzählt.

Ich stand damals, erzählte er, neben dem reinen Tisch des Rabbi, um den saßen an dreißig Weißröcke, und der heilige Jude war unter ihnen. Ich habe kein Auge von ihm gewendet. Sein Gesicht war allen unähnlich, die ich kannte, aber auch sich selber, wie ich es bei früheren Gelegenheiten kennen gelernt hatte. Es schien erloschen, und doch, sieh nur hin, da strahlte es herrlich. Plötzlich kam es über mich, daß ich wußte: *Dort* wird *er* der Rädelsführer sein. So stand ich denn und schaute unverwandt auf ihn. Die Speisen, die man mir reichte, rührte ich nicht an – wie hätte ich essen können! Da rief mich der Rabbi zu sich heran. »Chaim'l«, sagte er, »weshalb issest du nicht?« Ich antwortete: »Weil's mich nicht hungert.« Ich log dem Rabbi nicht, es war die Wahrheit, ich war vom Anschaun gesättigt. Er aber fragte weiter: »Warum hungert's dich nicht?« Ich schwieg. Der Rabbi aber sprach weiter: »Chaim'l, wenn du essen könntest – weißt du, was 'essen' heißt? essen um Gottes willen! – dann würde dir dergleichen das Essen nicht verleiden. Ich möchte den 'Juden' nach seiner

Meinung fragen, aber . . .« Hier brach er ab und vollendete seine Rede nicht, und ein leichtes Lächeln erschien auf seinen Lippen. Nach dem Mahl ließ mich der Rabbi in seine Stube holen. »Sag mir noch«, begann er, »wozu kommst du her? Einfach um die Zeit zu vertreiben? Wenn du nicht ein Enkel des Maggids wärst und wenn ich dich nicht lieb hätte, würde ich dich nicht mehr kommen heißen. Ich will, daß auch meine Leute dich lieb haben sollen, und wenn du so weiter machst, werden sie zu mir gegen dich reden.« Ich aber wußte in meinem Herzen, daß auch der Rabbi selber, trotz allem, den heiligen Juden liebte und den Verleumdern nur wider Willen Gehör gab. Darum ging ich schnurstracks zu dem heiligen Juden in seine Herberge. Er sagte zu mir: »Nun, mein Lieber, eine rechte Strafpredigt hast du vom Rabbi zu hören bekommen – erzähl mir davon.« Ich aber wollte ihm nichts erzählen, denn ein ehrlicher Mann muß man sein. Da sagte er mir alles wieder, was der Rabbi zu mir gesprochen hatte. »Sei guten Muts«, fuhr er fort, »essen wirst du schon noch lernen, das wirst du nicht versäumen, aber wenn wir einander ansehn wollen, ist es besser, wir sehn uns heute an. Und noch eins will ich dir sagen. Du sollst nicht meinen, daß die mich verfolgen es aus bösem Herzen tun. Das Menschenherz ist nicht böse, nur sein 'Gebild', wie es in der Schrift heißt, das heißt: was es in seiner Willkür, sich von der Gutheit der Schöpfung losmachend, hervortreibt und hervorbildet, wird böse genannt. So ist es auch mit jenen: der Grundantrieb ihrer Verfolgung ist, dem Himmel zu dienen. Was haben sie vor allem andern im Sinn? Rabbi Josef – da ja längst bekannt ist, daß Rabbi Israel die Nachfolge ablehnen wird – den Thron zu sichern. Und warum haben sie das im Sinn? Weil sie daran glauben, die Nachfolge von Vater zu Sohn sei durchweg vom Himmel gewollt. Freilich, sie gehen irre. Für Rabbi Josef werden sie nichts ausrichten, und ich – ich stehe nicht im Weg.« Ich sah zu ihm auf, ich verstand ihn. Die Augen trübten sich mir vom Blicken in das gelassen strahlende Antlitz, ich brachte kein Wort mehr hervor. Als ich von ihm Abschied nahm, hielt er meine Hand und ging so mit mir zum Tor der Herberge hinaus. Er wies nach oben. ‘Ist es nicht anzusehn, als gäbe es keinen Mond mehr?’ sagte er. ‘So ist es anzusehn, wenn etwas sich anschickt neu zu werden.’«

Dies ist der Schluß der Aufzeichnungen Rabbi Benjamins:
Ich schreibe dies drei Tage vor dem Neuen Jahr. Meine Hand zittert und mein Herz zittert. Ich weiß nicht, wie ich dies wenige aufschreiben kann.
In diesem Sommer hat mir Rabbi Meïr erzählt, der Rabbi von Lublin spreche Mal um Mal davon, er müsse »einen Boten senden«. Ich verstand nicht, was er damit meinte: ist er doch mit Botensenden wohlvertraut, ich selber habe ihm ja Botendienste geleistet, an die zurückzudenken mich schaudert, und niemals hat er davon geredet, ehe er den Auftrag erteilte. Aber ich habe Rabbi Meïr nicht gefragt. Ich frage jene nicht mehr.
Gestern ist nun der heilige Jude (zu dem allein ich mich vor dem himmlischen Gericht als zu meinem Lehrer bekennen werde) hier gewesen, wie jetzt immer vor dem Fest, da er dieses mit seiner Gemeinde verbringt. Er hat, vom Rabbi von Lublin gerufen, lange in dessen Stube verweilt. Bald nachdem er von da zurückkehrte, bin ich zu ihm in seine Herberge gekommen. Ich fand ihn bleich und in sich versunken. Mit einem Schlage ging mir der Sachverhalt auf. »Rabbi«, fragte ich, »was hat Euch der Rabbi von Lublin gesagt?« »Nicht doch, Benjamin«, erwiderte er, »es ist nicht erlaubt so zu fragen«. »Rabbi«, fuhr ich fort, »hat er Euch gesagt, daß er Euch als Boten senden wolle?« Er schwieg. »Rabbi«, fragte ich noch

einmal, »hat er Euch gesagt, er wisse nach all den Fehlschlägen nicht mehr, was zu tun sei?« Der heilige Jude schwieg. »Rabbi«, rief ich, »hat er Euch vorgeschlagen, Ihr solltet sterben und ihm vom Himmel Kunde bringen?« Er fuhr zusammen. »Benjamin«, sprach er, »was brauche ich zu reden, wenn du es weißt!« »Rabbi«, fragte ich, »was habt Ihr ihm zur Antwort gegeben?« »Benjamin«, erwiderte er, »ich weiß schon seit vier Jahren, daß es mir nicht beschieden ist alt zu werden. Aber ich habe gehofft, ich würde noch zwei Jahre Frist haben, bis ich fünfzig bin, denn dann könnte ich etwas vollenden. Das muß nun unvollendet bleiben.« »Erbarmt Euch unser, Rabbi!« rief ich. »Was meinst du denn, das ich tun sollte?« fragte er. Und ich: »Ihm nicht gehorchen!« Da gab er mir einen leichten Schlag auf die Hand. »Weißt du denn wirklich nicht, Benjamin«, sprach er, »was es heißt, ein Chassid sein? Weigert ein Chassid sich, sein Leben herzugeben?« »Aber, Rabbi«, bedrängte ich ihn wieder, »wie könnt Ihr ihm denn Kunde bringen wollen? Seid Ihr doch all seinem Treiben entgegen!« »Wie töricht du bist, Benjamin!« erwiderte er und lächelte, wahrhaftig, er lächelte. »Darf man aus der Welt der Wahrheit Kunde bringen, so wird es doch die Wahrheit sein!«

Das ist das Letzte, was ich in dieses Buch eintrage. Genug geschrieben und zuviel! Steh mir bei, mein Gott! Steh ihm bei, ihm, Jaakob Jizchak, Sohn der Dajka, deinem Knecht! Steh deiner Welt bei! Entreiße sie den Händen Gogs und Magogs!

Am Tag nach dem Neuen Jahr legte sich Perez, Jekutiels jüngerer Bruder, der Schüler des »Juden«, von einem anscheinend leichten Fieberschauer befangen, zu Bett, nachdem er die letzten Verfügungen getroffen hatte. Der »Jude« kam zu ihm, setzte sich zu ihm und strich ihm über die Stirn. »Perez«, sagte er, »deine Zeit ist noch nicht gekommen.« Perez sagte: »Rabbi, ich weiß es wohl, aber ich bitte, daß mir gestattet sei, etwas auszusprechen.« »Sprich«, sagte der »Jude«. »Ich habe gesehen«, sprach Perez, »daß Ihr bald von der Erde scheiden müßt, und ich will nicht ohne Euch hier bleiben.« Er starb Tags darauf.

In den Tagen zwischen Versöhnungstag und Hüttenfest hatte der »Jude« eine Reihe von Unterredungen mit seinen Vertrauten, aber auch jeder andre Chassid, der eine Frage oder ein Anliegen vorzubringen wünschte, fand bei ihm wie stets Gehör, und keiner von ihnen gewann den Eindruck, als seien seinem Meister die Stunden knapp zugemessen.

Nachdem er am Festabend an der Schwelle der laubgedeckten Hütte mit den vorgeschriebenen Worten die Väter zu Gast geladen hatte, ging er in die Hütte und sprach das Gebet. Als er zu den Worten kam »und mögest mir die Gunst verleihen, zur Zeit meines Abscheidens von der Welt im Schatten deiner Flügel geborgen zu sitzen«, sah man ihn sich dreimal verneigen. Dann begab er sich mit den Seinen und sieben Armen, die wie bekannt die sieben geladenen Väter darstellen, zum Mahl.

Als er am Festmorgen danach im Gebet Gott als den anrief, der »treu ist die Toten wiederzubeleben«, sah Bunam, der neben ihm stand, trotz seines arg geschwächten Blicks die Ader unterm Ohr des »Juden«, die beim Beten oft leise bebte, heftig schlagen.

Am Nachmittag kam Bunam zu ihm in die Hütte. Lange saßen sie schweigend beisammen. Zuweilen sah einer den andern an, zuweilen faßte einer die Hand des andern. Sie wußten gemeinsam, was zu wissen war. Mehr noch, der Zurückbleibende geleitete den Freund bis an den schmalen Grat, den nicht zwei mitsammen beschreiten können. Von hier aus, getrennt und doch beieinander, betrachteten sie gemeinsam ihre Welt. Endlich brach der »Jude« das Schweigen. »Apotheker«, sagte er, »ich habe einen schweren Fall für dich. Du bist es.« Bunam senkte den Kopf. »Du wirst dich«, fuhr der »Jude« fort, »gegen ein Amt wehren, das dir zugedacht ist. Aber ich sage dir, was du mir einst gesagt hast: du wirst gezwungen werden. Wir brauchen jetzt nicht weiter davon zu reden.«

Später ließ der »Jude« Mendel von Tomaschow rufen. »Mendel«, sagte er, »nimm dich Rabbi Bunams an, wenn ich nicht hier bin. Frage nicht«, fügte er hinzu, als er sah, daß Mendel etwas hervorbringen wollte, »ich könnte dir nicht antworten. Höre mich nur an. Rabbi Bunam braucht dich und du brauchst ihn. Lerne von ihm, was du von keinem wie von ihm lernen kannst. Mit Recht sagt der Rabbi von ihm, er sei ein Weiser. Aber seine ganze Weisheit ist Liebe zur Welt. Und du, Mendel – du wirst an der Welt leiden, wie ich an ihr gelitten habe, nur dunkler. Dagegen ist nichts zu sagen und nichts zu unternehmen. Aber versuche ihr nicht zu zürnen. Sie, und wir alle in ihr, sie besteht durch Gnade.«

Am zweiten Festtag versammelte der »Jude« alle Schüler und sprach zu ihnen über den Seher. »Dem Rabbi«, sagte er, »ist vom Himmel große Macht verliehen worden, und er hat ohne Unterlaß all die Macht auf das Heil der Welt gerichtet. Auch wer ihm entgegen ist muß ihn verehren. Wir alle sind seine Schüler. Pžysha strebt anderswohin als Lublin, aber ohne Lublin könnte Pžysha nicht sein. Ich selber bin, soweit ich etwas bin, es durch ihn geworden. Wer gegen ihn redet, redet gegen mich.«

Am Abend waren in der Hütte seine Kinder um ihn versammelt: Jerachmiel mit seiner Frau, Vögeles zwei Töchter mit ihren Männern, Ascher mit seiner Frau und der kleine Nechemja. Schöndel saß mit dabei, der Schwiegermutter zur Seite. Sie war seit dem Seder seltsam still geworden. Der »Jude« sprach zu seinen Kindern von den Angelegenheiten ihres Lebens, gab Rat und Halt. In einer besonderen Weise wandte er sich an Jerachmiel. »Dein Handwerk ist gut«, sagte er zu ihm, »und du meisterst es, aber zuletzt wirst du dich der Lehre und den Chassidim nicht entziehen können. Und bleib meinem Freunde, dem Rabbi Bunam, treu! Weißt du noch, wie du als zehnjähriger Knabe einmal hier warst und dich darüber entrüstetest, daß er mir so müßige weltliche Geschichten aus Danzig erzählte, und als er gegangen war, sagte ich dir, was er mir erzählt habe reiche von unter dem großen Abgrund bis an den Thron der göttlichen Majestät? Vergiß es nicht!« Zuletzt wandte sich der »Jude« an seine Frau. »Und du, Schöndel Freude«, sagte er, »ich habe es dir allein vorm Anbruch des Versöhnungstags gesagt und sage es dir nun noch einmal vor deinen Kindern und Vögeles Kindern, vergib mir!« Schöndel wollte auffahren, aber die Tränen entstürzten ihr und machten sie wieder still. Schließlich schluckte sie heftig. »Ich bin dir eine schlechte Frau gewesen, Itzikel«, stammelte sie. »Eine gute Frau bist du gewesen, Schöndel Freude«, sagte er. »Du hast für Vögele geeifert. Es ist recht und schön, für Vögele zu eifern.«
Am Morgen danach bemächtigte sich des »Juden« eine große Gebetsverzückung, derengleichen von seiner frühen Jugend an über ihn gekommen waren und

ihn zuweilen an den Rand des Lebens gebracht hatten. Seine Hausgenossen wußten darum, und so war jetzt immer jemand in seiner Nähe, um ihn, wenn er nach dem Gebet in die Erschöpfung verfiel, zu laben.

An diesem Morgen als an dem des ersten Bittgebetstags wiederholte er Mal um Mal flüsternd die Worte, in denen Gott der Befreier um Befreiung angefleht wird. Auch als Bunam ihn später besuchen kam, konnte er nur flüstern. »Bunam«, sagte er, »du hast mich einmal gefragt, was es um die drei Stunden sei, von denen es im Bittgebet heißt: 'Tosende Schreie! / Die Stunden, die dreie! / Eile, befreie!' Ich habe dir geantwortet, es seien die drei Stunden des stummen Grauens nach dem Getöse der Kriege Gogs und Magogs und vor dem Kommen des Messias, die sehr viel schwerer zu bestehen sein werden als alles Getöse, und erst wer sie besteht wird den Messias schauen. Aber alle Kämpfe Gogs und Magogs stammen aus den bösen Kräften, die in den Kämpfen gegen die Gog und Magog, die in den Menschenherzen leben, nicht überwältigt worden sind. Und die drei Stunden spiegeln wider, was jeder von uns nach allen Kämpfen in der Einsamkeit seiner Seele zu bestehen hat.«

Am Abend waren Atem und Blick ganz ruhig geworden. Er wiederholte sehr langsam Mal um Mal den Spruch Obadias: »Aufsteigen werden Befreier zum Berg Zion, zu richten über den Berg Esaus, und des Herrn wird das Königtum sein.« Schöndel, die bei ihm war, ging für eine Weile hinaus, als sie ihren Knaben weinen hörte. Auf dem Rückweg hörte sie in der Hütte etwas fallen. Herzulaufend sah sie ihren Mann am Boden liegen. Er sprach Mal um Mal:

»Keiner mehr außer ihm!« Dabei hob er die Arme und breitete sie nach beiden Seiten, wie wenn einer etwas nach beiden Seiten von sich tut.
Die so angehobene neue Verzückung währte sechsunddreißig Stunden. Am Frühmorgen des dritten Bittgebetstags hörte Jerachmiel, der bei ihm wachte, ihn flüsternd die Worte des Bittgebets sprechen: »Sie gleicht der Palme. Sie die erschlagen wird deinethalb. Und wie Schafe an der Schlachtbank erachtet. Ausgestreut zwischen sie die sie kränken. An dir hangend und haftend. Mit deinem Joch beladen. Die Einzige, dich zu einen. In das Exil gebunden. An der Wange gerauft. Den Schlagenden hingegeben. Dein Leid erleidend.« Es war nichts mehr zu hören, aber die Lippen bewegten sich weiter, immer langsamer, dann hielten sie inne. Plötzlich hob Jaakob Jizchak die Hände, leicht, als wolle er einem ihm Nahen etwas reichen, und die Lippen bewegten sich wieder. Jerachmiel hielt das Ohr an den Mund des Vaters. Er hörte: »Die Einzige, dich zu einen.« Zugleich schlossen sich die beiden erhobenen Hände zusammen.

Ein Gespräch

Es heißt, daß an eben jenem Morgen Rabbi Kalman von Krakau und Rabbi Schmuel von Korow, auch er ein Schüler des Sehers, aber dem »Juden« zugetan, auf der Landstraße, in entgegengesetzten Richtungen fahrend, einander begegneten. Kalman sagte: »Ich bin um das Leben des 'Juden' besorgt. Es gibt eine geheime Einung, die an diesem Tag zu vollziehen ist. Aber nur im Lande Israel kann man sie vollziehen ohne zu sterben. Mir ist, als wolle der 'Jude' sich ihrer unterfangen.« »Wohl«, sagte Schmuel, »es mag sein, daß dies der Tag ist, von dessen Nähe er schon seit etlicher Zeit gewußt hat. Und gewiß, er hat etwas zu vollbringen versucht, was man außer dem Lande Israel nicht vollbringen kann ohne daran zu sterben. Aber wann wird man es im Lande Israel vollbringen?« Sie setzten das Gespräch nicht fort und fuhren in entgegengesetzten Richtungen weiter.

Rabbi Chaim Jechiel von Mogielnica, der Enkel des Kosnitzer Maggids, erzählte:
Ich hielt mich in Lublin auf, als mich die Nachricht vom Abscheiden des heiligen Juden erreichte. Das Weinen überkam mich, ich weinte und weinte ohne Unterlaß, und da ich nicht wollte, daß man davon dem Rabbi erzähle und er mich befrage, lief ich in den Wald und weinte mich aus. Dennoch wurde es dem Rabbi hinterbracht, und er ließ mich holen. Als ich zu ihm kam, umarmte er mich und sagte: »Mein Chaim'l, tu's mir zuliebe und wein nicht mehr! Nach allem was sich begeben hat fehlt mir der Jude mehr als dir. Als ich erfuhr, daß er nicht mehr da ist, habe ich mich in der Asche gewälzt. Ich habe keinen Chassid wie er gehabt und werde keinen haben.«

Im Winter danach erkrankte David von Lelow. Ein Arzt von seinen Bekannten besuchte ihn, und als er ihn betrachtet hatte, sagte er ihm nichts als eine freundliche Redensart, dann wandte er sich zu den abseits stehenden Hausgenossen und sprach leise zu ihnen. Rabbi David rief ihn zurück: »Meinst du, ich wisse nicht, was du zu ihnen sprichst? Du sagst, es stehe nicht gut um David. Was redest du da! Ich gehe doch heim – wie könnte es um mich noch besser stehen!«

Die Chassidim, die sich später um sein Bett versammelten, sahen, daß er lachte. »Warum lacht Ihr, Rabbi?« fragten sie. »Ich lache«, antwortete er, »weil die Leute, die sich so viel mit uns zweien, mir und meinem Gevatter, dem »Juden«, befaßt haben, nun auch mich los sein werden.« Bald danach lachte er wieder. Nach dem Grund befragt sagte er: »Ich lache, weil der Traktat 'David Sohn Salomos' nun nicht mehr gelesen wird, bis Messias kommt. Außer dem 'Juden' hat ihn niemand aufgeschlagen, auch der Rabbi nicht.« Und noch einmal lachte er. »Ihr wollt wissen«, sagte er, »warum ich lache? Ich lache Gott an, weil ich seine Welt angenommen habe, wie sie steht und geht.« Damit kehrte er sich zur Wand und entschlief.

Einige Zeit vorher hatte er angeordnet, daß man nach seinem Tode seinen silbernen Weihebecher dem Rabbi von Lublin bringen solle. Sein Sohn Mosche, eben der, der mit der Tochter des »Juden« vermählt war, führte den Auftrag aus. Am nächsten Freitagabend, genau eine Woche nach dem Tod des Lelowers, hieß der Seher den Becher auf den Sabbattisch tun, damit er den Weihesegen über ihn spreche. Als er ihn aber ergriff, zitterte ihm die Hand so, daß er ihn wieder hinstellen mußte. Das wiederholte sich noch einmal. Erst beim dritten Mal vermochte er den Becher zu halten und aus ihm zu trinken. »Wehe«, rief er danach, »um sie, die verloren sind und nicht vergessen werden!« Dann wandte er sich an Simon Deutsch, der neben ihm saß. »Rabbi Simon«, sagte er, »Ihr seid ein Lügner.« Simon Deutsch stand auf und verschwand.

Nachspiel

Zwischen Lublin und Kosnitz

Die Kunden von den Niederlagen Napoleons dämpften, wie nicht anders sein konnte, die messianische Bewegung unter den Chassidim. Selbstverständlich war es nicht die Tatsache, daß er besiegt wurde, was sich so schwer auf die Herzen legte, sondern daß danach das Leben der Erde in die gewohnten Geleise zurückglitt. Nichts deutete auf außerordentliche Folgen der Ereignisse hin. Man hatte den Mann in übermenschlicher oder unmenschlicher Größe gesehen, als der Gog des Landes Magog war er über die hingestürzten wundgeschlagenen Völker hinweggestampft, so Maßloses konnte nur das Vorspiel zur Entscheidung der Entscheidungen sein; nun aber war nichts zu merken als ein Aufatmen allerorten: allerorten war man selig, daß man aus den Schrecken der Geschichte heimkehrte in den geläufigen Gang der Dinge, wo die Tode sich auf derselben menschlichen, ganz menschlichen Ebene abspielen, wie die Geburten. Die Chassidim sahen es, spürten es, und waren wie betäubt. Wie war es möglich, daß trotz allem nichts das Kommen des Messias anzeigte? Waren alle jene Wagnisse, von denen man raunen gehört hatte, fehlgeschlagen? Der Alltag machte sich wieder breit – wo blieb Gott?

Nur in Pžysha, Lelow und was ihnen dem Herzen nach nahe war, verstand man, daß all das so war wie es sein mußte. Von Rabbi Bunam, der, dem Erblinden nah, nach mehrmonatigem Widerstand das Regiment übernommen hatte, war das Wort ausgegeben worden: »Zum Messias geht man nicht, man kommt zu ihm.« Damit war's gut. Alle wußten, daß hier das echte Erbe des »Juden« verwaltet wurde.

Hingegen herrschte in Rymanow eine düstere Stimmung. Wußten doch alle, daß Rabbi Menachem Mendel von Napoleons Sieg über die ganze Welt die Wende der Dinge erwartet hatte. Einer der Rymanower Chassidim hatte einmal erzählen gehört, der Kaiser sehe in allen Schlachten ein rotes Männchen vor sich hergehen, und seither stand es fest, dies könne kein anderer als der rothaarige Rabbi Mendel sein. Nun aber höhnten die Gegner des chassidischen Wegs, die schon früher Rymanow »Napoleons zweites Hauptquartier« genannt hatten, und fragten, ob denn der Rabbi noch immer mit in die Schlacht ziehe: mit seiner siegbringenden Kraft scheine es vorbei zu sein. Rabbi Mendel schwieg zu den Spottreden, die ihm überbracht wurden; aber zu seinen Vertrautesten sagte er zuweilen: »Betet für mich, daß ich das kommende Jahr überlebe, und ihr dürft gewiß sein, daß ihr das Widderhorn des Messias zu hören bekommt.«

Am merkwürdigsten war die Lage in Lublin. Alle Nachrichten von den Niederlagen hatte der Seher mit anscheinend unbeeinträchtigtem Gleichmut hingenommen. Erst als ihm die Abdankung Bonapartes gemeldet wurde, war er sichtlich überrascht. Zwei Wochen lang ging er mit einem kaum verhaltenen Ingrimm einher – »wie ein Löwe im Käfig«, bemerkt jener Schüler, der einst nach Passah den Bericht aus Kalew gebracht hatte – und behandelte jeden, der ihm in den Weg kam, so unwirsch, als sei der und kein anderer an allem schuld. Da aber hörte man,

Napoleon sei nach der Insel Elba verbannt. Mit einem Schlag lebte der Seher auf. »Der Sidonier hat eine Insel unter die Füße bekommen«, sagte er zu Meïr, »nun ist der Weg wieder offen.« Bald danach, eine Woche etwa nach dem Offenbarungsfest, reiste er nach Kosnitz.

Von dem, was die zwei Alten, der großmächtige und ungebeugte und der kleine und überzarte, damals miteinander geredet haben, ist nur weniges, und zwar durch die Erzählung Rabbi Chaim Jechiels, des Enkels des Maggids, auf uns gekommen.

Der Seher sagte bald nach der Begrüßung – sie hatten sich auf eine Bank vor dem Hause gesetzt –, es sei seine Absicht, gerade jetzt den entscheidenden Vorstoß zu wagen.

»Der Abschnitt ist zu Ende«, antwortete der Maggid.

»Das Eigentliche wird erst kommen«, sagte der Seher.

»Wenn noch etwas kommt, kann es nur eine Nachbemerkung sein, die den Sinn verdeutlicht.«

»Der wahre Sinn, der uns und die Welt angeht, ist noch nicht in die Erscheinung getreten.«

»Woran Ihr denkt, Rabbi Jizchak, ist nicht der Sinn dieses Abschnitts.«

»Muß so Ungeheures nicht auf das Kommen der Erlösung abzielen?«

»Alles zielt auf das Kommen der Erlösung ab, aber anders, als wir zu meinen neigen.«

»Könnt Ihr bestreiten, daß was vor unseren Augen geschah, die Wehen des Messias einleitet?«

Ehe der Maggid antworten konnte, stand ein junger Mensch vor ihnen, der eben herangekommen die letzten Worte gehört hatte. Der Lubliner erkannte ihn sogleich, obwohl das Gesicht, seit er es zuletzt gesehen hatte, seltsam gealtert war; es war Mendel von Tomaschow, der seit dem Offenbarungsfest hier weilte. Er begann sogleich zu reden, noch dreister und heftiger als je zuvor. »Was wissen wir von den Wehen des Messias!« rief er, »was wissen wir, wann er kommt! Vielleicht wird's sein, wenn niemand mehr ihn ruft und niemand mehr ihn erwartet, an einem Tag wie alle Tage, überall rennen die Juden in die Sorgen ihres Erwerbs versponnen wirrköpfig hin und her, keiner denkt an was andres als an die nächste Stunde, und da, da ...!« Die Stimme brach ihm.

»Mendel«, sagte der Maggid gelassen, »es geht nicht an, solcherweise ein Gespräch zu stören, dessen tiefste Wurzeln du nicht kennen kannst.«

»Vergebt, Rabbi«, erwiderte Mendel und entfernte sich.

»Ihr fragt mich«, sagte der Maggid zum Seher gewandt, »ob ich etwas bestreiten könne. Ich kann nichts bestreiten und Ihr dürft nichts behaupten. Hier gibt es nichts zu behaupten und nichts zu bestreiten.«

»Entsinnt Ihr Euch, Rabbi Israel, wie Ihr vor zwanzig Jahren zu uns sagtet, der Leviathan werde die Fische des Meeres verschlingen?«

»Und Ihr fragtet, ob es Gog sei.«

»Und Ihr antwortetet, sein Name werde erst geschrieben, wenn die Welt in den Wehen liegt.«

»Und Ihr fragtet wieder, ob es nicht die Wehen seien, was eben beginnt.«

»Und Ihr antwortetet, es hange daran, ob dem Kind die Stätte bereitet ist.«

»Wohl«, sagte der Maggid gelassen, »und ist sie bereitet? Ist sie da bereitet, wo sie zu bereiten ist? In der Gasse? im Haus? im Herzen?«
»Was meint Ihr damit?« fragte der Seher.
»Entsinnt Ihr Euch, Rabbi Jizchak«, erwiderte der Maggid, »wie ich Euch, als Ihr damals Abschied nahmt, das Blatt mit Rabbi Elimelechs Gebet übergab? Entsinnt Ihr Euch, wie ich fünf Jahre später an einem Abend nach Lublin kam und eine Nacht lang mit Euch von Eurem Schüler redete, der nun tot ist? Wißt Ihr noch, was ich, wieder nach Jahren, Eurem Weibe Bejle sagte, als sie zu mir kam, daß ich ihr ein Kind erbete? Es ist immer das gleiche gewesen.«
Der Seher trug sein großes Haupt mit Mühe aufrecht. Er schwieg.
Der Maggid schien eine Weile auf etwas zu warten. Dann streckte er die Hand aus und rührte mit dem Zeigefinger an die Brust des neben ihm, aber zu ihm gewandt Sitzenden. »Hier ist es«, sagte er gelassen. »Entsinnt Ihr Euch, wie vor zwanzig Jahren – Rabbi Naftali hat es mir viel später erzählt – Euer Schüler, der nun tot ist, Euch an Eurem Tische fragte, was es mit diesem Gog sei, es könne ihn doch da draußen nur geben, weil es ihn da drinnen gibt? Da drinnen ist er.« Sein Zeigefinger rührte noch immer an die Brust des Sehers.
Dem sank der Kopf nun fast bis auf die Kniee. Er mußte ihn mit beiden Händen stützen.
Plötzlich zuckte ihm etwas durch den ganzen Leib. Er sah auf. Der Maggid hielt jetzt den Finger ans eigne Herz. »Und da drinnen«, sagte der Maggid.
Lange schwiegen sie beide.

»Ich bin schuldig«, sagte endlich der Seher. »Habe ich's nicht Mal um Mal gesagt: Weh dem Geschlecht, dessen Führer ich bin! Betet für mich, Rabbi Israel!«

»Ich werde für uns beten«, antwortete der Maggid. »Glaubt jedoch nicht etwa, daß ich nicht wüßte, um wie Hohes es Euch im Kampf gegen Euren Schüler ging, der Euren Unternehmungen entgegen war. Aber Ihr habt das himmlische Feuer mit irdischen Stoffen gespeist.«

An diesem Tag wurde nicht mehr gesprochen.

Am nächsten Morgen, an dem der Rabbi von Lublin wieder ganz ruhig und überlegen auftrat, war es der Maggid, der zu reden begann.

»Ich kann Euch in Eurem Vorhaben nicht beistehn, Rabbi Jizchak«, sagte er.

»Ich begehre nicht mehr«, antwortete der Seher, »als daß am Tag der Thorafreude auch in Kosnitz wie in Lublin eine vollkommene Freude herrsche.«

»Wohl«, sagte der Maggid nachdenklich, »soweit es an mir liegt, soll die Festfreude vollkommen sein.«

Als der Seher nach Lublin zurückkehrte, fand er statt einer Antwort auf den Brief, den er nach dem Empfang der Nachricht über Napoleons Verbannung durch einen besonderen Boten nach Rymanow gesandt hatte, Rabbi Menachem Mendel selber vor. Der sonst in allen Bewegungen so abgemessene Mann kam mit einer unbändigen Heftigkeit auf ihn zu. »Er muß frei werden«, sagte er.

DER MAGGID ENTZIEHT SICH

Wie in jedem Jahr kam die Judenschaft von Kosnitz, Männer und Frauen und bis zu den kleinen Kindern, am Vorabend des Versöhnungstags vor das Haus des Maggids. Der Maggid trat an die Schwelle. Als sie seiner ansichtig wurden, brachen alle in Weinen aus. Sie weinten alle laut, daß doch ihre Sünden als gesühnt angesehen werden möchten und im Himmel der Urteilsspruch über sie gesiegelt werde zu einem guten Leben. Und auch er weinte ihnen gegenüber. »Ich bin ein größerer Übeltäter als ihr«, sagte er und legte sich in den Staub. Dann gingen sie mitsammen, alle in weißen Gewändern, die Männer in ihren Sterbekitteln, ins Bethaus, und wer an dem Tag versäumt hatte, einen, den er im vergangenen Jahr, sei es auch nur durch ein lockeres Wörtlein, gekränkt hatte, um Vergebung anzugehn, lief jetzt, während sie unterwegs waren, zu ihm hinüber. Von Zeit zu Zeit aber sahen alle, bis zu den kleinen Kindern, zum Maggid hin. Denn als er an der Schwelle stand, war es offenbar, daß er sich nur mit großer Mühe aufrecht hielt, jetzt aber ging er festen Schrittes wie ein Junger und Kerngesunder unter ihnen.
Als man die Schriftrolle aus dem Schrein genommen und die Schrift für jedes Vergehen gegen ihre Ehre um Vergebung gebeten hatte und dann der Psalmspruch »Licht ist ausgesät dem Gerechten und dem Herzensgeraden Freude« Mal um Mal wiederholt worden war, sah man den Maggid den Kopf heben,

und noch einmal rief er laut: »Freude!« Und als in jenem Abschnitt aus einem der Bücher der geheimen Lehre, der nun verlesen wird, die Worte gesagt wurden, in denen die Schechina im Exil erst mit einem Weibe in den Tagen der Unreinheit verglichen wird, dem der Gatte nicht nahen darf, und dann mit einem Aussätzigen, der außerhalb des Lagers weilen muß, ließ sich der Maggid beidemal auf die Kniee nieder und verneigte sich zur Erde. Nie zuvor hatte er dergleichen getan.

Wie er nun aber danach, vor dem Betpult stehend, die Formel »Alle Gelübde« vortrug, und schon hatte er die Worte gesagt »Vergib doch der Verfehlung dieses Volkes der Größe deiner Gnade gemäß, und wie du es diesem Volk getragen hast von Ägypten an bis hierher«, und dort heißt es, hielt er inne und sagte nicht, was nun folgt: »Und der Herr sprach: 'Ich habe vergeben, deiner Rede gemäß'«, sondern wiederholte alles und hielt wieder inne und sagte nicht, was nun folgt. Und plötzlich redete er von seinem Herzen aus zu Gott. »Herr der Welt«, sagte er nun, »deine Mächtigkeit kennt keiner als du allein, und auch meine Schwäche kennt keiner als du allein, und doch ist es das erste Mal, daß ich diesen Tag nicht, wie jeden im vergangenen Monat, vor dem Pulte stehend verbracht habe. Und du weißt es, nicht meinethalb habe ich getan was ich tat, sondern um deines Volkes Israel willen. So frage ich dich, was ist das, daß es mir Allerschwächstem leicht geworden ist, das Joch deiner Söhne, der Söhne Israel, auf mich zu nehmen, und du, der Allmächtige, dir sollte es schwer sein, die Worte 'Ich habe vergeben deiner Rede gemäß' zu sprechen?« Dann rief er die Verdienste der

Zaddikim des Geschlechts an, Rabbi Menachem Mendels Gerechtigkeit und die Hingabe des Rabbi von Lublin. »Fehlt's aber an Büßern auf der Welt«, fügte er hinzu, »da bin ich, bereit bei all meiner leiblichen Schwäche für die ganze Gemeinschaft Israels Buße zu tun. Und nun bitte ich dich . . .« Zum drittenmal wiederholte er: »Vergib doch . . .« bis an die Worte »Und der Herr sprach«. Wieder hielt er inne, schwieg, wartete. Jetzt aber wandte er sich zum Volke und rief mit starker Stimme: »Und der Herr sprach: 'Ich habe vergeben, deiner Rede gemäß'.«
Am fünften Tag danach, dem Vortag des Hüttenfestes, für dessen Ende, als für das Fest der Freude an der Lehre, der Seher von ihm die vollkommne Freude erbeten hatte, rief der Maggid am Morgen nach dem Aufwachen die Seinen herbei und sprach mit ihnen. »Und nun darf ich einschlafen«, sagte er und entschlief.

Hatte der Rabbi bei seinen beiden vorigen Unternehmungen allen Helfern – das eine Mal den herangezogenen Lubliner Chassidim, das andere all den Gefährten im Land – die genauste Übereinstimmung mit ihm, innen und außen, in der Stunde der Handlung anbefohlen, so verlangte er diesmal von den wenigen, an die er sich wandte, nichts weiter als »die vollkommene Freude«. »Wollt Ihr durch die Freude wirken, Rabbi?« fragte Meïr. »Nichts wirkt so wie sie«, antwortete er, »auf die Vermählungen der oberen Welten, an denen doch alles hangt. Die Schwermut trennt, die Freude verbindet.« Der Tag der Freude an der Thora sei von ihm, so erklärte er, gewählt worden, weil nun, nach den Tagen des Gerichts, ganz Israel von der Sündenlast befreit sei und nun erst wieder sich wahrhaft freuen könne.

Der Weg dahin schien freilich über die Schwermut zu führen. In jener Zeit der Vorbereitung sagte er zu Meïr und zu anderen, es graue ihm vor jenen beiden, von denen Mose spricht: »Denn es graute mir vor dem Zorn und dem Grimm.« »Sie glotzen mich mit ihren grauenhaften Augen an«, sagte der Seher. Zu vermerken ist hier, daß er sich sonst keineswegs mit Mose, sondern gerade mit Moses Widersacher, Korah, dem großen Aufrührer, zusammenstellte, ihm, den der Erdboden verschlungen hat. »Mein Großvater Korah«, pflegte er zu sagen, womit zum Ausdruck gebracht war, daß die Seele Korahs in ihm wieder aufgelebt sei; und noch vor kurzem, zwei Wochen nach dem Besuch in Kosnitz, hatte er an dem Sabbat, an dem der Abschnitt von Korah verlesen wird, in seiner Tischrede wie alljährlich Korah gerechtfertigt und dargelegt, daß seine Absicht eine gute gewesen sei, nur daß er gegen Mose und Ahron, die gesündigt hatten, hochmütig auf seine Sündenfreiheit pochte.

Am achten Tage des Hüttenfestes lud der Rabbi nach dem Mittagsmahl eine Anzahl seiner Vertrauten in seine Stube. Man trank Met und stellte die leeren Flaschen ins Fenster. »Wenn wir eine gute 'Freude an der Thora' haben«, sagte der Rabbi, »werden wir auch einen guten 'Neunten Ab' haben.« Alle verstanden: wenn an diesem Herbsttag das Werk glückte, würde auch im Sommer danach der neunte Ab, der Tag der großen Trauer um die Zerstörung des Heiligtums und der heiligen Stadt, unter der Herrschaft des Messias in einen Freudentag gewandelt sein. Nie zuvor hatte der Seher das erhoffte Ziel in so greifbare Nähe gerückt.

Der Abend kam. Im Bethaus wurden, wie alljährlich, alle Schriftrollen aus der Lade genommen und die Großen der Gemeinde zogen, der Rabbi voran, jeder eine Rolle in den Händen, jubelnd und tanzend siebenmal um die Bühne. Man sang: »Engel versammelten sich zueinander, einer dem andern gegenüber, und einer sprach zum andern: 'Wer ist das und was ist der, der an die Vorderseite des Thrones greift? Gebreitet hat er seine Wolke um ihn! Wer ist zur Höhe gestiegen? Wer ist zur Höhe gestiegen? Wer ist zur Höhe gestiegen und brachte starken Hort herab? Mose ist zur Höhe gestiegen, Mose ist zur

Höhe gestiegen, Mose ist zur Höhe gestiegen, und er brachte starken Hort herab'.«

Vom Tode des Maggids war dem Rabbi noch nichts bekannt. Die Nachricht war nach Lublin gelangt, aber man hatte sie ihm vorenthalten.

Nach den Umzügen, Gesängen und Gebeten blieben die Chassidim in großer Freude bei festlichem Gelage beisammen. Der Rabbi saß eine Weile unter ihnen. Dann hieß er seine Vertrauten in seiner Stube, in die er sich begeben wolle, und vor ihr verweilen und ihn sorgsam bewachen. Aber, seltsam, es war, als verstünden sie ihn nicht. Sie nickten und rührten sich nicht vom Fleck. Er wiederholte einmal, zweimal das Geheiß. Sie nickten wieder, einer rief: »Ja, ja, Rabbi«, alle tranken und lärmten. Er sah sie bestürzt an, sie merkten nichts. Er ging ins Wohnhaus und trug Bejle auf, ihn zu bewachen. Bejle begleitete ihn in seine Stube.

Nach einer Stunde vernahm Bejle ein Klopfen an der Haustür, mit leichtem Knöchel, aber beharrlich. Das Weinen eines Kindes kam zu ihr von der Schwelle her. Sie erkannte die Stimme und rannte hinaus. Draußen war niemand. Als sie zurückkehrte, fand sie den Rabbi nicht in der Stube. Sie suchte ihn im ganzen Hause vergebens. Jetzt störte sie die Chassidim vom Gelage auf. Sie eilten in die Stube des Rabbi. Niemand war darin, aber alles war an seinem Platz. Auf dem überschulterhohen Fenstersims standen, so wird erzählt, noch die leeren Metflaschen aneinandergereiht, und das dreiteilige Fenster war geschlossen, bis auf den offnen Auslug in der Mitte, an den der Rabbi zu treten pflegte, wenn er in die andern Blicken unerreichbare Ferne schaute, wie etwa da-

mals, als er Bejle im bunten Kleid in Lemberg umhergehen sah.
Nach langem Suchen hörte ein Chassid, der das Haus in einer Entfernung von mehr als fünfzig Ellen umging, ein leises Stöhnen vom Boden. »Wer ist hier?« fragte er. Er hörte vom Boden her: »Jaakob Jizchak Sohn der Matel.« Er schrie vor Schreck, rannte verstört hin und her und schrie. Man versammelte sich um den Liegenden. Die Vertrauten des Rabbi warfen das Los, wer ihn an den Füßen, wer am Rumpf, wer am Kopf tragen dürfe. Das Los, den Kopf tragen zu dürfen, fiel auf Schmuel von Korow, der dem »Juden« angehangen hatte. Beim Tragen merkte er, daß der Rabbi die Lippen bewegte. Er neigte das Ohr und hörte den Psalmvers aus der Mitternachtsklage: »Abgrund ruft dem Abgrund zu.« Es war die genaue Zeit, zu der der Rabbi allnächtlich die Klage zu sprechen pflegte.
Man sandte um den Doktor Bernard, einen berühmten Arzt, der, durch David von Lelow bekehrt, ein glühender Chassid geworden war; er hatte das Arzten aufgeben und am Hof des Sehers bleiben wollen, der aber hatte ihn davon abgebracht: es liege ihm ob, das Gleiche wie bisher, aber auf die rechte Weise zu treiben.
Bernard fragte den Rabbi, was ihn schmerze. »Die linke Hüfte«, antwortete er mühsam, »die ganze 'Andere Seite'* hat sich auf mich geworfen. Alle Glieder wären mir zerschlagen, hätte der Maggid mir nicht einen Rockschoß untergebreitet. Warum hat man mir nicht gesagt, daß der Maggid tot ist? ich habe es erst erfahren, als ich ihn sah. Hätte ich es vorher

* Dem so genannten satanischen Element entspricht die linke Seite.

gewußt, ich hätte mich auf so etwas nicht eingelassen.«
Nach einer Weile sagte er: »Der 'Jude' hätte mich bewacht. Er hätte mich nicht fallen lassen.«
Und wieder nach einer Weile, mühsam, aber sehr klar: »Als wir einmal, ich und der Maggid und die andern, in Rabbi Elimelechs Haus versammelt waren, kam er aus dem Bethaus, ging auf uns zu und sah uns, einem nach dem andern, ins Gesicht. Dann holte er mich heraus und ging mit mir auf und nieder, ohne zu sprechen. Endlich sagte er zu mir: 'Wisse, es ist sehr not zu bitten: 'Wirf uns nicht hin in der Zeit unseres Alters!'«
Der Rabbi schwieg, ermüdet. Man fragte den Arzt, wie es stehe. Er schüttelte nur den Kopf: er könne nichts sagen.
Aber der Rabbi lebte noch mehr als vierundvierzig Wochen, bis zum neunten Ab.

Als die Kunde von dem Unglück sich verbreitete, zogen die Großen, die Schüler des Sehers waren, von allerwärts nach Lublin, blieben da, gingen Tag um Tag miteinander ins Haus ihres Lehrers und saßen an seinem Bett. Nur Naftali von Ropschitz fehlte. Man hatte ihm sogleich Nachricht gesandt, aber er kam nicht.

Herbst und Winter vergingen, das Übel schien zu weichen. Aber um die Purimzeit – eben hatte man dem Rabbi erzählt, daß Napoleon wieder in Frankreich sei – trat eine plötzliche Verschlimmerung ein. Man sandte einen besonderen Boten nach Ropschitz. Bald danach, am Neumondstag des Monats Nissan, zwei Wochen vor Passah, kam Naftali nach Lublin. Von da an verweilte er zwölf Tage ununterbrochen, auch nachts, in der Nähe des Rabbi. Man sah ihn nicht schlafen. Das sind die zwölf Tage der Opferdarbringungen durch die zwölf Fürsten der Stämme, jeder einem Monat des Jahres entsprechend. Aber am dreizehnten Tag in der Morgendämmerung verließ Naftali das Haus des Rabbi und begab sich in die Herberge. Seither besuchte er seinen Lehrer nicht mehr.

Als Naftali am Neumondstag an das Bett des Rabbi getreten war, hatte der ihn freundlich angesehn, nicht anders, als wären sie noch gestern beisammen gewesen. Als aber am dreizehnten Nissan, einen Tag vor dem Vortag des Passahfestes, Naftali nicht kam,

sagte der Rabbi zu Meïr: »Naftali weiß viel, aber noch nicht genug.«
Nach dem Passahfest fuhr Naftali heim, reiste aber bald danach nach Rymanow weiter.
In Rymanow hatte Rabbi Menachem Mendel von dem Anbruch des Festes der Freude an bis zum Fest der Tempelweihe, neun Wochen lang, Nacht für Nacht mit zehn seiner Chassidim Umzüge mit den Schriftrollen um die Lade gehalten. Wenn in der Morgenfrühe die Stadtleute ins Bethaus kamen, begegneten sie den Zehn, die heimgingen. Danach begann eine seltsame Zeit in Rymanow. Jeden, der von auswärts kam, fragte der Rabbi, was er von Napoleon gehört habe. Endlich erfuhr er, daß der Kaiser die Insel Elba verlassen hatte. Am Abend danach versammelte er wieder jene Zehn, und wieder wurde allnächtlich, bis zur Passahrüste, eine geheimnisvolle Zeremonie abgehalten.
Rabbi Mendel von Rymanow war ein beharrlicher, ja ein hartnäckiger Mann. Er nahm nicht viele Dinge in seinen innersten Willen auf, aber die er aufnahm, waren nun behaust wie nirgendwo anders. So hatte er einmal, noch in seiner Jugend, den Sederabend zu der großen Hoffnung seines Herzens gemacht: zu keiner andern Zeit als in dieser Nacht, in der einst der Aufbruch der Scharen geschah und in der er sich alljährlich erneut, mußte der große Aufbruch bereitet werden. Viel später hatte er seine Seele etwas ganz anderm geöffnet: der abenteuerlichen Unternehmung eines Usurpators, die zu den ungeheuersten Maßen der Gewalt und des Sieges erwachsen mußte, um das Vorspiel zu dem großen Aufbruch abzugeben. Beide, die Vollmondnacht des Frühjahrs

und das immer wieder im Traum geschaute Gesicht des Mannes mit den wirren Haaren und der schwefligen Hautfarbe (sie war es in Wirklichkeit längst nicht mehr, aber es war der junge Napoleon, der Mendel noch immer erschien), verschmolzen in der Intention dieses beharrlichen Herzens. Er ließ von seiner Intention auch dann nicht, als der Rabbi von Lublin gescheitert war. Vielmehr, er bildete sie gerade jetzt, wo sie von den beiden großen Gefährten nicht mehr gestört wurde, zu ihrer höchsten Kraft aus. Der Maggid war sein offener Gegenspieler gewesen, und er schien, als er starb, obgesiegt zu haben. Der Seher war mit seinem letzten Wagnis nicht gegen den Toten aufgekommen. Aber nun war die Reihe an Menachem Mendel. Die beiden »Königssöhne«, denen er, der »Bauer«, wie er einst gesagt hatte, die Fenster hütete, daß sie sie einander nicht einschlügen, waren vom Kampfplatz abgetreten. Jetzt brauchte er sich nicht mehr, wie damals, als die Botschaft aus Lublin kam, zu beugen. Die Seinen hielten zu ihm, und das war genug. Schon hatte der Kaiser seinen zweiten und endgültigen Zug der Welteroberung begonnen. Die Sedernacht war nah.

Aber im Gegensatz zum Seher sandte Rabbi Menachem Mendel keine Boten aus und warb um keine Helfer. Wenn es Israel auf der Welt gab, mußten in dieser Sedernacht die Wunschmächte aus den entbrannten Seelen allerorten aufsteigen und sich in der Höhe zusammenschließen. Mehr war nicht not, da war nichts zu gebieten oder anzuordnen, – müßte etwas geboten oder angeordnet werden, so wäre eben das nicht da, worauf allein es ankam.

»Dies ist der Becher des Heils für ganz Israel«, sagte Rabbi Mendel, als er am Sederabend den ersten Becher hob. Mehr ist uns von den Begebenheiten jener Nacht nicht bekannt.

Das Passahfest verging. Nach dem Fest kam Rabbi Mendel von Kräften. Als Naftali erschien, fand er ihn so verfallen, daß er erschrak. Mendel wurde immer schwächer, bis zum dreiundzwanzigsten Tag der Zählung zwischen Passah und dem Offenbarungsfest. An diesem Morgen nahm er im Tauchbad besondre Reinigungen und Heiligungen vor. Danach setzte er sich auf den Stuhl, auf dem sitzend er die Chassidim zu empfangen und ihre Anliegen zu schlichten pflegte. »Ach, eine Welt senkt sich auf mich herab!« seufzte er mit geschlossenen Augen. Dann befahl er, ohne die Augen zu öffnen, man solle nach seinem Tode im Grabmal ein Fenster auf die Stadt zu anbringen. Naftali weinte laut. »Rabbi«, rief er, »tut mir's kund, wann wird Messias kommen?« Rabbi Mendel öffnete die Augen. »Grüne Würmer mit ehernen Rüsseln«, schrie er Naftali an, »werden über euch geraten, ehe Messias kommt.« Danach sprach er nicht mehr, und allen erschien es, er sei im Verscheiden. Aber die Wehklage der Chassidim holte seine Seele in ihr Gehäuse zurück. Er lebte noch bis an den nächsten Morgen.

Bald nach dem Offenbarungsfest sandte der Seher nach Pžysha und ließ Bunam, der seit dem Tode des »Juden« nicht in Lublin gewesen war, bitten zu ihm zu kommen. Bunam fuhr sogleich mit dem Boten hin. Als der Rabbi ihn, die Starbrille über den Augen, sonst aber unverändert, eintreten sah, schickte er alle andern aus der Stube. »Bunam«, sagte er, »wir sagen in der Hymne: ‘Ihr Brautführer, naht!’ Wer sind die Brautführer?« »Die Furcht und die Liebe«, sagte Bunam. – »Was ist das, Furcht?« – »Wenn einem ist, als hielte er in seiner zitternden Hand beide, Hirn und Herz, beisammen, und beide zittern aneinandergedrängt.« – »Und was ist das, Liebe?« – »Wenn die Hand fest wird und beide Ihm, gesegnet sei Er, hinreicht.« – »So ist es«, sprach der Rabbi. »Es steht geschrieben: ‘Soll er unsere Schwester zur Hure machen?’ Und die Polen sagen: ‘Eine Hure ist keine Schwester’. Warum sprechen die Brüder Dinas, der fremde Häuptlingssohn, der sie zur Frau nehmen wollte, hätte sie zur Hure machen wollen? Wenn eine Frau einzig und vollkommen, mit Hirn und Herz, ihrem Manne zugewandt ist, wird das Einung genannt; ist sie das aber nicht, so ist sie eine Hure. Und in den Sprüchen Salomos steht geschrieben: ‘Sprich zur Weisheit: Du bist meine Schwester’. Eine Hure aber ist keine Schwester. Wenn die Weisheit eine Hure ist, kann sie keine Schwester sein. Heil der Weisheit, die keine Hure ist!« Nach einer Weile des Schweigens sprach er: »Auch dies steht in den Sprüchen: ‘Wie im Wasser das Antlitz zum Antlitz, so das Herz des Menschen zum Menschen’. Warum heißt es ‘im Wasser’ und nicht ‘im Spiegel’?« »Im Wasser«, antwortete Bunam, »sieht der Mensch sein Abbild nur, wenn er dicht herankommt. So muß auch das Herz sich ganz nah zum Herzen beugen, dann erblickt es sich darin.« »So ist es«, sagte der Seher. »Komm näher heran, mein Sohn Bunam.« Bunam trat ans Bett. »Bunam«, sagte der Seher, »warum bin ich gescheitert?« »Rabbi«, antwortete Bunam, »es sei mir gestattet eine Geschichte zu erzählen. Rabbi Eleasar von Amsterdam war auf einer Seefahrt zum heiligen Land, als ein Sturm das Schiff fast zum Sinken brachte. Vor der Morgenröte hieß Rabbi Eleasar seine Leute aufs Deck treten und beim ersten Lichtschein das Widderhorn blasen. Als sie es taten, legte sich der Sturm. Meint aber nicht, es sei Rabbi Eleasars Absicht gewesen, das Schiff zu retten. Vielmehr war er gewiß, es gehe unter, und wollte mit den Seinen vor dem Tode noch ein heiliges Gebot, das des Widderhornblasens, erfüllen. Wäre er auf eine wunderbare Rettung ausgegangen, sie wäre nicht geglückt.« Wieder nach einer Weile des Schweigens sagte der Seher: »Gib mir deine Hand, mein Sohn Bunam.« Bunam nahm die abgezehrte Hand, die auf der Decke lag, in die seine. »Bunam«, sagte der Seher, »ich verstehe jetzt, daß man im Himmel Gericht über mich gehalten hat. Aber hält nicht hier auf Erden der Mensch allnächtlich Gericht über sich selber?« Und wieder nach einer Weile: »Weißt du, Bunam, daß ich deinen Freund unablässig, von der ersten bis zur letzten Stunde geliebt habe?« »Ich weiß es«, sagte Bunam. – »Aber nicht genug, denkst du?« – »Ja, Rabbi, nicht genug.« – »Ich hole es jetzt nach«, sagte der Seher. »Scheint dir ein Sinn darin zu liegen, daß ich es jetzt nachhole?« – »Ich glaube«, antwortete Bunam, und seine starke Hand, die die kraftlose des Rabbi umschloß, bebte, »daß ein großer Sinn darin liegt.« – »Warum haben sie mir aber«, fragte der Seher, »erst den Widerpart geschickt, der sich Jaakob Jizchak Sohn der Matel nannte, und nicht sogleich ihn?« Bunam dachte nach. Dann sprach er zögernd: »Es steht geschrieben: 'Das Geheimnis des Herrn ist für sie, die ihn fürchten'. Mit denen, die ihn fürch-

ten, verkehrt Gott durch das Geheimnis.« – »Bunam, Bunam«, rief der Seher, »habe ich Ihn, gesegnet sei Er, mehr gefürchtet als geliebt?« Bunam senkte den Kopf. Nach einigen Augenblicken aber erhob er ihn wieder. Durch die Starbrille drang ein Strahl aus seinen schier erblindeten Augen in die des Sehers. Er sprach leise: »Es steht geschrieben: 'Die Welt wird durch Gnade erbaut'. Was hier Gnade, Chessed, genannt wird, ist die gegenseitige Liebe zwischen einem Herrn und seinen Lehnsleuten, seinen Chassidim. Einem Chassid kann in jedem Augenblick, bis zum letzten, seine Welt durch Chessed erbaut werden.« Er schwieg. Nach einer Weile flüsterte der Rabbi, so leise, daß ihn Bunam nur eben hören konnte: »Bunam, dein Freund, der wie ich geheißen hat, sagte mir einmal, die Gnade habe mit mir gespielt.« Danach saß Bunam noch eine Stunde am Bett des Rabbi und hielt dessen Hand in der seinen.»Und nun, mein Sohn Bunam«, sagte der Rabbi, »fahr heim. Du sollst nicht länger hier bleiben.«
An dem Sabbat, nachdem Bunam nach Pžysha zurückkehrte, wurde wieder der Wochenabschnitt »Korah« verlesen. In seiner Tischrede sprach er über Korah. »In jedem Geschlecht«, sagte er, »kehrt die Seele Moses und die Seele Korahs wieder. Und wenn einmal die Seele Korahs sich willig der Seele Moses unterwirft, wird Korah erlöst.«
Bald danach kam Naftali, der nach Rabbi Menachem Mendels Tod nach Ropschitz heimgekehrt war, wieder nach Lublin. Er besuchte aber den Seher nicht mehr, wie sehr ihn auch die andern bestürmten. Es war unter den Schülern die Rede davon, er warte auf eine Aufforderung des Rabbi, die aber nicht erfolgte.

Andre hingegen erklärten, bei seiner vorigen Anwesenheit habe der Rabbi von ihm verlangt, einen neuen Versuch im Bereich der tätigen Kabbala für ihn zu unternehmen, Naftali aber habe es abgelehnt, sich an dergleichen auch nur zu beteiligen. Jedenfalls scheint bei jener ersten Anwesenheit, als Naftali zwölf Tage und Nächte am Bette des Sehers zugebracht hatte, eine Kluft sich zwischen ihnen aufgetan zu haben.

Drei Wochen nach der Verlesung des Wochenabschnitts »Korah«, an dem Sabbat des Wochenabschnitts »Pinchas«, ordnete der Rabbi an, daß Meïr, seiner levitischen Abstammung nach als Zweiter, zur Lesung der Thora aufgerufen werden, aber nicht bloß den dem aufgerufenen Leviten zukommenden Absatz, sondern auch die folgenden lesen solle, bis zur Erzählung von der Einsetzung Josuas als Moses Nachfolger. Denn für den Augenblick, wo er die Worte Moses an Gott lesen würde: »So verordne der Herr, Gott der Geister in allem Fleisch, einen Mann über die Gemeinschaft, der ausfahre vor ihnen, der rückwende vor ihnen, der sie ausführe, der sie rückwende, daß nicht werde die Gemeinschaft des Herrn wie Schafe die keinen Hirten haben«, war ihm die Belehnung zugedacht. Und so geschah es.

Vierundzwanzig Tage danach war der neunte Ab.

Am Abend, an dem die Trauer beginnt, erschien der Rabbi wie von einer neuen Kraft belebt. Mit einer Stimme, die an die guten Tage erinnerte, sagte er zu den Getreuen, die bei ihm saßen: »Es heißt im Talmud, Rabbi Jehuda der Patriarch habe den Fasttag des Neunten Ab, als er auf einen Sabbat fiel, aufheben wollen, aber die Weisen hätten ihm nicht beigestimmt. Nicht für jenes eine Mal wollte Rabbi den

Fasttag aufheben, sondern weil er damals auf den Sabbat, die Gnadenzeit, fiel, wollte er die Erlösung herabbringen und den Trauertag gänzlich aufheben, aber seine Gefährten versagten ihm ihre Hilfe. Jedoch: was ist das, daß die Gefährten dir ihre Hilfe versagen? Was ist's, daß sie nicht sehen, wenn du beginnst, und nicht hören, wenn du sie anredest? Tun sie's aus Mangel an Erkenntnis und gutem Willen?« Und plötzlich schrie er auf: »Denn: nicht sind meine Planungen eure Planungen, nicht eure Wege meine Wege, ist der Spruch des Herrn.« Danach sprach er die Nacht über nicht mehr.

Am frühen Morgen verlangte der Rabbi von Bejle, sie solle ihm versprechen, daß sie keines andern Mannes Frau würde; er wolle ihr im Himmel erwirken, daß sie, wiewohl sie kein Kind hatte, im Zelt der Erzmütter weilen dürfe. Sie weigerte sich es zu versprechen. Nach dem Tode des Sehers hat keiner der Rabbiner gewagt sie zu ehelichen. Schließlich heiratete sie einen Bürger jenes benachbarten Städtchens Tschechow oder Wieniawa, in dem der Seher gewohnt hatte, ehe er nach Lublin kam. Die Chassidim bekundeten ihr ihre Erbitterung so heftig, daß sie es bald aufgab aus ihrer Haustür zu treten. Als aber Simon Deutsch wieder in Lublin erschien – zum erstenmal, seit er es damals nach dem Tod des Lelowers verlassen hatte –, suchte sie ihn, einen Korb in der Hand, in der Herberge auf. »Was wollen sie von mir!« rief sie weinend. »Was halten sie mir vor, daß Schöndel Freude sich nicht wiedervermählt hat! Sie ist doch die Mutter zweier Söhne!« Und sie leerte den Korb, der die Wäsche ihres toten Kindes enthielt, auf den Tisch.

Nach seinem Gespräch mit Bejle schwieg der Rabbi zu allen bis an den Mittag. Da glühte sein Gesicht rot an, seine Augen öffneten sich noch einmal, wie von einem großen Staunen aufgerissen, er rief: »Höre, Israel!« und verschied.

In ebendem Augenblick betrat Naftali, der sich kurz vorher aus seiner Herberge langsam auf den Weg gemacht hatte, die Torschwelle des Hauses in der Breiten Gasse. Als man ihn später fragte, wie es zugegangen sei, daß er die genaue Zeit des Endes wußte, sagte er: »Als ich die zwölf Tage, die den Stämmen und den Monaten entsprechen, beim Rabbi wachte, sprach er zu mir am fünften Tag, der dem Monat Ab entspricht: 'Ich sehe den neunten Ab nur bis an den Mittag, nicht mehr.' Ich merkte, daß der Rabbi es dahin verstand, am Mittag des neunten Ab werde Messias kommen. Ich widersprach ihm nicht, doch muß er aus meiner Haltung entnommen haben, daß ich seine Meinung nicht teilte, denn er erwähnte den Gegenstand nicht mehr. Ich aber hatte sogleich verstanden, daß ihm solcherweise die Zeit seines Abscheidens kundgetan worden war.«

Was mich von den in dieser Chronik zusammengestellten Ereignissen, seit ich zuerst, vor langen Jahren, von ihnen gehört und gelesen habe, im stärksten Banne hielt und hält, sind die Daten, die Daten der Handlungen und der Tode einiger Menschen. Die wenigen Geschlechter, die mich von jener Zeit trennen, haben die Ereignisse erzählt und wieder erzählt, – so ist das Fleisch und Blut dieser Chronik entstanden. Was ich dazu getan habe, nenne ich ihr Kleid. Aber die Daten sind ihr mächtiges Skelett.

Die Widersacher des chassidischen Wegs in Lublin

hatten ihr Oberhaupt in dem Raw, das ist etwa Gemeinderabbiner, der Stadt, dem hochgelehrten Rabbi Asriel Hurwitz, zubenannt »der Eiserne Kopf«. Der Kriegszustand zwischen ihm und dem Seher hatte sich viele Jahre hingezogen, und der Streit war bis zum äußersten entbrannt, seit bei einer beiläufigen Begegnung der Seher dem Rabbi Asriel auf dessen Frage: »Wie geht das zu, daß sich so viele um Euch scharen? ich bin doch weit größer in der Lehre als Ihr, und mir strömen sie nicht zu« die Antwort gab: »Auch mich nimmt es wunder, daß einem Menschen geringen Wertes, als den ich mich doch kenne, viele nahen um Gottes Wort zu vernehmen, statt es bei Euch zu suchen, dessen Gelehrsamkeit Berge versetzt. Es mag sich aber so verhalten, daß sie zu mir kommen, weil ich mich darüber wundere, daß sie kommen, und daß sie zu Euch nicht kommen, weil Ihr Euch darüber wundert, daß sie nicht kommen.« Schließlich war es so weit gelangt, daß der Eiserne Kopf vom »Juden« in dessen letztem Lebensjahr zu wissen begehrte, warum der Seher in dem und jenem so und nicht anders führe, und auch darauf eine nachdrückliche Antwort erhielt. Nun, nach dem Tode seines Gegners, gab er der Bestattungsbrüderschaft die Anordnung, es dürfe kein Ehrenplatz für das Grab des Sehers bestimmt werden. Als Naftali es erfuhr, sagte er: »Habe ich mich einmal zu meinen Ehren verkleidet, um vom Becher des Rabbi zu trinken, so ist es billig, daß ich mich jetzt zu Ehren des Rabbi verkleide.« Er zog ein schlechtes Kleid an, knotete ein Grabscheit und eine Axt zusammen und hing sie über seine Schulter, daß er wie ein gedungener Arbeitsmann aussah, und machte sich auf den

Weg. »So sieht man aus, wenn man den Rabbi begräbt«, lachte er in sich hinein. Erst suchte er die Totengräber auf, gab ihnen so viel Geld, daß sie ihn mißtrauisch anblinzelten, und sagte ihnen, es werde von ihnen nicht mehr verlangt, als daß sie, sowie er ihnen zuwinkte, sogleich mit dem Graben anfingen und nicht innehielten, bis das Grab fertig wäre; das versprachen sie ihm in die Hand. Nun ging er zum Vorsteher der Brüderschaft. Es war ein seltsamer Hochsommertag. Die ganze Nacht vorher und den Tag über war ein unaufhörlicher Sturzregen niedergegangen, wie er um diese Jahreszeit sich nur einem kurzen Gewitter zugesellt; aller Boden war zu Schlamm geworden. Als Naftali zum Vorsteher kam, war das Wetter noch in vollem Gang und der Himmel dicht bezogen. Es dämmerte schon, man konnte nur eben vor sich hin sehen. »Ich komme zu Euch«, sagte Naftali im breiten Idiom der niedern Arbeitsleute zu dem Vorsteher, »um mir von Euch den Platz für sein Grab, des Rabbis der Chassidim, meine ich, zeigen zu lassen. Das sind dreiste Leute, freche Leute! Ein Ehrengrab, sagen sie, muß es sein! Was heißt das, ein Ehrengrab? Froh sollen sie sein, daß sie überhaupt ein Grab bekommen!« Der Vorsteher ging mit ihm die Totengräber suchen. Die hatten sich inzwischen, wie Naftali vorausgesehen hatte, unverweilt ans Trinken gemacht und waren nicht leicht aufzurütteln. Bis sie am Tor des Friedhofs standen, war es dunkel. Die schlechten Laternen in den Händen, stiegen sie mühsam den in einen Morast verwandelten Boden hinan, Naftali mit dem Vorsteher vorn. Er wußte es so einzurichten, daß sie bald in dem verworrenen Gelände in die Irre gingen. Naftali redete in einem fort auf den Vorsteher ein. »Es ist ja ganz gleich wo«, schwatzte er, »es kommt ja gar nicht darauf an, wo immer das Los hinfällt soll's uns recht sein.« Es gelang ihm schließlich, durchs Gebüsch hin und her ziehend, wie von ungefähr an einen Platz zu gelangen, den er vorher sorgsam ausgesucht hatte und den der Vorsteher, dem Weg gemäß, den sie genommen zu haben schienen, für einen unansehnlichen halten mußte. »Meinetwegen sogar hier«, rief Naftali, »was macht's aus!« Der erschöpfte und verwirrte alte Vorsteher, dem nicht nur Bart und Schläfenlocken, sondern auch noch Brauen und Wimpern von Wasser troffen, widersprach nicht. Indessen hatte Naftali den Totengräbern das vereinbarte Zeichen gegeben und selber Hand angelegt. Nicht bloß daß sie's versprochen hatten: sie waren bis auf die Haut durchnäßt und wandten einen Eifer wie noch nie an ihre Arbeit, um recht bald zum wärmenden Schnaps heimzukehren. Indessen hatte sich der Vorsteher doch besonnen: er sah sich, mit einer Laterne herumleuchtend, die Umgebung an und merkte, daß sie sich ganz anderswo befanden, als er angenommen hatte, nämlich neben dem Grabe des großen Rabbi Schalom Schachna aus dem sechzehnten Jahrhundert. Naftali hatte diesen Platz gewählt, weil der Seher in Notzeiten an dem Grab dieses Mannes hatte beten heißen, der nicht, wie viele andre, ins Heilige Land gefahren war um dort zu sterben, sondern in Lublin hatte liegen wollen, um auch nach seinem Tode über das Wohl der Gemeinde zu wachen. Bestürzt schrie der Vorsteher Naftali und die Totengräber an, aber schon war das Werk vollendet. »Was geht's mich an?«, sagte Naftali. »Habe ich doch immer wieder gesagt, Ihr könntet es damit halten wie Ihr wollt! Jetzt freilich ist nichts mehr zu machen. Ich bin zwar ein unwissender Mann, aber das weiß ich, daß man einen Grabplatz nicht ändern und ein frischgegrabnes Grab nicht unbesetzt lassen darf. Aber geht nur zum Raw! Wenn der's erlaubt, mir kann's gleich sein!« Der Vorsteher rannte zum Eisernen Kopf, aber der mußte sich, wie widerwillig auch, an Vorschrift und Überlieferung halten, und es blieb dabei.

Nach der Bestattung geriet es plötzlich über Naftali: wie ist es möglich, daß es ihn nicht mehr gibt und die Welt steht noch? Seither kam er von dem Gedanken nicht los.

Viele Chassidim wandten sich an den ältesten Sohn des Sehers, Israel, und baten ihn, an dessen Stelle zu treten. Er lehnte ruhig und entschieden ab. Eine Schar sammelte sich um den zweiten Sohn, Josef, der sich stets in der Nähe des Vaters aufgehalten hatte und von ihm oft ins Vertrauen gezogen worden war, vermochte aber nicht, ihm die Führung zu verschaffen. Die Obhut der »Lehre von Lublin« blieb in den Händen Meïrs, den der Rabbi kurz vor dem Tode belehnt hatte. Er nahm aber seinen Sitz nicht in Lublin, sondern in Apta, der Stadt, in der der »Jude« seine Jugend verlebt hatte. War so für die Lehre von Lublin gesorgt, die Schule von Lublin war mit ihrem Meister verschieden. Wenn Rabbi Chaim Jechiel von Mogielnica, der Enkel des Maggids, »Lublin« nennen hörte, pflegte er zu sagen: »Das wahre Lublin ist nicht zur Welt gekommen. Man kann ein Kind im Mutterleib töten.«

Es wird erzählt, nach dem Tode des Simon Deutsch sei dessen Geist in einen Knaben gefahren. Der sei vor Rabbi Chaim Jechiel von Mogielnica gebracht worden. »Ich kann dir nicht helfen«, beschalt er den Geist, »ehe du von den Söhnen des heiligen Juden die Vergebung erlangt hast.« Der »Dibbuk«, das heißt Verheftung – so wird der in Besessenen hausende Geist genannt – weigerte sich, sich an jene zu wenden. »So sollst du, du Frevler«, rief der Rabbi, »in die Tiefe des großen Abgrunds fahren.« Nun mußte es der Dibbuk doch auf sich nehmen. Ein Bote brachte den Knaben zu Rabbi Ascher, dem Sohn des »Juden«. Erst als der ihm vergeben hatte, erwirkte Rabbi Chaim Jechiel ihm die Erlösung.

Nachwort

In seiner hebräischen und seiner englischen[1] Ausgabe ist die Absicht dieses Buches von etlichen Lesern und Kritikern mißverstanden worden. Eine Klärung mag erwünscht sein, die nur ich selber zureichend zu liefern vermag.*

Ich habe diese »Chronik« nicht geschrieben, um, wie man gemeint hat, »meine Lehre in einer bestimmten Weise zusammenzufassen«. Es sind objektive Faktoren gewesen, freilich geistiger Art, die die entscheidenden Antriebe zu dieser Arbeit gegeben haben.

Ich habe schon in jungen Jahren begonnen, aus dem fast unübersehbaren Schatz der chassidischen Legenden das mir wichtig Erscheinende nachzuerzählen, zuerst mit epischer Freiheit, dann immer mehr bestrebt, mich auf das Notwendige zu beschränken, auf das nämlich, was mir meine Anschauung der erzählerischen Form gebot, um den vorgefundenen, zumeist rohen und formlosen Aufzeichnungen und Überlieferungen die ihnen angemessene Gestalt zu verleihen. Schließlich habe ich mich ganz dem Typus zugewandt, der in einer beispiellosen Fülle in der chassidischen Literatur angelegt ist, aber zumeist zu keinem echten erzählerischen Stil ausgebildet wurde: der »heiligen« Anekdote. Es geht hier fast durchweg um die Verknüpfung einer Begebenheit mit einem Ausspruch. Gerade in dem Faktum dieser Verknüpfung spricht sich der chassidische Sinn aus, der

* *Gog u-Magog, Jerusalem 1943.*
[1] *For the Sake of Heaven, Philadelphia 1945.*

*auf die Einheit von Außen und Innen, von Leben und Lehre gerichtet ist. Die Begebenheit muß mit der äußersten Konzentration erzählt sein, damit der Ausspruch rein aus ihr hervorsteige.**

Ich pflegte auf Erzählungen, die nicht anekdotisch erzählt waren oder auf diese knappste Form nicht reduziert werden konnten, zu verzichten, da es mir nicht darum zu tun war, überhaupt zu erzählen, sondern darum, etwas Bestimmtes zu erzählen, etwas, das mir ungemein wichtig erschien, das erzählt werden sollte und mußte, und das noch nicht richtig erzählt war, das richtig zu erzählen meine Aufgabe war. Nun aber geriet ich an einen gewaltigen Komplex von Geschichten, die inhaltlich zusammenhingen; sie bildeten geradezu einen großen Zyklus, wenn sie auch offenkundig von zwei verschiedenen, einander entgegengesetzten Traditionen und Tendenzen aus erzählt waren. Dieser Komplex war nicht auszuschalten, zumal die Vorgänge, die in seinem Mittelpunkt standen, höchst bedeutsam waren. Sie waren vielfach in legendärer Perspektive betrachtet, aber ihr realer Kern war unverkennbar. Es haben wirklich einige Zaddikim versucht, durch theurgische Handlungen (die sogenannte praktische Kabbala) Napoleon zu dem ezechielischen »Gog des Landes Magog« zu machen, auf dessen Kriege, wie einige eschatologischen Texte verkündigen, das Kommen des Messias folgen soll, und andere Zaddikim haben diesen Versuchen die Mahnung entgegengestellt, nicht durch äußere Gebärden, sondern allein durch die Umkehr des ganzen Menschen sei der Anbruch der Erlösung zu bereiten. Und was das entscheidend Merkwürdige ist: sie alle,

** Eine vollständige Sammlung der von mir bearbeiteten Geschichten liegt jetzt in dem Band »Erzählungen der Chassidim«, Zürich 1949, vor.*

die Wagenden und die Warnenden, sind wirklich innerhalb eines Jahres gestorben. Man kann kaum einen Zweifel daran hegen, daß die Sphäre, die sie, wenn auch von verschiedenen Seiten her, betreten hatten, ihr irdisches Leben verbrannt hat. Es war nicht ein Gebild der Legende, sondern schlichte Tatsache, daß hier in einem Kampf beide Teile vernichtet worden sind. In dem Kampf ging es zunächst um die Frage, ob es erlaubt sei, die oberen Mächte zu bedrängen, daß sie wirken, was wir ersehnen, sodann aber eben um die, ob die Erfüllung durch magische Prozeduren oder durch die innere Wandlung anzubahnen sei; und die Fragen waren nicht ein Gegenstand der Erörterung, sondern eine Sache von Leben und Tod. Die Vorgänge waren so konkret und ihre Bedeutung so tiefgreifend, daß ich der Aufgabe, sie im Zusammenhang zu erzählen, nicht ausweichen durfte. Ich habe das in einer Anmerkung ausgedrückt, die in meinem Buch: »Der große Maggid« (von 1921) steht; sie lautet: »Ich habe darauf verzichtet, Stücke der Begebenheit, der letzten ihrer Art, unter die Geschichten dieses Buches aufzunehmen, da die Erzählung der ganzen ein Ganzes für sich ist.«

Es konnte sich hier nicht wie bei dem sonstigen Legendenstoff darum handeln, Anekdoten neben Anekdoten zu stellen; denn gerade ihrer aller äußerer und innerer Zusammenhang war das, was ich darzustellen hatte. Aber dieser Zusammenhang war in der schriftlichen und mündlichen Tradition nur in Fragmenten gegeben. Man mußte also wohl oder übel daran gehen, die Lükken im Sinn des Überlieferten auszufüllen, um die Kontinuität der Chronik herzustellen. Das »Epische« wurde zur Pflicht. Nur daß ich jetzt nicht, wie in meiner Jugend, frei schalten konnte; ich hatte dem Gesetz der Zu-

sammenhänge zu gehorchen, hatte Fehlendes im Sinn des Vorhergehenden und Nachfolgenden, im festen Sinn der Ereignisse und der Charaktere zu ergänzen. Auch für die Ergänzungen war zumeist Material, wenn auch nur einzelne Linien, verwendbare Details, kennzeichnende Andeutungen, aufzufinden.

Dazu kam aber noch ein anderes. Wie gesagt, lagen zwei Traditionen vor, eine von dieser, eine von jener Seite, eine mit magischer, eine mit antimagischer Tendenz, die Tradition von Lublin und die Tradition von Pžysha. Beide waren, wie einst die Tradition der Saulidenpartei und der Davidpartei, der Niederschlag eines langen Kampfes. Beide bezogen sich offenbar auf wirkliche Begebenheiten; jede wählte die ihr wichtigen aus, und jede berichtete die von ihr ausgewählten so, wie sie sie sah. Ich mußte versuchen, von beiden Seiten zum Kern des Geschehens vorzudringen. Das konnte naturgemäß nur gelingen, wenn ich mich nicht in den Dienst einer der beiden Tendenzen begab. Der einzige zulässige Standort war der der Tragödie, wo zwei einander gegenüberleben, jeder so wie er eben ist, und der wahre Gegensatz ist nicht einer des »guten« und des »bösen« Willens, sondern der grausame Gegensatz der Existenz. Gewiß, ich war »für« Pžysha und »gegen« Lublin, zumal mich von Jugend auf das Bild und die Lehre Rabbi Bunams in besonderer Weise für Pžysha gewonnen hatte; aber erzählen durfte ich nur, wenn ich entschlossen war, der Wirklichkeit beider gerecht zu werden. Nichts, was die Tradition von Lublin an Positivem bot, durfte vernachlässigt werden; und nichts, was die Tradition von Pžysha an Kritischem vorbrachte, war brauchbar, wenn es nicht durch die gegnerische im wesentlichen bestätigt wurde. Das war freilich eine schwere Aufgabe; aber sie wurde durch einen seltsamen Sachverhalt erleichtert: wer sich in die Überlieferung von Lublin vertieft, wird merken, daß sie sich heimlich vor dem Widersacher, dem »heiligen Juden«, beugt.

Daß ich die Niederschrift versuchen konnte, war mir dadurch ermöglicht worden, daß ich, als mir das Thema am stärksten zu schaffen machte, im letzten Jahr des ersten Weltkriegs, auf einer Reise zum Besuch meines Sohns in der polnischen Etappe und auf der Rückfahrt, die Gegend kennen lernte, in der sich der Kampf abgespielt hatte. Nun erst konnte ich sehen.

Aber die Niederschrift mißlang doch zu zwei Malen, und ich stellte das Werk zurück, ohne Zuversicht, daß es noch zur Ausführung gelangen werde, aber doch auch nicht ohne Hoffnung; denn meine ganze Arbeitserfahrung hat mich gelehrt, daß Bücher, die einem aufgetragen sind, langsam reifen, und dann am stärksten, wenn man sich nicht mit ihnen befaßt, und daß sie schließlich ihr innres Fertiggewordensein einem so kundgeben, daß man sie sozusagen nur noch abzuschreiben braucht.

Was dieses Buch endlich, schon in Jerusalem, zur letzten Reife brachte, war wieder ein objektiver Faktor: der Anfang des zweiten Weltkriegs, die Atmosphäre der tellurischen Krisis, das furchtbare Wägen der Kräfte, und die Zeichen einer falschen Messianik hüben und drüben. Daß mir unversehens im Halbtraum die Gestalt jenes falschen Boten, von dem mein erstes Kapitel erzählt, als ein Dämon mit Fledermausflügeln und den Zügen eines judaisierten Goebbels erschien, gab mir den entscheidenden Anstoß. Ich schrieb – nun nicht mehr in deutscher, sondern in hebräischer Sprache (die deutsche Fassung kam erst später dran) – sehr schnell, *als brauchte ich wirklich nur abzuschreiben, alles Sichtbare stand mir deutlich vor Augen, die Verknüpfungen ergaben sich wie von selber.*

Nein, es ist mir nicht darum zu tun gewesen, »meiner Lehre« Ausdruck zu verleihen. Wohl habe ich auch die von den Personen des Buches vorgetragenen Lehren ergänzt und ausgebaut, aber immer im Sinn des Vorgefundenen und in der Fortführung seiner Linien. Möglich ist mir das deshalb gewesen, weil ich mit jenen Menschen, auf die ich hinzeige, in einer lebendigen Einheit stehe. Als ich in meiner Jugend das erste chassidische Buchwort vernahm, nahm ich es mit einer chassidischen Begeisterung auf. Ich bin ein polnischer Jude, zwar aus einer Familie von Aufklärern, aber in der empfänglichen Zeit des Knabenalters hat eine chassidische Atmosphäre ihren Einfluß auf mich ausgeübt. Es mag auch andere, weniger faßbare Fäden geben. Gewißheit ist mir, daß, wenn ich damals gelebt hätte, als man noch um das Wort Gottes selber und nicht um dessen Karikaturen kämpfte, auch ich, wie so viele, meinem Vaterhaus entlaufen und Chassid geworden wäre. In der Epoche, in die ich hineingeboren wurde, war es mir nach Generation und Situation verwehrt. Nicht die Voraussetzungen fehlten mir, aber die innere Möglichkeit, sie ungewandelt zu erhalten. Mein Herz gehört zu jenen von Israel, in denen sich heute, den blind Bewahrenden und den blind Bestreitenden gleicherweise entrückt, das Ringen vollzieht, das der Erneuerung von Glaubensgestalt und Lebensgestalt vorausgeht. In diesem Ringen setzt sich das Chassidische fort, nur eben in einer Weltstunde, in der an die Stelle des langsam scheidenden Lichtes die Finsternis getreten ist. Gewiß, ich bin nicht mit meinem ganzen Bestande in der Welt der

Chassidim – ähnlich hat es sich zumeist mit denen verhalten, die etwas Vergangenes so den Menschen gegenwärtig machen wollten, daß es neu wirkte –, aber mein Fundament ist dort, und meine Antriebe sind den ihren verwandt. »Die Thora hat gewarnt«, sagte der Schüler des »heiligen Juden« und Rabbi Bunams, Rabbi Mendel von Kozk, »sich aus Gottes Gebot ein Götzenbild zu machen.« Was hätte ich solchen Worten hinzuzufügen!

Man hat mir auch zum Vorwurf gemacht, ich hätte die Gestalt des »heiligen Juden« von einer bewußten oder unbewußten »christlichen Tendenz« aus verändert. Es gibt aber hier nicht einen einzigen Zug dieser Gestalt, der nicht schon in der Tradition zu finden ist; auch jene Aussprüche des »Juden«, die an evangelische erinnern, stammen aus ihr. Was der »Jude«, wie er in diesem Buch erscheint, mit Jesus von Nazareth gemeinsam hat, rührt nicht von einer Tendenz, sondern von einer Wirklichkeit her. Es ist die Wirklichkeit der leidenden »Knechte des Herrn«. Die Lebensgeschichte Jesu ist meines Erachtens nicht zu verstehen, wenn man nicht erkennt, daß er (worauf auch von christlich theologischer Seite, insbesondre von Albert Schweitzer, hingewiesen worden ist) im Schatten des deuterojesajanischen »Knechts des Herrn« gestanden hat. Aber er ist aus der Verborgenheit des »Köchers« (Jesaja 49, 2) getreten, der »heilige Jude« ist darin verblieben. Das gilt es zu sehen: die Hand, die den Pfeil erst zuspitzt und ihn dann ins Dunkel des Köchers versenkt, und den Pfeil, der sich ins Dunkel duckt.

Ich aber habe keine »Lehre«. Ich habe nur die Funktion, auf solche Wirklichkeiten hinzuzeigen. Wer eine Lehre von mir erwartet, die etwas anderes ist als eine Hinzei-

gung dieser Art, wird stets enttäuscht werden. Es will mir jedoch scheinen, daß es in unserer Weltstunde überhaupt nicht darauf ankommt, feste Lehre zu besitzen, sondern darauf, ewige Wirklichkeit zu erkennen und aus ihrer Kraft gegenwärtiger Wirklichkeit standzuhalten. Es ist in dieser Wüstennacht kein Weg zu zeigen; es ist zu helfen, mit bereiter Seele zu beharren, bis der Morgen dämmert und ein Weg sichtbar wird, wo niemand ihn ahnte.

Editorischer Anhang

Die erste Fassung *Gog u-Magog* ist zunächst in Fortsetzungen in der hebräischen Zeitung *Davar* (»Wort«, Tageszeitung der Histadruth-Gewerkschaft) vom 23. 10. 1941 bis 10. 1. 1942 gedruckt worden. (Hebräische Buchausgabe: Jerusalem 1943.) 1945 folgte eine Übersetzung (der deutschen Fassung) ins Englische von Ludwig Lewisohn unter dem Titel *For the Sake of Heaven* (Philadelphia: The Jewish Publication Society of America; 2. Ausgabe, mit neuem Vorwort: New York: Harper & Brothers 1953); 1948 eine Übersetzung ins Holländische von Juliette Binger unter dem Titel *Aleer de Messias komt* ('s Graveland: De Driehoek).

Schon 1941 sandte Buber das Manuskript der deutschen Fassung an den ihm nahe verbundenen Leonhard Ragaz[1] in Zürich in der Hoffnung, durch Ragaz einen Schweizer Verlag für die Veröffentlichung zu gewinnen: »Diesmal sende ich Ihnen [...] ein Manuskript, das nicht für die Neuen Wege[2] [...] bestimmt ist und dessen Charakter Sie vielleicht ein wenig verwundern wird. Es ist ein von mir verfaßter Roman, ›Gog und Magog‹ betitelt, der zur Zeit der napoleonischen Kriege in chassidischen Kreisen Lublins und andern polnischen Ortschaften spielt. [...] Ich habe mir in dieser Erzählung etwas Innerlichstes und nicht anders als so Sagbares vom Herzen geschrieben. Wenn Sie einen Weg zu einer kleinen Schar von Lesern für das Buch sehen, dessen Motto Ihnen schon Aufschluß über sein Anliegen geben wird: so haben Sie Vollmacht von mir, in meinem Namen ein Abkommen mit einem Verlag zu treffen. [...] über die hebräische und englische [Ausgabe], die einzigen, an die gegenwärtig zu denken ist, habe ich bereits verfügt. Aber an einer deutschen Ausgabe hängt mein Herz, wie Sie verstehen werden, in einer besonderen Weise. Ein Buch dieser Art habe ich bisher nicht geschrieben (aber vor zwanzig Jahren in einer Anmerkung der Einleitung zu ›Der große Maggid‹ darauf hingedeutet, daß es zu schreiben sei) [3] und werde ich, auch wenn mir Gott ein langes Leben zugedacht hat, nicht wieder schreiben.« [4]

Ragaz reagiert auf »das Manuskript dessen, was Sie ›Roman‹ nennen, was aber sui generis ist«, mit warmherzigem Verständnis: »... der ›Roman‹. Wie ich schon angedeutet habe, empfinde ich diese Bezeichnung des Werkes als ungenügend und fast ein wenig seine Art und seinen Wert herabsetzend. Es gibt, soviel ich weiß, für diese Art keine Kategorie. [...] Immer wieder ist man anzunehmen versucht, daß Sie einfach vorhandene Berichte bearbeitet hätten. Es wird vielleicht sogar erwägenswert sein, daß der Leser in irgend einer andeutenden Form über den Sachverhalt aufgeklärt werde. [...] Über den *Wert* des Buches kann selbstverständlich kein Zweifel walten. Das Problem ›Gog und Magog‹ ist so aktuell und zentral als möglich, auch für ›Christen‹. [...] Ich selber werde dafür tun, was ich kann.« [5]

»Daß Ihnen der ›Roman‹ etwas bedeutet hat, freut mich sehr«, antwortet Buber. »Sie haben recht: es ist keiner, ich hatte selbst das gleiche Bedenken, wußte aber keine andre Benennung. ›Chronik‹ würde zu objektiv klingen. Nennen wir es also eine ›Erzählung‹.

Über das Verhältnis zum überlieferten Stoff habe ich auf Ihre Anregung hin ein paar Worte niedergeschrieben [...].«[6] Buber war sehr gespannt: »Sollte sich wirklich eine Aussicht ergeben, die Chronik von Gogs Untaten zu veröffentlichen (ihr Grundmotiv ist ja: ›Nichts ist im Treiben der Welt, was nicht zuvor im Treiben der Menschenherzen war‹), so möchte ich Sie geradezu bitten, es mir telegraphisch mitzuteilen [...]. Außer meinem Buch über die Lehre der Propheten[7] [...] ist die Erzählung das, was ich am liebsten deutsch veröffentlicht sehen möchte.«[8] Doch die Versuche, die Ragaz unternahm – u. a. beim Vita Nova Verlag/Luzern und beim Verlag Steinberg/Zürich – scheiterten, auch eine Verhandlung Bubers mit dem Europa-Verlag in Zürich 1945.

Im Herbst 1946 ging das Manuskript an den Zürcher Verleger Gregor Müller, bei dem *Dialogisches Leben* (1947) und die erste deutsche Ausgabe von Bubers *Moses* (1948) erschienen sind; der Druck war für den Winter 1947/48 vorgesehen. Auch dieser Versuch mißlingt. 1948 übernahm Lambert Schneider das Manuskript. 1949 endlich kann die deutsche Ausgabe *Gog und Magog. Eine Chronik*, vermehrt um das Nachwort (S. 401–408), erscheinen.

Wagnis und Geschick dieses Buches haben Buber wieder und wieder beschäftigt; am ausführlichsten in seinem ›Offenen Brief an Max Brod‹, wo er die intendierte ›neuartige Gattung‹ noch einmal einzukreisen sucht. Er entwickelt den Gedankengang im Kontrast zu zwei Romanen Flauberts: »... dort wie hier eine Aneinanderreihung geistiger Begebenheiten, ohne daß ein Lebensstrom starken Gefälls sie trüge, nicht aber die Erzählung eines Geistesschicksals, wo Vorgang aus

Vorgang bricht, jeder seiner Daseinsstelle zugeteilt und keiner andern zuteilbar. Die epische Literatur, deren höchstes Anliegen es ist, durch den bloßen Bericht eines Ablaufs von Ereignissen das Geheimnis menschlichen Schicksals wahrnehmbar zu machen, hat lange Zeit die Tatsache unbeachtet gelassen, daß der Geist, weil nur in personhaften Existenzen realisiert, aus der Gebundenheit an deren Schicksal auch selber ein eignes, spezifisch geistiges Schicksal empfängt. Beide, Lebensschicksal und Geistesschicksal, in ihren geschichtlich-biographisch bestimmten Mischungen und Entmischungen zu erzählen, wirklich, das heißt, als konkretes Geschehen zu erzählen, ist das Wagnis, dessen sich die denkfähigen Romanciers unserer Zeit, wissend, daß es die Zeit der Krisis von Geist und Leben in ihrer Wechselwirkung ist, einer nach dem andern unterfangen müssen. Ich bin selber, wiewohl dem Stande der Romanciers nicht angehörend, unter denen, die die Nötigung dazu überkommen hat [...].«[9] – An Nahum N. Glatzer: »Daß Sie der ›Gog‹ erst in der deutschen Fassung angesprochen hat, kann ich gut verstehen. Eine Liebschaft wie die meine mit der deutschen Sprache ist eben ein objektives Faktum.«[10] – An Hermann Hesse: »Vor kurzem habe ich Ihnen mein Buch ›Gog und Magog‹ geschickt. Lesen Sie es bitte nicht etwa als einen Roman (ich könnte keinen schreiben), sondern eben als eine Chronik, genauer: als einen Bericht aus dem Bewußtsein derer, die die berichteten Vorgänge unmittelbar erfahren haben.«[11]

Das konzentrierteste Echo kam von Rudolf Pannwitz: »das aufschliessende nachwort wie die einleitung des ersten buches vereinigen geschichte erklärung und standpunkt. ich brauche nicht zu sagen wie der schluß des nachwortes mich ergriffen hat. – Ich war nicht darauf gefasst dass Du geistig-episch und mit dichterischer plastik in jedem zuge das *leben* der Chassidim gestalten und dabei ihren geist als architektonisches gebäude darstellen würdest. da dieser ›roman‹ die strenge der chronik hat und wie diese auch die mythisch-legendäre überlieferung einbegreift – er ist übrigens eine synthetische form sui generis – wird er der zweite teil des kanons:[12] eine religiöse tragödie und insgeheim ein echtestes drama.«[13]

1952 erschien Bubers Buch *Bilder von Gut und Böse*[14] mit einem Vorwort, in dem er – weit in die eigene Lebensgeschichte zurückgreifend – *Gog und Magog* in den inneren Zusammenhang seines Denkens einordnet:

»In den von meinem unvergeßlichen Freund Paul Desjardins begründeten und geleiteten Entretiens de Pontigny[15] ist im Sommer 1935, gelegentlich einer Diskussion über die Askese, das Problem des Bösen erörtert worden. Dieses Problem hatte mich seit meiner Jugend beschäftigt, aber erst in dem Jahr nach dem ersten Weltkrieg war es von mir selbständig erfaßt worden; ich hatte es seither mehrfach in meinen Schriften und Vorträgen behandelt, und das erste Kolleg meines Lehrauftrags für allgemeine Religionswissenschaft an der Universität Frankfurt am Main hatte es zum Gegenstand.[16] Ich nahm daher intensiv an der Aussprache teil, und der lebhafte Gedankenaustausch, insbesondere mit Nikolai Berdjajew[17] und Ernesto Buonaiuti,[18] die nun auch schon dahingegangen sind, hat mich zu erneutem Nachdenken über das, wie Berdjajew sagte, ›paradoxale‹ Problem veranlaßt. In den Entretiens des darauffolgenden Jahres, in einer nunmehr ausschließlich diesem Problem gewidmeten Dekade, habe ich meine Auffassung genauer dargelegt [...]. Es ging mir vor allem darum, zu zeigen, daß Gut und Böse in ihrer anthropologischen Wirklichkeit, das heißt im faktischen Lebenszusammenhang der menschlichen Person, nicht, wie man zu meinen pflegt, zwei strukturell gleichartige, nur eben polar entgegengesetzte, sondern zwei strukturell durchaus verschiedene Beschaffenheiten sind. Impossible de le résoudre, hatte Berdjajew von dem Problem gesagt, ni même de le posser de manière rationnelle, parce qu'alors il disparaît. Und in unmittelbarem Anschluß an diese ›Unmöglichkeit‹ hatte er die Frage aufgeworfen, wo der Kampf gegen das Böse anzusetzen habe. Zur Antwort auf jenes Bedenken versuchte ich nun in meinem Vortrag, statt einer ›Lösung‹ des Problems des Bösen eine synthetische Beschreibung des geschehenden Bösen zu geben und damit zu helfen, es zu verstehen. Meine Antwort auf die Frage nach dem Ansatzpunkt des Kampfes konnte wesentlich knapper sein; sie lautete: Der Kampf muß in der eigenen Seele ansetzen – alles andere kann sich erst von da aus ergeben.

Diese zweite Antwort habe ich ein paar Jahre danach, schon in Jerusalem, in der Form einer Erzählung oder richtiger Chronik ausgearbeitet, die ich nach dem sagenhaften Gog von Magog [Hesekiel 38,2], auf dessen Kriege, wie einige eschatologische Texte verkündigen, das Kommen des Messias folgen soll, ›Gog und Magog‹ nannte. Sie zentriert in den folgenden Worten eines Schülers zu seinem Meister:

»›Rabbi‹, sagte er mit fast versagender Stimme, ›was ist es mit diesem Gog? Es kann ihn doch da draußen nur geben, weil es ihn da drinnen gibt.‹ Er zeigte auf seine eigene Brust. ›Die Finsternis, aus der er geschöpft ist, braucht nirgendwo anders hergenommen zu werden als aus unsern trägen oder tückischen Herzen. Unser Verrat an Gott hat den Gog so großgepäppelt.‹« [19]

Zum vollen Verständnis der Stelle muß man sich die Zeit vergegenwärtigen, in der ich die Erzählung niedergeschrieben habe.

Die Ausarbeitung meiner Antwort auf Berdjajews Hinweis auf die ›Unmöglichkeit der Lösung‹ konnte erst ein Jahrzehnt später erfolgen. Sie wird in diesem Buch gegeben.« [20]

Bewußt hat Buber *Gog und Magog* in die Sammelausgabe der *Werke* aufgenommen (Dritter Band: *Schriften zum Chassidismus*, München / Heidelberg 1963, S. 999–1261): »An den Schluß des Bandes ist [...] ein dichterisches Werk gesetzt, das durch seinen Gegenstand mit dem Inhalt des Bandes verknüpft ist, aber darüber hinaus diesen auf jene Weise zu ergänzen geeignet erscheint, die eben der Dichtung gegeben ist.« (S. 7)

Die 2. Auflage der Buchausgabe erschien 1969 als photomechanischer Druck der Erstausgabe 1949 unter dem Titel »*Zwischen Zeit und Ewigkeit*. Gog und Magog. Eine Chronik«. Die hier vorgelegte 3. Auflage ist wiederum ein im ganzen unveränderter Druck, jedoch durchgesehen und an einzelnen Stellen verbessert.

Heidelberg, März 1978 Lothar Stiehm

Anmerkungen

1 Leonhard Ragaz (1868–1945), ev. Theologe; 1902 Münsterpfarrer in Basel, 1908 Theologie-Professor in Zürich, einer der Begründer der religiös-sozialen Bewegung in der Schweiz. 1921 legt er das Lehramt nieder und lebt von da an ganz seiner Sache: einer neuen Ordnung der Welt in der Verwirklichung der Nachfolge Jesu Christi. »Man kann nicht genauer bestimmen, um was es geht, als es in Ihren Worten geschieht: ›Das Ziel des Reiches Gottes ist, daß die Welt Gemeinde werde.‹ Das ist auch mir Glaube und Bekenntnis«, schreibt Buber 1942 an Ragaz (*Briefwechsel aus sieben Jahrzehnten*, Bd. III, Heidelberg 1975, S. 62). – »Die Nachricht vom Tode Ragaz' [...] hat mich bis ins innerste Herz erschüttert. Für die allen echten Juden und Christen gemeinsame Sache der Glaubenswirklichkeit ist das ein großer, unersetzlicher Verlust. Ein ganz besonderer für uns, die wir um die Erneuerung Israels ringen: sie hat nirgends in der Welt einen solchen Freund wie Ragaz gehabt [...].« (Ebenda, S. 97; s. a. Bubers Ansprache bei einer Gedenkfeier für Ragaz in der Synagoge Emet we-Emuna in Jerusalem: *Ragaz und ›Israel‹*, in: *Mitteilungsblatt Irgun Olej Merkas Europa* (Tel-Aviv), 20. 3. 1946; auch in: *Neue Wege*, November 1947).

Daß Buber gerade Ragaz dieses Manuskript anvertraute, legte nicht nur die zeitgeschichtliche Konstellation nahe. Früh schon hat er ihm gegenüber eine besondere Gemeinsamkeit empfunden: Ragaz »weiß, daß Moses, die Propheten und Jesus nicht eine Religion, sondern ein Reich, einen gottgemäßen Weltzustand meinen. [...] Ragaz stellt die Frage der Fragen, die nach dem *Reich* [...]. Er erhebt die klare, eindeutige Forderung, daß das Reich Gottes, ob auch seine innerste Wahrheit ihren Ort nicht in der Zeit hat, von den Menschen in seiner in der Zeit kommenden Wirklichkeit betrachtet werden muß; zu der, ob sie auch anders als die ist, in der wir leben, von dieser aus ein Weg führt; und an deren Werden, ob wir uns auch mit jedem Machenwollen daran verheben, wir einen Anteil haben, dessen Grenzen nur die Tat ermessen kann.« (*Religion und Gottesherr-*

schaft, anknüpfend an Ragaz' zweibändiges Werk »Weltreich, Religion und Gottesherrschaft« [Erlenbach–Zürich 1922] geschrieben, zuerst im Literaturblatt der *Frankfurter Zeitung* vom 27. 4. 1923; jetzt in: *Nachlese*, Heidelberg 1965, S. 102–106.)

2 Die von Leonhard Ragaz 1906–1945 herausgegebene Zeitschrift *Neue Wege. Blätter für religiöse Arbeit*, begründet als Organ der religiös-sozialen Bewegung; in ihr erschienen mehrere wesentliche Arbeiten Bubers: *Drei Sätze eines religiösen Sozialismus* (1928), *Erinnerung an einen Tod* [Gustav Landauer] (1929), *Die Forderung des Geistes und die geschichtliche Wirklichkeit* [Antrittsvorlesung Jerusalem 1938] (1939).

3 *Der große Maggid und seine Nachfolge*, Frankfurt a. M. 1922. – Im Kapitel »Schicksal« spricht Buber von dem ›Seher von Lublin‹: »Unablässig der lösenden Stunde harrend, wurde er endlich Urheber und Mitte jener geheimnisvollen Handlung, zu der er sich mit etlichen andern Zaddikim, darunter dem Napoleongegner Israel von Kosnitz und dem Napoleonanhänger Mendel von Rymanow verband, um die napoleonischen Kriege in den vormessianischen Endkampf der Gog und Magog zu verwandeln, und in deren Verlauf die drei Führer in einem Jahr zum Tode kamen. Sie hatten das Ende bedrängt; sie verbrannten in seinem Anhauch.« Und er merkt dazu an: »Ich habe darauf verzichtet, Stücke der Begebenheit, der letzten ihrer Art, unter die Geschichten dieses Buches aufzunehmen, da die Erzählung der ganzen ein Ganzes für sich ist.« (Zitiert nach der Ausgabe Berlin 1937 [19.–23. Tausend], S. 88 f.)

4 *Briefwechsel aus sieben Jahrzehnten*, Bd. III, S. 51 f. (Brief vom 17. 11. 1941). – »Was ich in Wahrheit als den großen chassidischen Beitrag zum Glauben an die Erlösbarkeit der Welt erkannt habe, ist dies, daß jeder Mensch an ihrer Erlösung wirken, aber keiner sie bewirken kann. Dies ist gemeinsame chassidische Einsicht. In der inneren Dialektik der Bewegung aber stehen einander zwei Grundanschauungen gegenüber. Die eine behauptet, der Mensch könne an der Erlösung der Welt wirken, indem er magisch auf die göttlichen Konfigurationen einwirkt, die andere erklärt dem

gegenüber, nur dadurch könne der Mensch an der Erlösung der Welt wirken, daß er mit seinem ganzen Wesen sich auf Gott zu bewegt, zu ihm ›umkehrt‹ und alles, was er von nun an tut, auf Gott zu tut. Damit steigert er, in einem der Kraft seiner Bewegung entsprechendem Maße, die Erlösbarkeit der Welt: er ›nähert‹ sie der himmlischen Einwirkung. Das ist das Grundthema meines Buches ›Gog und Magog‹, der einzigen größeren Erzählung, die ich geschrieben habe. Ich mußte sie schreiben, weil ich versuchen mußte, die innere Dialektik, die mir sichtbar und spürbar war, dem heutigen Menschen sichtbar und spürbar zu machen.« (*Antwort.* In: *Martin Buber.* Hrsg. von Paul Arthur Schilpp und Maurice Friedman, Stuttgart 1963, S. 633 f. Dort auch Weiteres zur Deutung des Werkes.)

5 *Briefwechsel aus sieben Jahrzehnten*, Bd. III, S. 55–57 (Brief vom 28. 1. 1942).

6 Ebenda, S. 60 (Brief vom 2. 6. 1942); aus der zunächst als Vorbemerkung gedachten Niederschrift ist das jetzige Nachwort hervorgegangen.

7 *Der Glaube der Propheten*, Zürich 1950.

8 *Briefwechsel aus sieben Jahrzehnten*, Bd. III, S. 63 (Brief vom 3. 11. 1942).

9 Ebenda, S. 204 (Brief vom Juli 1949).

10 Ebenda, S. 223 (Brief vom 3. 11. 1949).

11 Ebenda, S. 225 (Brief vom 22. 11. 1949).

12 »durchaus der kanon einer religion«: so charakterisiert Pannwitz vorher den im gleichen Jahr erschienenen Band *Die Erzählungen der Chassidim.*

13 *Briefwechsel aus sieben Jahrzehnten*, Bd. III, S. 228 f. (Brief vom 3. 12. 1949).

14 Köln und Olten: Verlag Jakob Hegner 1952.

15 Paul Desjardins (1859–1940), französischer Gelehrter; gründete 1892 die »Union pour l'action morale« (später »Union pour la vérité«). Seit 1910 lud er ›hommes de lettres‹, Künstler, Gelehrte, Diplomaten zu internationalen Symposien, den »Entretiens de Pontigny«, in die von ihm

dafür erworbene und hergerichtete ehem. Zisterzienser-Abtei in Pontigny (Burgund) ein. Alljährlich fanden 3 Dekaden mit jeweils einem philosophischen, literarischen, politischen Thema statt (später auch soziale und pädagogische Themen), mit jeweils ca. 100 Teilnehmern. Buber nahm erstmals an der 3. Dekade 1929 teil: »L'univers sans Figure, et le Courage de vivre«. (Siehe seine Berichte an Paula Buber in *Briefwechsel aus sieben Jahrzehnten*, Bd. II, Heidelberg 1973, S. 345–347 und S. 348 f., Briefe vom 2. 9. und 8. 9. 1929.)
Über diese Heimstatt europäischen Geistes, in Deutschland nahezu unbekannt, siehe: *Paul Desjardins et le Décades de Pontigny*. Études, Témoignagnes et Documents inédits, présentés par Anne Heurgon-Desjardins, Préface d'André Maurois, Paris 1964. – Bulletin de l'Union pour la Vérité: *In memoriam Paul Desjardins (1859–1940)*, Paris 1949.

16 Im Sommer 1932 hat Buber ein Kolleg »Das Urböse« gehalten (das war im 4. Vorlesungssemester nach seiner Ernennung zum Honorarprofessor für Religionswissenschaft 1930). Vgl. Rita van de Sandt, *Martin Buber an der Universität Frankfurt am Main*, in: Emuna, X. Jg. 1975, Supplementheft 1, S. 2–11.

17 Nikolai Berdjajew (1874–1948), russischer Kultur- und Religionsphilosoph; 1922 aus ideologischen Gründen aus seiner Heimat verbannt, ging er nach Berlin, 1924 nach Paris, wo er als freier Schriftsteller lebte. Ein christlicher Denker von prophetisch-existentialphilosophischem Typus mit starkem mystischen Einschlag (u. a. von Jakob Böhme, Baader, Solowjew geprägt). Seine dem Gespräch mit Buber nächststehenden Bücher sind *Von der Bestimmung des Menschen*. Versuch einer paradoxalen Ethik (1931), dt. Bern 1935, und *Geist und Wirklichkeit* (1937), dt. Lüneburg 1948, dessen 5. Kapitel über Wesen und Ursache des Bösen handelt. Vgl. auch *Selbsterkenntnis*. Versuch einer philosophischen Autobiographie (1949), dt. Darmstadt/Genf 1953.

18 Ernesto Buonaiuti (1881–1946), führender italienischer Modernist; wegen eines Artikels über Maurice Blondels Philosophie de l'Action muß er 1905 seine kirchlichen Lehr-

ämter aufgeben; seit 1915 Prof. für Kirchengeschichte an der Staatsuniversität Rom; 1922 und erneut 1924 exkommuniziert, 1926 vom hl. Offizium zum excommunicatus vitandus erklärt; 1932 wegen Verweigerung des faschistischen Eids seines Lehramts enthoben; 1935–39 Gastprofessor in Lausanne. Arbeitet über Augustinus, Paulus, die Botschaft Jesu, Joachim von Fiore. Wie fast alle Reformkatholiken bekennt er sich mit Wärme zu seiner Kirche: »Ihr Merkmal sollte eine radikal evangelisch alle Werte umwertende Ethik sein« (Valdo Vinay).

19 In unserer Ausgabe S. 73. Vgl. dazu S. 373.

20 *Bilder von Gut und Böse*, 3. Aufl. Heidelberg 1964, S. 7–9.

CIP-Kurztitelaufnahme der Deutschen Bibliothek

Buber, Martin

Zwischen Zeit und Ewigkeit: Gog u. Magog;
e. Chronik. – 3., durchges. Aufl. mit e. editor.
Anhang. – Heidelberg: Schneider, 1978.

ISBN 3 – 7953 – 0020 – 7